DES

CESSIONS DÉGUISÉES

DE TERRITOIRES

EN DROIT INTERNATIONAL PUBLIC

PAR

Louis GÉRARD

DOCTEUR EN DROIT

AVOCAT A LA COUR D'APPEL DE NANCY

PARIS

LIBRAIRIE DE LA SOCIÉTÉ DU RECUEIL GÉNÉRAL DES LOIS ET DES ARRÊTS

FONDÉ PAR J.-B. SIREY, ET DU JOURNAL DU PALAIS

Ancienne Maison L. LAROSE & FORCEL

22, rue Soufflot (5e Arr.)

L. LAROSE, Directeur de la Librairie

1904

DES

CESSIONS DÉGUISÉES

DE TERRITOIRES

EN DROIT INTERNATIONAL PUBLIC

DES

CESSIONS DÉGUISÉES

DE TERRITOIRES

EN DROIT INTERNATIONAL PUBLIC

PAR

Louis GÉRARD

DOCTEUR EN DROIT

AVOCAT A LA COUR D'APPEL DE NANCY

PARIS

LIBRAIRIE DE LA SOCIÉTÉ DU RECUEIL GÉNÉRAL DES LOIS ET DES ARRÊTS

FONDÉ PAR J.-B. SIREY, ET DU JOURNAL DU PALAIS

Ancienne Maison L. LAROSE & FORCEL

22, rue Soufflot (5ᵉ Arr.)

L. LAROSE, Directeur de la Librairie

1904

AVANT-PROPOS

Dans le courant du siècle dernier, le Droit des gens s'associant à la marche progressive de l'Humanité et au développement des idées pacifiques chez les peuples civilisés, s'est transformé par des innovations correspondant à cet idéal.

Il a montré ainsi une souplesse et une mobilité qui lui ont permis de s'adapter à des besoins nouveaux. Par cette facilité d'évolution, ce Droit, encore presque essentiellement coutumier, a prouvé son aptitude à résoudre des questions que l'on pouvait croire inextricables.

A notre époque, c'est à grand peine que se maintient en Europe l'équilibre des Puissances, par suite des jalousies qui divisent entre eux les grands Etats. S'ils se montrent désireux de s'accroître, en revanche, ils n'entendent pas permettre à leurs voisins l'exercice du même droit. Les plus grandes difficultés sont celles qui proviennent d'Orient, c'est-à-dire de l'Empire ottoman « l'homme malade qu'on ne veut ni tuer ni guérir. »

Les problèmes sont d'autant plus complexes que l'histoire de la Turquie est riche en phénomènes qui, pour le Droit des gens, constituent des situations imparfaites, des anachronismes rappelant les siècles passés. Etat suzerain, Etat mi-suzerain, vassal ou tributaire, province autonome, province occupée et administrée, ce sont là autant de formes politiques singulières au point de vue du droit public.

Il appartient donc à la science du Droit des gens de mieux définir ces rapports, de leur donner plus de précision juridique. C'est pourquoi l'on a pu dire que la question d'Orient est avant tout une question de droit international.

Aussi, est-ce là que ce droit, avec l'évolution que nous avons signalée, a surtout fait ses preuves ; il s'est inspiré de la nécessité de déguiser les accroissements territoriaux et aussi de celle de maintenir tout au moins, en principe, en façade pourrions-nous dire, la souveraineté ottomane, alors même qu'elle était sérieusement ébranlée.

Si les choses se passent ainsi en Europe, nous en retrouvons également l'équivalent sur le terrain colonial; là aussi, la jalousie des puissances, ayant commencé par se donner libre cours, a abouti à la nécessité pour les prenant-part de déguiser aussi leurs actes lorsqu'ils réalisaient en fait une acquisition. Ce qui augmente encore la ressemblance entre la situation telle qu'elle est en Europe et celle que l'on constate sur le terrain colonial, c'est qu'il serait facile d'établir une comparaison entre l'état de la Chine et celui de la Turquie.

Combien d'ambitions européennes convergent vers l'Empire ottoman, dont personne pourtant n'avouerait rêver la disparition ! Il en est de même pour la Chine, dont chaque puissance voudrait arracher un lambeau mais dont on tient à prolonger l'existence. On ne la veut, suivant une expression énergique, ni forte ni morte.

Ces tendances des puissances à déguiser la réalité, étaient favorisées par le caractère particulier de la diplomatie chinoise qui, d'après une locution courante dans le céleste Empire, tient avant tout à sauver la face, c'est-à-dire à ménager les apparences.

Pour ménager ces apparences, c'est-à-dire pour déguiser les acquisitions territoriales, ont été employés deux moyens qui, par une évolution naturelle, se sont formés d'eux-mêmes, avec leurs caractères propres et bien déterminés : la cession d'administration et la cession à bail.

Par la cession d'administration, un Etat reçoit, avec charge de les administrer, des contrées auparavant sous la domination effective d'une autre puissance. Si l'on s'en tient seulement aux termes de cession d'administration, il ne les possède pas en toute propriété, puisque d'après ces termes mêmes, la souveraineté primitive de l'Etat cédant ne disparaît pas entièrement. Deux souverainetés se trouvent donc en présence, l'une d'un caractère plutôt nominal et l'autre disposant du pouvoir réel.

On aperçoit immédiatement la complexité des problèmes qui vont surgir. Comme ces cessions d'administration ont été généralement opérées dans un but d'humanité et de civilisation, il y a lieu de se demander si des limites basées sur ces raisons seront assignées au mandat d'administration de l'Etat cessionnaire. D'autre part, la question se pose de savoir auquel des deux Etats incombera la souveraineté extérieure, point capital entre tous.

Dans le courant de cette étude, nous établirons que par suite d'une évolution naturelle et progressive et par la force même des choses, l'Etat administrateur en est venu à absorber peu à peu tous les droits de l'Etat cédant;

si bien que cette cession d'administration peut être considérée comme une cession déguisée, produisant tous les effets d'une cession ordinaire.

Telles sont également, comme nous le démontrerons, les conséquences de la cession à bail qui n'est autre chose qu'une cession d'administration à temps limité. Par elle, un État abandonne à bail pour une durée déterminée et même quelque fois indéterminée, le droit d'administrer une certaine région généralement dans un but économique ou militaire.

A côté des cessions d'administration et des cessions à bail, d'autres restrictions à la souveraineté se sont introduites dans le Droit des gens; ce sont, en quelque sorte des cessions déguisées qui ne sont pas encore arrivées au terme complet de leur évolution. Nous voulons parler des promesses de non-inaliénation, de non-annexion et aussi de certaines formes de condominium.

Le premier exemple de cession d'administration remonte au traité de Berlin qui, en 1878, a transféré à l'Autriche-Hongrie l'administration de la Bosnie et de l'Herzégovine. Au même moment et à la grande stupéfaction des nations européennes, l'Angleterre se faisait, dans des conditions analogues, céder l'île de Chypre par la Turquie. C'est encore l'Empire ottoman qui fut atteint par les modifications apportées à la situation de la Crète qui se trouve pour ainsi dire dans une période de stage que nous avons qualifiée de « cession préparée ». Au Soudan encore, ce fut la Turquie qui paya les frais du condominium inégal établi au profit de l'Angleterre.

Si l'Empire ottoman a le premier, bon gré, mal gré, consenti aux cessions d'administration, c'est la Chine qui la première a dû se prêter aux cessions à bail. La plus ancienne remonte à une soixantaine d'années, c'est à-dire à la prise de possession de Hong-Kong par les Anglais. A la suite de la guerre sino-japonaise, de nouvelles concessions de ce genre que nous étudierons plus loin ont été réalisées au profit des nations civilisées. Nous verrons, du reste, que les exemples de ces genres de cessions deviennent de plus en plus fréquents ; il en est une qui cause à l'heure actuelle une émotion considérable dans le monde et surtout en France, c'est celle que les Etats-Unis cherchent à obtenir dans l'isthme de Panama pour construire le canal interocéanique.

En résumé, ce nouveau mode d'acquisition territoriale, s'est formé et développé rapidement, répondant en cela aux besoins nouveaux des nations civilisées. Ses caractères propres, bien définis et bien déterminés, en font bien, ainsi que nous le démontrerons, une espèce nouvelle, dont les exemples deviendront de plus en plus fréquents dans le Droit des gens. On a remarqué, en effet, que le développement des relations internationales ressemble beaucoup au développement des êtres organisés ; on a constaté que les conditions ambiantes dans lesquelles vivent les êtres organisés et l'adaptation de l'individu au milieu, provoquent la création d'organes qui permettent à l'individu de vivre dans le milieu. Une fois que ces organes ont fonctionné un certain temps, ils déterminent une modification fonctionnelle de l'individu : la fonction crée l'organe et l'organe crée la fonction.

Il y a un être en voie de formation, la Société des Etats, qui cherche à s'adapter au milieu social moderne où il vit : ce milieu est essentiellement pacifique, les relations commerciales et intellectuelles établissent entre les Etats des liens de conciliation qui s'accentuent. Rien d'étonnant à ce que cette solidarité pacifique s'affirme par la création d'un organe de plus. Cet organe, c'est la cession déguisée. Une fois l'organe créé, il va réagir sur la fonction et la développer.

PREMIÈRE PARTIE

Pays dont l'administration est confiée à un État étranger.

LA BOSNIE ET L'HERZÉGOVINE

CHAPITRE Ier

La Bosnie et l'Herzégovine avant le traité de Berlin.

I. Situation intérieure de l'Autriche au moment de la conclusion du traité. — II. Les deux provinces dans le passé. — III. Les révoltes contre la domination ottomane et la guerre russo-turque. La Grande Serbie.

I

En 1878, le traité de Berlin créait un fait nouveau au point de vue du droit des gens, fait qui, par suite des circonstances politiques, devait servir de précédent à beaucoup d'autres. Deux provinces, turques auparavant, se trouvaient, en réalité, détachées de l'empire ottoman et l'administration en était confiée à l'Autriche-Hongrie.

Avant d'aborder les conséquences juridiques qu'entraîne la situation toute spéciale faite à la Bosnie et à l'Herzégovine, il convient d'examiner les conditions politiques particulières dans lesquelles se trouve l'Autriche-Hongrie elle-même, conditions qui sont en partie cause de l'état dans lequel se trouvent maintenant ces deux provinces.

Si on la compare, en effet, aux autres nations européennes, une différence essentielle frappe immédiatement le regard. Presque partout, sauf en Belgique et en Suisse, les habitants des divers états appartiennent en grande majorité à une même race et parlent le même idiome.

En Autriche, au contraire, vingt nationalités souvent hostiles les unes aux autres se montrent acharnées à la revendication de leurs droits, au maintien de leur autonomie relative. Le temps n'est plus où Élisée Reclus estimait nécessaire de relever la mystification par laquelle on représentait l'Autriche comme un état germanique. On sait aujourd'hui qu'elle ne compte guère que neuf millions d'Allemands, tandis qu'elle renferme quinze millions de Slaves toujours disposés, à l'exception des Polonais, à tourner les yeux vers la Russie qu'ils considèrent comme la véritable métropole.

Plus ou moins vive, plus ou moins latente, cette lutte de races et d'idiomes agite à des degrés inégaux les différentes parties de l'empire de François-Joseph. Il y a peu de temps, à Agram, les troubles se multipliaient entre Slaves et Croates ; à Trieste, l'élément italien se considère toujours comme uni à la Péninsule et regarde comme ses pires adversaires les représentants du Tyrol. Déjà, il y a près de cinquante ans, les échos de ces dissensions retentissaient à la Diète de Francfort où la défense de l'italianisme était prise avec énergie par les députés de Trente et de Rovereto. Des éléments qui composent l'empire, il en est un qui a conquis aujourd'hui tous les droits qu'il pouvait revendiquer ; nous voulons parler de la Hongrie. Non seulement elle possède son ministère, sa Chambre des députés, sa langue officielle ; mais cette langue, elle l'impose même aux habitants d'autres races, Allemands (ou Saxons), Slaves et Roumains, fixés sur son territoire. Ces jours derniers (mai 1903), ordre a été donné à toutes les autorités militaires de n'employer dans leurs correspondances et sur leurs adresses que le terme magyar, lorsqu'il s'agit de pays dépendant de la couronne de Saint-Etienne. C'est ainsi qu'une lettre militaire officielle ne doit pas être envoyée à Presbourg, mais à Poszony. Ce n'est pas sans peine que les Magyars ont conquis la haute situation dont ils disposent et dont ils abusent parfois. Cette race d'origine asiatique, plus encline à commander qu'empressée d'obéir, supporta toujours difficilement la suprématie étrangère. La révolte de 1848 fut terrible ; les insurgés hongrois, renforcés de nombreux volontaires polonais, écrasèrent les troupes autrichiennes ; ils marchaient sur Vienne, dont ils se fussent emparé sans peine, si l'immuable ennemi de tous les mouvements révolutionnaires, l'empereur de Russie Nicolas, n'eût immédiatement mobilisé les contingents de sa frontière occidentale qui étouffèrent dans le sang l'insurrection déjà triomphante. Ce fut là le germe de cette hostilité que les Hongrois ont conservée contre l'empire moscovite et qui, plus d'une fois, a influé sur la politique extérieure de l'Autriche elle-même.

Car, pour plusieurs motifs, l'influence des Magyars est grande dans tout l'empire. Si les nationalités y sont assez nombreuses pour que l'on ait pu parler du « vaste manteau d'arlequin », la leur seule a, depuis 1867, obtenu son autonomie.

Dans toute cette unité géographique, pour parodier la phrase que M. de Metternich appliquait à l'Italie, la Hongrie seule possède un ministère spécial qui est responsable devant la Diète. A l'avènement de chaque souverain, le couronnement à Vienne ne transfère au nouveau monarque aucun droit sur la Hongrie. C'est à Pesth même qu'il faut venir, depuis le 8 juin 1867, conformément à d'antiques traditions renouvelées, recevoir la couronne de Saint-Etienne.

Comment l'Autriche put-elle consentir à la création de ce dualisme ? Sans doute, ce n'est pas de grand cœur que François-Joseph accepta la scission de son empire en deux parties : la Cisleithanie et la Transleithanie. Mais n'oublions pas que nous étions au lendemain de Kœniggrætz et de Sadowa. François-Joseph, dont le règne fut si éprouvé, venait de recevoir un coup autrement terrible que celui dont il avait été frappé par les défaites de 1859 en Italie.

A cette époque, la paix de Villafranca lui avait enlevé, il est vrai, une partie des possessions autrichiennes en Italie, mais elle ne touchait pas à la situation de l'Autriche en Europe.

Après Sadowa, au contraire, l'Autriche était définitivement éliminée de la Confédération germanique où elle avait auparavant joué le rôle principal. Dans cet affaiblissement, elle redouta une nouvelle insurrection de la Hongrie toujours menaçante et sagement lui accorda des concessions qui auraient satisfait les plus exigeants.

Naturellement les ministères de la guerre, de la

marine, des affaires étrangères et des finances, en tant que relatives à ces services, restèrent communs. En ce qui concerne les affaires communes à tout l'empire, elles se déroulent devant un Parlement central formé de délégués élus par les Chambres autrichiennes et hongroises et appelés à se réunir, tant est poussé loin le principe d'égalité, alternativement à Vienne et à Pesth.

Voilà donc, en fait, l'empire austro-hongrois soumis à l'hégémonie de deux fractions dirigeantes : les Allemands fixés à Vienne et les Magyars établis à Pesth. A ces deux nationalités sont sacrifiées toutes les autres, dont les idiomes varient de l'italien au ruthène en passant par le polonais et le tchèque.

Le premier cabinet hongrois fut précisément composé d'anciens insurgés de 1848 et présidé par le comte Andrassy, qui avait été condamné à mort, pendu en effigie et rappelé d'exil pour prendre la présidence.

Ce choix était significatif ; il montre, en effet, à quelle hauteur s'était déjà élevée l'influence hongroise; elle devait aller plus loin encore. M. Andrassy devait plus tard, en effet, passer du cabinet de Pesth à celui de Vienne et y remplacer comme chancelier M. de Beust. C'était l'élément antislave introduit au cœur de la place; cet élément devait, par la suite, jouer un grand rôle dans les questions internationales, puisque le même M. Andrassy, en vertu de ses fonctions, représenta l'Autriche au Congrès de Berlin. On devine dans quel sens il sut s'y faire entendre, et combien il fut heureux de céder à l'impulsion de lord Salisbury qui voulait empêcher la Russie d'acquérir une situation trop prépondérante en Orient. Un double sentiment dut

agiter l'âme du Magyar qui représentait l'Autriche
lorsque vint en discussion la situation à faire à la Bosnie et à l'Herzégovine. D'une part, comme tous les
patriotes magyars, l'insurgé de 1848 avait gardé à
l'égard de la Sublime-Porte ces sentiments de gratitude
qui entraînèrent même certains linguistes à trouver
entre la langue hongroise et la langue turque des res-
semblances hypothétiques. Sentiments légitimes, car
lorsque l'Autriche avait exigé de Stamboul l'extradition du patriote Kossuth, la Cour ottomane avait
répondu par un refus aussi catégorique que celui que
la Suisse opposa à Louis-Philippe à propos du prince
Louis-Napoléon.

Dans cet état d'esprit, on conçoit que l'opinion publique en Hongrie n'ait pas été favorable à une annexion
pure et simple des deux provinces. De là, l'attitude
adoptée par le comte Andrassy à Berlin; il ne pouvait,
en effet, déclarer nettement aux représentants de l'Europe que l'Autriche entendait occuper à jamais la Bosnie et l'Herzégovine.

D'un autre côté, la situation du comte Andrassy
comportait des difficultés plus grandes que celles des
représentants des autres Etats constitutionnels. Comme
nous l'avons dit plus haut, l'empire de François-Joseph
offre, par son dualisme, le plus complexe des systèmes
de droit public; l'envoyé autrichien se trouvait par
suite aux prises avec deux parlements, deux ministères
et des délégations.

Pour montrer avec quelle habileté M. Andrassy s'est
tiré de ces difficultés multiples, nous ne saurions mieux
faire que de citer l'hommage qui lui a été rendu par
un jurisconsulte éminent d'Autriche-Hongrie, M. Neu-

mann, qui, le 5 mars 1879, c'est-à-dire cinq mois après le traité de Berlin, écrivait : « L'éloquence qu'a si brillamment déployée le comte Andrassy devant les délégations, au mois de novembre dernier, mérite d'autant plus d'être reconnue et admirée, que la position du ministre lui imposait la plus difficile des tâches qu'ait à surmonter un orateur : *ratiocinari tanquam ex vinculis*. Si je ne me trompe, l'emploi de la parole pour déguiser la pensée répugne au caractère du comte Andrassy. On peut ne pas approuver, on peut même désapprouver plusieurs de ses actes. Mais on ne saurait lui refuser ce témoignage : il a généralement subordonné ses vues personnelles aux intérêts de l'Etat ; il a fait ce qu'il devait faire afin de préserver de toute atteinte l'honneur de l'empire autrichien (1) ».

Après avoir indiqué le caractère si particulier de l'empire austro-hongrois, après avoir nettement tracé les conséquences de ce compromis (Ausgleich) qui fit la joie des Magyars et souleva de violentes indignations parmi les autres nationalités dont les droits étaient méconnus, il convient de rappeler la situation antérieure de la Bosnie et de l'Herzégovine. C'est la meilleure manière d'expliquer à fond les modifications survenues dans l'état de ces pays. Ils n'avaient assurément pas à compter, une fois unis à l'Autriche, sur une égalité de droits (Gleichberechtigung) refusée à leurs aînés dans la famille autrichienne, par exemple aux Tchèques résolus à ne reconnaître que le roi couronné à Prague : *non est rex nisi coronatus*.

(1) M. Neumann, *Revue de droit international et de législation comparée* (1879). *L'Empire austro-hongrois, la Bosnie et l'Herzégovine*, p. 41.

En résumé, deux motifs devaient absolument empêcher que le transfert des deux provinces à l'Autriche-Hongrie ne prît un caractère d'annexion pure et simple, franche et brutale.

Le premier, c'était un dualisme qui, au cas d'une acquisition de ce genre, risquait de provoquer dans l'empire des dissensions graves et peut-être une guerre intestine.

Le second, c'étaient les sentiments mêmes du comte Andrassy qui répugnait à des mesures très froissantes à l'égard de la Sublime-Porte à laquelle ses compatriotes étaient attachés par des souvenirs historiques et les liens de la gratitude.

II

Pour bien éclaircir le sujet que nous entreprenons de traiter, il nous paraît nécessaire de résumer avec toute la briéveté possible le passé des Serbes qui constituent un élément si important de la population de la Bosnie et de l'Herzégovine. On comprendra mieux alors la politique autrichienne qui se préoccupe naturellement des rapports de ses nouveaux sujets avec leurs nombreux congénères de la Péninsule, car il ne faut pas oublier que les Slaves du Sud ou Jougo-Slaves qui comprennent les Serbes et les Croates forment un groupe d'environ 20 millions de membres. Ce n'est pourtant pas leur pays d'origine, car jusqu'au commencement du vII^e siècle ils étaient fixés beaucoup plus au nord. Ils habitaient alors les Carpathes orientales et la Russie Rouge. A cette époque (1) leur terri-

(1) *Revue des Deux-Mondes*, n° du 15 décembre 1881 ; Edmond Planchu, la *Nouvelle Serbie*, p. 904.

tcire avait pour limites : au nord, la Save et le Danube ;
à l'Est, la Morava, l'Ibar et la ville de Novi-Bazar ; au
sud, la ville de Skadar et la Boljana ; à l'ouest, les
montagnes s'étendant entre l'embouchure de la Cettina
et les Urbas et celles qui séparent le bassin des Urbas
de celui de la Bosna.

C'est l'empereur Heraclius qui leur concéda dans la
Dalmatie, la Dardanie (l'Herzégovine), la Prévalitane
(le nord de l'Albanie), la Rascie (nord de la Bosnie),
les pays conquis ou que l'on pourrait conquérir sur les
Goths et les Avares. En attirant ces rudes éléments, il
comptait trouver en eux une force à opposer aux Barbares accoutumés à ravager cette partie de l'empire
romain d'Orient. Dire que la concorde ait toujours
subsisté entre ces tribus turbulentes, ce serait affirmer
une invraisemblance.

Les Croates, arrivés les premiers, s'étaient emparés
de la partie septentrionale des pays concédés, tandis
que les Serbes en occupaient le sud.

Détail curieux : dès cette époque, la vallée de la
Narenta servait comme aujourd'hui de limite approxi-
mative à la domination des deux peuplades-sœurs divisées en petites principautés et se groupant pour la
guerre autour d'un grand chef électif ou pour employer
leur propre terme d'un grand joupan.

Organisation militaire indispensable à une époque
aussi agitée, puisque, comme nous le disions plus haut,
les luttes furent continuelles, surtout dès que le schisme
du patriarche Photius fût venu jeter au IXe siècle entre
ces frères déjà bien enclins à se diviser un nouvel et
plus grave élément de zizanie. Fixés dans des contrées
situées plus au nord ou plus à l'occident, les Croates,

comme la plupart des nations de cette partie de l'Europe, gardèrent leurs anciennes croyances et demeurèrent fidèles à l'Église romaine. Les Serbes, au contraire, se souvenant mieux de leur origine orientale, s'attachèrent à la nouvelle doctrine avec une ardeur que les siècles n'ont point affaiblie. Peut-être ces aspirations étaient-elles encouragées par le secret espoir que la race serbe pourrait jouer un jour un grand rôle à Constantinople. La noblesse elle-même prit la tête du mouvement d'opposition contre les papes, et ceux-ci en essayant d'amener le clergé à substituer la liturgie latine à la liturgie slave ne réussirent qu'à rendre plus profonde encore la séparation. Tandis que le schisme de Photius séparait ainsi l'Église en deux fractions rivales, les Bulgares se détachaient, phénomène vraiment extraordinaire, du christianisme pour embrasser l'Islam. La force ne les y avait pas contraints comme elle contraignit plus tard les Bosniaques. Ainsi, d'un côté, les Croates restés catholiques, ailleurs les Serbes devenus schismatiques, enfin les Bulgares islamisés, comment la race slave ainsi fractionnée aurait-elle pu remplir en Orient le grand rôle qu'elle rêvait et auquel elle faillit atteindre sous Stefan-Douschan ?

La lutte pour l'indépendance commença au Xe siècle, sous Selimir, ban de Bosnie ; ce titre de ban a remplacé celui de joupan auparavant en usage. Il est encore employé dans toute la Croatie et on a pu le lire assez souvent dans les journaux à propos des récents troubles d'Agram et des environs.

Cette lutte, continuée sous les successeurs de Selimir, finit par faire de la Bosnie une principauté, puis un royaume particulier, quoique soumis jusqu'à un certain point à l'influence de ses différents voisins slaves, de Serbie, Dalmatie, Croatie et Rascie.

Quant à l'Herzégovine, elle subit aussi l'hégémonie des rois de Dalmatie et de Croatie, puis des bans de Rascie et de Bosnie. Du XIᵉ siècle au XIVᵉ, l'Herzégovine subit des vicissitudes très variées et passa à différentes reprises sous la domination des Hongrois, des Serbes et des bans de Bosnie.

Dès le commencement du XIIᵉ siècle, nous voyons intervenir un élément dont nous aurons à reparler souvent jusqu'à la fin de cette étude, car il a joué dans les affaires de Bosnie-Herzégovine un rôle important. Il s'agit des Hongrois qui s'emparèrent de la Croatie et de la partie nord de l'Herzégovine. Ils influèrent parfois sur le choix des souverains et, quoique ces événements lointains demeurent encore dans la pénombre de l'histoire, on peut croire que les Slaves, dans leur lutte contre les Magyars, allèrent comme plus tard François Iᵉʳ jusqu'à s'allier aux Musulmans.

Cette intrusion de l'élément hongrois eut pour conséquence de mêler dans divers pays deux races divergentes et qui, jusqu'à nos jours, n'ont pas réussi à s'accorder.

En 1376, Louis de Hongrie, qui espérait s'en faire un boulevard contre les Turcs toujours plus entreprenants, fit proclamer roi de Bosnie, de Rascie et de Primonie, son beau-frère Twartko (1). Illusion d'ailleurs bientôt déçue, puisque Twartko Iᵉʳ et son fils Twartko II ne cessèrent de lutter contre les Magyars, même en s'alliant aux Musulmans.

(1) *Revue des Deux-Mondes*, nᵒ du 1ᵉʳ janvier 1882 ; Vᵗᵉ de Caix de Saint-Aymour ; *La Bosnie et l'Herzégovine*, p. 133.

Malgré leurs divisions habituelles, vint un moment assez critique pour que les Slaves sentissent la nécessité de se serrer les coudes s'ils voulaient conserver l'indépendance. C'est qu'on signalait l'arrivée des terribles invasions asiatiques conduites par Gengis-Khan. Grâce à leur union, les Serbes restèrent libres, les barbares disparurent et, dès le commencement du xiv⁰ siècle, on ne rencontrait pas dans toute la péninsule illyrique un état plus solidement constitué que la Serbie. Sa puissance porta même ombrage à Jean Cantacuzène, prétendant au trône de Constantinople, qui poussa contre elle les Turcs Osmanlis. Ceux-ci furent battus par le roi serbe Douschan, qui s'empara de la Bosnie, de la Macédoine, de la Bulgarie; créa un royaume qui s'étendait de la mer Ionienne à la mer Noire et de Belgrade à Janina. Ce fut une époque glorieuse pour la grande Serbie, dont le souverain, surnommé Douschan-le-Fort, était en 1347, à Raguse, acclamé comme protecteur de l'Europe. Il avait rendu à celle-ci le même service que Charles Martel à Poitiers. Encouragé par ses succès, il voulut chasser les Musulmans des bords de la mer Noire et se serait même emparé de Constantinople, s'il n'était mort en route, en 1356. Ce n'est que trente-neuf ans après que les Turcs, maîtres d'Andrinople, de Philippopoli, de la Bulgarie, voulurent dominer la Serbie et qu'Amurad Iᵉʳ battit à Kossovo les armées serbes commandées par le tsar Lazare qui, fait prisonnier, eut la tête tranchée. Si la bataille de Kossovo et des succès postérieurs avaient suffi pour assurer en fait la possession de la Bosnie aux Osmanlis, la confirmation légale de cette conquête se fit assez longtemps attendre, puisque cette rectification ne fut prononcée qu'en 1699 par le traité de Karlowitz.

III

Voilà donc les Turcs installés dans des contrées chrétiennes, où leur domination ne durera pas moins de cinq siècles. Il faut dire aussi que leur conquête avait été favorisée par des circonstances particulières, c'est-à-dire par les divisions intestines qui agitaient l'élément indigène. Les rois de Hongrie et l'Inquisition n'avaient pas ménagé les persécutions à l'égard des sectes dissidentes qui pullulaient alors dans les deux provinces. Les *bogomiles*, en particulier, furent traités avec une rigueur excessive. L'invasion ottomane fournit à leur ardeur de vengeance un aliment inespéré ; ils tendirent en masse les bras à Mohammed II et prononcèrent la profession de foi mahométane.

Les convertis ne devaient pas s'en tenir là ; les représailles ne se firent pas attendre. A leur tour, ils firent peser une épouvantable tyrannie sur leurs frères restés fidèles à l'évangile, et se montrèrent à leur égard plus intolérants, plus fanatiques que les Turcs eux-mêmes.

Tel est toujours le zèle des néophytes ! Et cependant, à part une minorité turque d'origine, tous, musulmans, chrétiens orthodoxes ou catholiques descendaient de la même origine, sentaient couler dans leurs artères le même sang. s'exprimaient dans un langage commun. Ce phénomène étrange a été plus d'une fois signalé au lendemain des guerres de conquête et, parfois, après la perte de l'Alsace-Lorraine, nous avons entendu les indigènes répéter qu'au premier rang de leurs persécuteurs les plus intraitables, il fallait placer leurs rares compatriotes entrés immédiatement au service de l'administration allemande.

Nous venons de parler du langage commun ; c'est le serbocroate, dialecte auquel les Turcs n'avaient pas essayé de substituer le leur, et encore aujourd'hui usité dans ces contrées que le traité de Berlin a donné pour mission à l'Autriche de germaniser en les occupant temporairement. Ne nous étonnons donc pas de la réflexion publiée par M. Malet (1), dans la *Revue Bleue* ; en rappelant le double memorandum présenté par le comte Andrassy et lord Salisbury et approuvé par le Congrès ; il ajoute que : « Les diplomates peuvent se congratuler de leur œuvre, ayant doté l'Europe d'une Alsace-Lorraine balkanique ».

Cette comparaison, dans son amertume, prouve bien que dans l'esprit de M. Malet, les conditions dans lesquelles l'occupation s'est opérée, en font l'équivalent d'une annexion.

Beaucoup s'imaginaient que l'arrivée des Autrichiens serait accueillie avec enthousiasme ; il était permis d'entretenir cette illusion puisque le paysan serbe, le raia (bétail) était, sous la domination turque, comme le fellah égyptien, comme aussi le paysan hellénique pressuré d'une façon indigne.

Bien plus, loin d'améliorer sa situation, le temps l'avait encore empirée, surtout au commencement du siècle dernier. A cette époque les raias imaginèrent de demander protection au Sultan contre les seigneurs féodaux ou begs qui se révoltaient à chaque réforme provenant de la Sublime-Porte. Ces vassaux fanatiques faillirent même, en 1831, s'emparer de Constantinople. Ce fut à grand'peine qu'on parvint à les désarmer,

______

(1) Malet, *Bosnie et Herzégovine*. (*Revue bleue*, n° du 22 mai 1897).

mais non à les abattre, car toute nouvelle réforme provoqua de leur part une nouvelle insurrection, et c'est seulement en 1850 qu'Omer-Pacha parvint à les écraser définitivement. Cette date semblait devoir tenir une grande place dans l'histoire de la Bosnie et de l'Herzégovine : la féodalité sombrait entraînant avec elle la corvée, et désormais le sort des raias paraissait devoir être réglé plus équitablement ; mais il y a loin de la coupe aux lèvres, et les réformes écrites sur le papier n'entrent pas toujours dans l'application.

C'est ce qui advint encore cette fois, et les seigneurs froissés dans leur amour-propre, dans leurs habitudes d'indépendance, accoutumés à lutter contre la centralisation de Constantinople et furieux de l'intervention ottomane, se vengèrent sur les raias. Ces malheureux payaient donc régulièrement les frais de la guerre jusqu'à chaque intervention de la Porte ; c'était sur leurs serfs que les begs se vengeaient des prétentions du gouvernement ottoman. La situation devenait intolérable.

Aussi en 1873 et en 1874, les chrétiens bosniaques à bout de courage émigrèrent-ils en foule sur le territoire autrichien.

Plus énergiques, les Herzégoviniens poussent un appel aux armes, les enfants de la Montagne Noire (Czernagora) lèvent l'étendard de la révolte. En un clin d'œil le mouvement se généralise ; la Porte s'émeut : elle promet pour une époque indéterminée les réformes si longtemps attendues. Trop tard : les Herzégoviniens n'ont plus de confiance dans ces promesses tant de fois renouvelées ; ils refusent de déposer les armes tant que la Turquie n'aura pas évacué leur province.

L'attitude de l'Europe les encourage d'ailleurs, car les atrocités commises alors en Bulgarie, comme aujourd'hui en Arménie et en Albanie, soulèvent la réprobation générale ; l'assassinat des consuls de France et d'Allemagne à Salonique, le 7 mai 1876, fait déjà prévoir l'intervention des puissances contre la Turquie que l'Angleterre reste seule à soutenir.

Frères des Herzégoviniens, les montagnards de la Serbie et du Montenegro leur fournissent dès les premiers jours de nombreux volontaires ; bientôt à cet appui populaire va se joindre (1er mai 1876) une assistance officielle. Malheureusement les Serbes furent battus et, comme les Bosniaques, les Herzégoviniens à leur tour franchirent la frontière autrichienne pour aller chercher un asile parmi les Croates.

C'est alors qu'apparaît le chef né du panslavisme, le protecteur tout indiqué des populations chrétiennes des Balkans. Le 24 avril 1877, l'empereur de Russie, Alexandre II, déclare la guerre au Sultan.

Guerre prévue depuis longtemps, mais qui n'en va pas moins placer l'Autriche dans une situation singulière en raison du dualisme que nous avons signalé plus haut. Les dix-neuf millions de Slaves adjurent l'empereur François-Joseph de s'unir à l'empereur Alexandre, de voler au secours de leurs frères. Mais quel langage différent retentit à Buda-Pesth ! Ici, au contraire, les Magyars toujours hantés par le souvenir de Kossuth sollicitent François-Joseph, en sa qualité de roi de Hongrie, de prêter main forte à la Turquie pour dompter ceux qu'ils qualifient de « rebelles ». C'était satisfaire à la fois leur haine contre les Slaves et leur gratitude envers la Sublime-Porte.

Le gouvernement autrichien était donc pris entre deux feux, il adopta le seul parti possible : la neutralité absolue.

Il n'y perdit rien puisqu'après la guerre, la Russie, dont le sang avait coulé pour les Chrétiens, tira de ses victoires plus de gloire que de profit, tandis que l'Autriche recevait le mandat d'occuper l'Herzégovine et la Bosnie.

C'était pourtant sur la Russie qu'avait reposé tout l'espoir des populations chrétiennes qui avaient constaté la négligence de l'Autriche à remplir son rôle, la poussant à s'agrandir vers l'Orient.

CHAPITRE II

Le Congrès de Berlin.

I. Traité de San Stefano. Négociations diplomatiques qui ont précédé la réunion du Congrès. — II. Réunion du Congrès à Berlin.
La question bosno-herzégovinienne. Les aspirations du peuple
serbe. La tension des rapports entre la Russie et l'Angleterre.
L'entente entre l'Autriche, l'Allemagne et l'Angleterre. — III. La
séance du 28 juin 1878 (8ᵉ protocole). Memorandum du comte
Andrassy. Memorandum de lord Salisbury. Déclaration du prince
de Bismarck et des représentants de l'Italie, de la Turquie, de la
France et de la Russie. L'article XXV du traité de Berlin. —
IV. Résistance du peuple.

I

Si la guerre de 1877 s'était localisée entre la Russie
et la Porte, il n'en devait pas être de même du traité
qui donna à la question d'Orient une solution définitive...
jusqu'à présent. Sans doute, les préliminaires, signés le
3 mars 1878 à San Stefano (1), ne réunirent d'autres
diplomates que les représentants des parties belligé-
rantes. La Turquie, soit en raison de l'abattement causé
par ses défaites, soit plutôt par habileté politique, ne
refusa rien de ce que la Russie exigeait d'elle. Si la
diplomatie turque, en agissant ainsi, avait espéré soulever en Europe quelque émotion, il faut convenir qu'elle
ne s'était point trompée ; la plupart des nations craigni-
rent, en effet, de voir la Russie prendre une influence
d'autant plus grande que, pendant le siège de Paris, la

____

(1) *Revue de droit international et de législation comparée*, Année
1879. — M. Bluntschli, *Le Congrès de Berlin et sa portée au point de
vue du droit international*, p. 20 et suivantes.

conférence de Londres avait rendu à ses flottes l'accès de la mer Noire, dont elle était privée depuis la guerre de Crimée. L'opinion générale fut qu'il était nécessaire, pour l'utilité et l'intérêt communs, d'examiner et de modifier le traité de San Stefano.

Le but était de maintenir en Orient un certain équilibre, tout en mettant par la conciliation d'exigences diverses l'Europe à l'abri de complications nouvelles. Ces considérations, en même temps que la nécessité de régler le sort des populations danubiennes, aboutirent à l'organisation du congrès réuni à Berlin, le 13 juin 1878, et, dont le président, par une singulière ironie des choses, fut M. de Bismarck, qui avait repoussé avec un dédain brutal toute intervention des neutres après la guerre franco-allemande.

Que de graves difficultés aient surgi, on ne saurait s'en étonner ; régulièrement, le traité de San Stefano était absolument valable, puisqu'il avait été ratifié par le tsar et par le sultan. C'est sur ce terrain que se plaçait le prince Gortchakoff en refusant d'y laisser introduire des modifications. Le mot de congrès ne fut point tout d'abord prononcé ; aux termes de la circulaire austro-hongroise, c'est à une *conférence européenne* que les grandes puissances furent conviées, dans le but de délibérer en commun sur la question d'Orient et les moyens de la régler, en prenant pour point de départ les conventions provisoires intervenues entre la Russie et la Turquie.

C'est la Russie elle-même qui, tandis que la proposition de Vienne était généralement acceptée, estima plus opportun de convoquer un *congrès* et non une conférence. L'Autriche-Hongrie se rallia à cette proposition, en faisant ajouter comme termes explicatifs que les ministres dirigeants des divers états y prendraient part. La Russie avait également émis le vœu que le congrès ne se tînt pas dans la capitale de l'un des deux états signataires.

L'invitation lancée par le comte Andrassy avait naturellement pour but de préparer une solution pacifique ; aussi, les espérances optimistes augmentèrent-elles lorsqu'il eut reçu une réponse affirmative des deux principaux antagonistes, le prince Gortchakoff et lord Beaconsfield. Ces espérances s'accentuèrent encore lorsque l'on sut que la présidence serait confiée au chancelier de l'empire allemand, puisque la confédération germanique n'avait pas alors dans les régions en jeu d'intérêts immédiats. Le 13 juin 1878, les membres du congrès étaient réunis à Berlin. Ils représentaient les gouvernements des six grandes puissances signataires du traité de Paris (1856), plus la Porte ottomane, qui figurait pour la première fois dans un congrès européen.

La France avait déclaré d'avance qu'elle se faisait représenter dans le but d'appliquer la politique des mains nettes ; M. Waddington obtint l'admission d'un délégué grec, mais avec pouvoir délimité et restreint aux questions qui toucheraient les régions limitrophes de la Grèce.

II

Dès l'ouverture du congrès, le prince de Bismarck plaça la question sur son véritable terrain : il s'agissait de donner à la « question d'Orient une solution définitive, de manière à épargner à l'Europe le retour de conflits

périodiques qui risquaient à chaque instant de provoquer une conflagration ».

Pour le dire incidemment, les événements survenus
depuis cette époque et ceux qui se déroulent encore
aujourd'hui en Macédoine suffisent à montrer que ce
but n'a pas été réalisé. Depuis des siècles, trop d'intérêts, trop de races, trop de religions étaient en lutte sur
un espace relativement restreint pour qu'il fût possible
d'y mettre un terme par un trait de plume, et si les
décisions du traité de Berlin avaient été différentes, les
mêmes conflits, inévitables dans la région où la civilisation européenne se trouve précisément en contact avec
le fatalisme asiatique, ne s'en seraient pas moins repro-
duits et, sans doute, dans des conditions à peu près
identiques.

Toujours est-il qu'*a priori* le congrès était d'accord
sur un point : il était entendu d'avance que la Bosnie et
l'Herzégovine seraient détachées de l'empire ottoman ;
bien plus, que jamais elles ne pourraient plus lui être
adjointes. C'est, en effet, sinon un principe du droit des
gens européen, du moins, en pratique, une convention
acceptée par tous, qu'en aucun cas l'Europe ne tolère le
retour à la Turquie d'une région une fois séparée de cet
empire. C'est ainsi qu'après la guerre turco-grecque, où
les Turcs infligèrent à l'hellénisme une épouvantable
défaite, ils ne purent tirer de leurs victoires aucun avantage territorial, tandis qu'en cas de revers ils auraient
vu l'empire ottoman dépouillé d'une partie de ses provinces.

Deux solutions se présentaient à l'esprit.

La plus attrayante pour les Bosniaques et les Herzégoviniens, c'était la création, conforme d'ailleurs aux

souvenirs historiques, d'un grand empire serbe dans lequel ils auraient été unis à la Serbie proprement dite et au Montenegro. C'était la voix du sang qui se faisait entendre. C'est ainsi que malgré l'autonomie qui a été concédée à la Crète, cette île revendique encore son incorporation à la métropole hellénique et vante la mémoire des volontaires qui en étaient accourus pour aider les insulaires dans leur insurrection contre les Ottomans.

Or, comme nous l'avons dit plus haut, lorsque l'Herzégovine s'était également soulevée contre la Turquie, n'avait-elle pas vu aussi les volontaires affluer de la Serbie et de ce Montenegro dont les montagnards, au cours de l'unique rencontre qu'ils avaient eue avec les troupes de Napoléon Ier, avaient su inspirer aux soldats français une admiration méritée pour des adversaires dignes d'eux. Bien plus, on n'a pas oublié que cette sympathie avait fini par s'affirmer par une assistance officielle.

Comment s'étonner alors que la reconstitution de l'empire de Douschan ait tenté les exubérantes imaginations des orthodoxes, que le prince Milan ait réclamé la Bosnie, que le prince Nitchka ait émis au sujet de l'Herzégovine les mêmes prétentions ?

Mais l'élément orthodoxe ne compose pas toute la population chrétienne ; il en est le plus important, mais on ne saurait considérer comme une quantité négligeable les Latins qui, en tant que catholiques, avaient des sympathies pour l'Autriche et qui, en tant que Slaves, n'auraient pas mieux demandé que d'être réunis aux Croates pour former un royaume analogue à la Hongrie.

Sans doute, au commencement du siècle dernier, ce

sentiment de la nationalité avait pu s'amoindrir dans le peuple, bien qu'il eût résisté à toute fusion avec les conquérants turcs ; mais la création de la principauté serbe, il y a quatre-vingt-six ans, a ressuscité des espérances qui semblaient s'éteindre ; les lettrés ont rappelé le glorieux passé d'un idiome qui n'a pas changé depuis cinq siècles, et que les musulmans de Bosnie eux-mêmes ont conservé à l'époque où ils renoncèrent à la foi chrétienne pour accepter la loi du Coran. Du jour où les Serbes de Serbie devinrent libres, ceux de Bosnie devaient fatalement rêver à leur tour la liberté ; fatalement, ils devaient rêver l'union avec leurs frères délivrés ; fatalement, le spectacle de l'indépendance des uns devait, par suite d'un douloureux contraste, rendre aux autres la servitude plus intolérable encore qu'auparavant. En faut-il davantage pour expliquer les soulèvements qui se succédèrent, avant-coureurs de la grande insurrection de 1875, cause initiale elle-même de la guerre russo-turque ?

Tels sont dans leurs grandes lignes les arguments qui militaient en faveur de la création d'une *grande Serbie réunie* (1). Ils n'étaient pas sans valeur et l'on ne saurait s'étonner que Bosniaques et Herzégoviniens aient pu espérer des gouvernements européens l'appui qu'ils avaient déjà rencontré dans le monde des savants et des écrivains.

La seconde solution consistait, tout en maintenant les deux provinces sous l'autorité du Sultan, à leur conférer une autonomie semblable à celle qui fut donnée alors à la Roumélie orientale,

(1) A. Witte, *A travers l'Autriche-Hongrie (Herzégovine et Bosnie). Le Correspondant*, nº du 10 mars 1896.

Cette solution pas plus que la première ne l'emporta ; elle avait contre elle l'hostilité de l'Angleterre qui tenait pour certain que l'État ainsi constitué serait l'avant-garde de la Russie contre le Sultan. Car pour tous les yeux prévoyants, cette autonomie devait fatalement aboutir à l'union avec la Serbie et le Montenegro.

Les sentiments des peuples sont parfois plus forts, en effet, que les intrigues des diplomates et Bismarck s'en rendait bien compte lorsqu'en 1871 il disait, dans un discours au Reichstag : « On a parlé de faire de l'Alsace-Lorraine un État neutre entre la France et l'Allemagne ; mais un tel État n'aurait ni pu ni voulu garder sa neutralité. »

L'excessive tension des rapports entre la Russie et l'Angleterre jouèrent un rôle si important que si l'on négligeait d'en tenir le plus grand compte on perdrait le fil conducteur sans lequel il est impossible de se diriger à travers l'étude des péripéties du Congrès de Berlin. Il s'en était même peu fallu qu'une rupture n'éclatât puisqu'à la veille de la Convention de San Stefano (3 mars 1878) les cuirassés anglais apparaissaient en vue de Constantinople afin d'indiquer que la Grande-Bretagne ne tolérerait pas que les troupes russes campées à quelques kilomètres à peine osassent y pénétrer. La Russie avait sans doute promis de ne pas s'emparer de la presqu'île de Galipoli, mais on peut s'imaginer l'état d'esprit, l'état corporel aussi, d'hommes qui venaient de subir les fatigues d'une campagne accablante, d'effectuer en plein hiver la traversée des Balkans, répétant ainsi le tour de force de nos fantassins pénétrant en Italie par le Saint-Bernard.

Si les relations de l'Autriche et de la Russie n'avaient

pas atteint un pareil excès d'acuité, la première n'en nourrissait pas moins un sentiment de défiance à l'égard de sa puissante voisine. Elle se demandait si la création d'une grande Serbie ne devait pas compromettre ses propres intérêts en Dalmatie et sur la mer Adriatique. On connaît la puissance d'attraction exercée par Moscou sur tous les États slaves et le développement du panslavisme devait particulièrement préoccuper un État d'ordre composite où les luttes de race sont quotidiennes, où l'élément slave, nombreux et remuant, déjà froissé d'avoir vu ses droits méconnus par la création du dualisme germano-magyar, s'était irrité davantage encore en voyant les intérêts communs de l'empire confiés au comte Andrassy, c'est-à-dire précisément à un Hongrois, à un antislave acharné.

Depuis lors, il est vrai, des sentiments russophobes ont éclaté dans un pays slave, en Bulgarie ; mais ils étaient dus à des conséquences toutes particulières et à l'époque du Congrès de Berlin pas un des diplomates présents n'aurait accepté l'éventualité de pareils événements comme admissible parmi les contingents de l'avenir.

Il ne faut donc pas s'étonner qu'en réalité la Russie ait rencontré, au Congrès de Berlin, un triple adversaire. L'Autriche redoutait le développement du panslavisme ; l'hostilité de l'Angleterre était manifeste et jamais peut-être on n'employa autant qu'à cette époque la métaphore aujourd'hui un peu surannée qui faisait prévoir le duel de la baleine et de l'éléphant.

Quant à l'Allemagne, nous l'avons dit et M. de Bismarck le répétait volontiers, elle n'avait pas d'intérêts directs dans la question. Selon la parole employée par

le grand chancelier au sujet d'une autre contrée, elle
n'aurait pas risqué pour les Balkans les os d'un grena-
dier poméranien ; son ministre, accoutumé à parler un
langage impérieux, s'était adouci et se déclarait, avec
une bonhomie au moins apparente, décidé à jouer simplement le rôle d'un honnête courtier. Aussi bien dési-
rait-il avant tout empêcher une conflagration dont les
résultats étaient difficiles à prévoir, mais qui aurait
risqué de compromettre à la fois la situation d'un
empire nouvellement fondé et des conquêtes difficilement assimilables en raison de l'état d'esprit des populations annexées.

Toutefois le chancelier tenait à donner à l'Autriche
des satisfactions réelles ; l'idée de la triple alliance
avait de longue date germé dans son esprit ; du reste,
au lendemain de Sadowa, si, réalisant enfin son rêve,
il avait mis l'Autriche complètement en dehors de la
Confédération germanique, du moins avait-il tenu à ne
pas l'écraser, à ne pas laisser derrière lui des haines
inextinguibles. Il ne montra pas alors la dureté dont il
devait faire preuve en 1871 et aucune partie du territoire autrichien ne fut démembrée, du moins au profit
de l'Allemagne. L'occasion lui parut bonne pour donner
à l'Autriche sans bourse délier une compensation, la
diriger comme missionnaire du germanisme vers
l'Orient, lui inspirer d'autres ambitions que celle de
rentrer en maîtresse dans la Confédération germanique,
pour encourager encore les ardeurs qui la poussaient
vers Salonique.

Qu'une entente préliminaire se soit produite avant la
réunion officielle entre l'Autriche, l'Allemagne et
l'Angleterre, c'est ce qui ne saurait étonner après ces

quelques explications, et, l'on ne saurait être davantage surpris en constatant que la première idée des trois puissances fut de substituer un autre système à celui qui était indiqué par l'article 14 du préliminaire de paix de San Stefano.

En vertu de cet article, les réformes administratives prescrites par la conférence de Constantinople et communiquées au gouvernement du Sultan devaient être immédiatement introduites en Bosnie et en Herzégovine avec les modifications qui seraient arrêtées d'un commun accord entre les empires ottoman, russe et autrichien.

Les représentants d'Autriche, d'Allemagne et d'Angleterre arrivaient donc au Congrès avec un système tout préparé, avec la résolution bien arrêtée de se soutenir les uns les autres, tandis que celui de la Russie restait complètement isolé. On ne songeait pas encore à cette époque à l'alliance franco-russe ; M. Waddington était décidé à ne traiter la question que dans l'intérêt de l'humanité et de la civilisation, et, en fait, à s'occuper surtout d'assurer un peu de sécurité aux israélites persécutés et quelque avantage territorial à la Grèce renaissante.

III

Ce fut dans la huitième séance, celle du 28 juin 1878, que les trois diplomates réunis donnèrent le premier assaut. L'Autriche-Hongrie trouvait absolument insuffisant l'article 14 et insistait surtout sur les intérêts qu'elle avait, en qualité de puissance limitrophe, à obtenir un règlement définitif. C'est alors que le comte

Andrassy (1) prit la parole pour donner lecture d'un mémoire dont, en raison de son importance, il nous semble nécessaire de publier le texte intégral pour bien montrer l'état d'esprit qui animait plusieurs congressistes et non des moindres :

Tous les gouvernements (2) s'accordent à reconnaître que l'Autriche-Hongrie, en sa qualité de puissance limitrophe, est intéressée plus que toute autre puissance au règlement de l'état de choses en Bosnie et dans l'Herzégovine.

Les belligérants ont tenu compte de ce point de vue en réservant à l'entente avec l'Autriche-Hongrie, par l'article XIV du traité de paix préliminaire (3), la solution définitive de cette question. En précisant les objections contre l'article précité qui découlent de la particularité des intérêts austro-hongrois, les plénipotentiaires de sa Majesté Impériale et Royale se croient en devoir de relever que la question bosno-herzégovinienne, tout en concernant le plus directement l'Autriche-Hongrie, ne cesse pas d'être une question entièrement européenne.

On ne saurait perdre de vue que le mouvement, qui a conduit à la guerre en Orient, a eu son origine en Bosnie et en Herzégovine.

Les maux et les dangers qui en ont résulté pour l'Europe sont connus ; l'Autriche-Hongrie en a été atteinte en première ligne.

(1) Livre jaune, *Congrès de Berlin*, p. 130-133.

(2) Samver, *Nouveau recueil de traités*, série II, t. III, p. 331.

(3) L'article 14 du traité de San Stefano est ainsi conçu (Protocoles du traité de San Stefano, Constantinople 1880) :

Seront immédiatement introduites en Bosnie et en Herzégovine les propositions européennes communiquées aux plénipotentiaires ottomans dans la première séance de la conférence de Constantinople, avec les modifications qui seront arrêtées d'un commun accord entre la Sublime-Porte, le gouvernement de la Russie et celui de l'Autriche-Hongrie. Le paiement des arriérés ne sera pas exigé, et les revenus courants de ces provinces jusqu'au 1er mai 1880 seront exclusivement employés à indemniser les familles des réfugiés et des habitants, victimes des derniers événements, sans distinction de race et de religion, ainsi qu'aux besoins locaux du pays.

Le nombre considérable de troupes échelonnées sur nos frontières n'a pas suffi pour arrêter le passage des insurgés et les incursions réciproques. Les forces turques concentrées en Bosnie, au commencement des troubles, n'ont pas été en mesure, quelque nombreuses qu'elles fussent, de mettre un terme à une insurrection et émigration permanentes. Plus de 200.000 hommes ont ainsi abandonné leurs foyers. Depuis trois années, le Gouvernement Impérial et Royal a dû prendre à sa charge les frais de leur entretien. Dix millions de florins ont déjà été affectés à cet usage. Se méfiant du sort qui les attend à leur retour, les émigrés se refusent à rentrer dans leur patrie. Ainsi, jour par jour, de nouveaux et lourds sacrifices nous sont imposés et rien n'en fait présager la fin prochaine. Nos populations limitrophes souffrent des dommages incalculables de cette émigration incessante et prolongée.

En présence de cet état de choses qu'il ne lui a pas été possible de prévenir, le Gouvernement Impérial et Royal ne peut avoir d'autre but que d'y voir mettre fin une fois pour toutes par une solution offrant des garanties de stabilité.

Le Gouvernement de Sa Majesté l'Empereur et Roi serait prêt à accepter toute solution qui laisserait entrevoir la pacification prompte et définitive des provinces dont il s'agit.

La population de ces pays se compose de musulmans, d'orthodoxes et de catholiques, fanatiques dans l'antagonisme qui les divise, et ne vivant pas dans des circonscriptions différentes, mais pêle-mêle dans les mêmes districts, les mêmes villes, les mêmes villages.

La Sublime Porte aurait pour tâche de réunir tous ces éléments opposés dans le moule d'un même régime autonome. Elle devrait procéder au rapatriement des réfugiés dispersés en Autriche-Hongrie et dans le Montenegro, subvenir à leur entretien et, afin de rendre possible la reprise du travail paisible, les munir de grains pour l'ensemencement des terres et de matériaux pour la reconstruction de leurs maisons. Elle devrait mettre en œuvre le règlement de la question agraire, source principale des secousses périodiques qui ont agité ces contrées, problème hérissé d'obstacles au milieu d'une population déchirée

par les haines religieuses et les rancunes sociales, problème
qu'un pouvoir fort et impartial seul peut résoudre dans un pays,
où toute la propriété foncière se trouve dans les mains des musulmans pendant que les chrétiens laboureurs ou fermiers forment la majorité des habitants. Assurément, ce n'est pas faire
un reproche à la Turquie ni mettre en doute sa bonne volonté
que d'affirmer qu'elle ne serait pas en mesure de suffire à cette
tâche.

Il lui serait impossible de l'accomplir dans des circonstances
normales.

Elle est d'autant plus irréalisable à l'issue d'une guerre à
peine achevée, en présence surtout de la recrudescence de l'antagonisme qui se manifeste avec plus de vivacité même qu'au
commencement des désordres : depuis que des districts habités
par des musulmans se trouvent, ou devront être placés sous la
domination serbe et monténégrine, l'appréhension que l'autonomie dans de pareilles conditions loin d'amener la pacification
de ces contrées, n'en ferait qu'un foyer permanent de troubles
n'est que trop fondée...

Par ces motifs, les Plénipotentiaires de Sa Majesté Impériale
et Royale se croient en devoir d'appeler la sérieuse attention
du congrès sur les dangers qu'entraînerait toute solution dépourvue de *garantie et de durée*. Intéressée en première ligne comme
Puissance limitrophe, l'Autriche-Hongrie a l'obligation de déclarer franchement et ouvertement que ses intérêts les plus intenses
ne lui permettent d'accepter qu'une solution de la question
bosno-herzégovinienne qui serait apte à amener la pacification
durable des dites provinces et à empêcher le retour des événements qui ont fait courir de si graves dangers à la paix de l'Europe et créé à l'Autriche-Hongrie, tout en lui imposant de grands
sacrifices et de graves pertes matérielles, une situation intolérable, dont elle ne saurait accepter la prolongation.

C'était le premier acte du spectacle préparé dans
l'entente extérieure. Au congrès, M. Andrassy avait
terminé la principale partie de son rôle et c'étaient
maintenant ses compères qui allaient entrer en scène.

Ce que le comte Andrassy n'avait pas voulu dire de peur d'exposer immédiatement l'Autriche à s'entendre accuser d'ambition, lord Salisbury s'en chargea.

Voici d'ailleurs la partie essentielle des paroles que prononça le ministre britannique (1) :

..... Si les puissances ne réussissent pas dès à présent à pourvoir à l'établissement d'une administration *stable et forte* dans ces régions, elles seront responsables du renouvellement inévitable des souffrances qui ont invoqué les vives sympathies de l'Europe, et qui ont donné lieu à de si graves événements.

La position géographique de ces provinces est aussi d'une haute importance politique. Dans le cas où il en tomberait une partie considérable entre les mains de l'une des principautés voisines, une chaîne d'États slaves serait formée qui s'étendrait à travers la presqu'île des Balkans et dont la force militaire menacerait les populations d'autre race occupant les territoires au sud. Un pareil état de choses serait sans doute plus dangereux à l'indépendance de la Porte qu'aucune autre combinaison. Il est cependant très probable qu'un tel résultat se produira dans le cas où la Porte restera chargée de la défense de ces provinces éloignées.

De grands dangers seraient à craindre tant pour les provinces que pour la Porte, si cette dernière continuait à les occuper et à les administrer.....

Or, la Porte ferait preuve de la plus haute sagesse si elle refusait de se charger plus longtemps d'une tâche qui dépasse ses forces, et, en la confiant à une puissance capable de la remplir, elle détournerait de l'empire turc des dangers formidables.

Par ces motifs, le gouvernement de la Reine propose aux puissances réunies que le Congrès statue que les provinces de la Bosnie et de l'Herzégovine seront groupées et administrées par l'Autriche-Hongrie.

Restait le troisième des diplomates qui avaient pris part à l'entente ; il n'avait pas parlé le premier pour ne

(1) Livre jaune, *Congrès de Berlin*, p. 193.

pas sembler exercer sur le congrès une pression visible, et, sans doute, ses deux alliés dans cette circonstance avaient pensé que sa parole entendue après les leurs donnerait à celles-ci plus de force et plus d'autorité. Naturellement il se rallia à la proposition convenue d'avance en insistant seulement sur la volonté de l'Europe qui était de créer un état de choses stable, sur la nécessité d'assurer d'une manière efficace le sort des populations en Orient.

« L'Allemagne, concluait-il, n'est liée par aucun intérèt direct dans ces affaires, mais elle a un intérèt général à ce que les secousses périodiques qui ont ébranlé l'Orient et menacé la paix de l'Europe ne se reproduisent plus. »

Après cette triple déclaration, on peut bien dire que la question était tranchée. Les autres délégués l'auraient-ils voulu qu'il leur aurait été difficile de s'opposer, isolés qu'ils étaient, à une proposition qui, nous le verrons, ressemblait fort à l'annexion des deux provinces.

Sans doute, l'Italie ne pouvait voir d'un bon œil une nouvelle extension de la puissance qui, douze ans auparavant, détenait encore une des plus belles provinces de la Péninsule et qui, même aujourd'hui, garde les territoires que l'irrédentisne n'a pas cessé de lui réclamer. Elle dut, toutefois, se borner à une observation d'ordre général qui n'obtint du comte Andrassy qu'une réponse également peu précise.

Les plus vives protestations devaient venir des plénipotentiaires ottomans ; on le conçoit : le rôle de guillotiné par persuasion ne plaît pas à tout le monde. Comment n'auraient-ils pas déclaré que s'il s'agissait de rétablir l'ordre et la tranquillité dans les deux provinces, c'était bien à la Sublime Porte qu'incombait tout naturellement et de droit cette mission, et que se sentant la force et la volonté de la remplir, elle ne pouvait la laisser à aucune autre puissance.

Ces objections ne touchèrent point le délégué de la France qui n'avait d'ailleurs pas d'intérêts dans la question bosniaque. Il déclara donc adhérer à la proposition austro-hongroise afin que l'œuvre du congrès fût utile et durable.

On connaissait suffisamment l'opinion anglaise ; néanmoins lord Beaconsfield, assurément pour relever les assertions émises par les plénipotentiaires ottomans, rappela que le sultan n'avait pu, même avant la guerre, maintenir l'ordre et la sécurité dans les deux provinces.

Evidemment, il le pourrait encore moins aujourd'hui que la Turquie avait été affaiblie par ses défaites et que des idées d'indépendance avaient commencé à se faire jour dans diverses parties de l'empire.

L'habileté avec laquelle avaient opéré les trois premiers orateurs ne pouvait manquer de mettre dans un grand embarras le délégué russe. Le prince Gortchakoff n'était pas venu au congrès dans le but d'adhérer à une pareille proposition ; mais surtout après la déclaration faite par le délégué français, il ne pouvait plus que s'incliner. Il donna donc, lui aussi, son adhésion entière à la note anglaise en faisant remarquer que l'empire moscovite n'avait d'autres intérêts que d'assurer la paix de l'Europe et d'améliorer le sort des populations. Mais le coup porté ne fut pas oublié, la Russie est accoutumée, selon le mot de Nicolas, sinon à bouder, du moins à se recueillir, et dans son recueillement, sa rancune grandit contre le chancelier allemand qui avait été l'un des principaux et, sans doute le plus puissant instrument de la cabale qui lui enlevait les fruits de ses victoires. Les rapports entre Berlin et Pétersbourg en furent pour longtemps troublés et ces souvenirs ont sans doute, dans une mesure qu'il n'est pas possible d'établir, contribué plus tard à la formation d'une nouvelle alliance, destinée à contre-balancer la prépondérance européenne de la triplice.

On procéda au vote ; les représentants des deux puissances les plus directement intéressées, l'Autriche et la Turquie, s'abstinrent. Les autres votes furent affirmatifs, mais le représentant de la Russie ajouta une explication catégorique en déclarant que « *son vote s'appliquait exclusivement aux termes de la motion de Lord Salisbury.* »

D'où l'on peut conclure que, dès le premier moment, le perspicace diplomate entrevoyait déjà les conséquences possibles d'une occupation effectuée dans des conditions dont l'histoire internationale n'offrait pas encore d'exemple. Il devinait que par la force des choses, que par suite de l'influence administrative, qui en raison de la suprématie qu'une grande nation civilisée prend aisément sur un peuple plus arriéré et moins nombreux, l'occupation finirait par entraîner une annexion déguisée avec toutes ses conséquences. Voilà pourquoi le protecteur naturel des divers éléments slaves prenait ses précautions et formulait ses réserves pour l'avenir.

Si la Russie crut devoir préciser ainsi son intention, il est naturel, que de son côté, la Sublime Porte ait, elle aussi, par un dernier artifice diplomatique, tenté de sauver au moins quelques vestiges de sa suprématie ébranlée.

Aussi, au commencement de la séance du 4 juillet,

le représentant ottoman, après entente avec son gouvernement, s'exprima-t-il en ces termes :

« Le Gouvernement Impérial ottoman a pris en très sérieuse considération l'opinion émise par le congrès relativement aux moyens propres à amener la pacification de la Bosnie et de l'Herzégovine ; il y met une confiance entière, et il se réserve de s'entendre directement et préalablement avec le cabinet de Vienne à cet égard » (1).

M. Andrassy se contenta de cette explication ; dans son ambiguïté, elle ouvrait d'ailleurs la porte à toutes les solutions, et, au nom des puissances représentées au congrès, le président déclara que c'était maintenant à l'Autriche qu'il appartenait de remplir le mandat qui lui était confié.

Voici, du reste, le texte de l'article XXV du traité de Berlin (2) :

« *Les provinces de la Bosnie et de l'Herzégovine seront occupées et administrées par l'Autriche-Hongrie.* Le gouvernement de l'Autriche-Hongrie ne désirant pas se charger de l'administration du Sandjack de Novi-Bazar, qui s'étend entre la Serbie et le Montenegro dans la direction du Sud-Est, jusqu'au delà de Mitrovitza, l'administration ottomane continuera d'y fonctionner. Néanmoins, afin d'assurer le maintien du nouvel état politique, ainsi que la liberté et la sécurité des voies de communication, l'Autriche-Hongrie se réserve le droit de tenir garnison et d'avoir des routes militaires sur toute cette partie de l'ancien Vilayet de Bosnie.

« A cet effet, les Gouvernements d'Autriche et de Turquie se réservent de s'entendre sur les détails ».

(1) Livre Jaune, *Congrès de Berlin*, p. 189.
(2) *Ibid.*, p. 284.

CHAPITRE III

La convention austro-turque.

I. Effets immédiats de l'article 25. Annexion déguisée de la Bosnie
et de l'Herzégovine à l'Autriche. Entrée des troupes austro-hongroises. Résistance du peuple. — II. Difficultés du comte Andrassy
en Autriche. Ses déclarations devant les délégations. — III. Le
compromis austro-turc du 21 avril 1879. Ses conséquences. —
IV. L'occupation du Sandjack de Novi-Bazar. Empiètements de
l'Autriche en Albanie.

I

A notre avis, le texte de l'article XXV n'est pas susceptible de deux interprétations ; il consacre d'une façon
absolue la mission confiée à l'Autriche-Hongrie, quant
à l'occupation et l'administration des deux provinces.

La restriction contenue dans les lignes finales ne s'applique évidemment qu'aux détails de l'occupation du
Sandjack de Novi-Bazar, rien de plus logique : la
répugnance témoignée par l'Autriche elle-même à
administrer cette région, tandis qu'elle réclamait le
droit d'y tenir garnison et d'y avoir des routes militaires et commerciales, entraînait une situation toute spéciale. Pour la résoudre, des pourparlers ultérieurs
s'imposaient aux gouvernements de Vienne et de Constantinople, et c'est uniquement à cette entente future
qu'il est fait allusion dans les dernières lignes de l'article 25. Cette convention fut signée le 21 avril 1879.
On pourrait objecter que la phrase finale, commençant
par les mots *à cet effet*, forme un paragraphe particulier.

N'oublions pas que le traité fut rédigé en langue française, mais le congrès se tenait à Berlin ; aussi conçoit-on aisément qu'un copiste, mal éclairé sur les finesses de la diplomatie et de la langue française, ait par erreur ajouté un alinéa non seulement superflu, mais en désaccord avec le texte même de l'article tout entier.

Ce n'est pas là un détail insignifiant ; si l'on acceptait, en effet, que les dernières lignes pussent s'appliquer à tout l'article, on arriverait à une conclusion inadmissible. La Turquie serait aujourd'hui en droit d'affirmer que c'est en vertu d'une concession gracieuse du sultan que l'administration des deux provinces a été confiée à l'Autriche. Par conséquent, le congrès de Berlin se serait réuni à peu près pour rien en ce qui concerne la Bosnie et l'Herzégovine, et les diplomates n'auraient fait qu'entrevoir ou indiquer vaguement une solution dont la véritable sanction aurait été la convention austro-turque de 1879.

Pour quiconque a lu avec soin non seulement le texte du traité, mais encore les protocoles et les discussions du congrès, il ne subsiste aucun doute.

La diplomatie européenne a bel et bien voulu assurer l'*avenir* des deux provinces et y établir un ordre *stable et permanent*. Ce sont du reste les expressions mêmes qui furent employées. Et pour les représentants d'Autriche, d'Allemagne et de Russie, l'idée d'une annexion déguisée, sans naturellement qu'ils voulussent se servir de ces termes, était bien dans leur esprit, puisque en assignant une date à la Russie pour l'évacuation des territoires ottomans qu'elle occupait, le congrès n'en indiquait aucune, si lointaine fût-elle, pour l'évacuation de la Bosnie et de l'Herzégovine par les Austro-Hon-

grois. Les réserves présentées d'ailleurs par le prince
Gortchakoff prouvaient suffisamment que, tout en prenant quelques précautions, il ne nourrissait guère d'illusions quant à l'avenir.

Les hommes d'état ottomans s'en faisaient-ils davantage ? Assurément, ils luttèrent pied à pied, mais pour
obtenir quelle réponse ? Le langage de lord Salisbury
fut assez significatif lorsqu'il leur répliqua que ces provinces n'offraient à la Porte ni profit matériel ni utilité
stratégique. Nous avons reproduit les principales parties de son discours précisément dans le but d'en tirer
des conclusions. Les Turcs trouvaient la pilule amère et
c'est pour la leur dorer que l'homme d'état britannique
leur faisait entendre que l'empire ottoman se trouverait
dans une situation périlleuse si ces provinces, au lieu
d'aller à l'Autriche, tombaient aux mains des Etats
slaves. C'était un langage que la Sublime Porte devait
être encline à écouter au lendemain des revers qui lui
avaient été infligés par l'armée russe. Si lord Salisbury
avait tenu un langage destiné à adoucir la tristesse des
représentants d'un pays vaincu et amoindri, il ne fallait
pas s'attendre aux mêmes délicatesses de la part de
M. de Bismarck. Il prit les choses de très haut et sa
rudesse accoutumée se donna libre carrière lorsqu'il
appliqua à la question sa formule habituelle : rien pour
rien, *do ut des*. « N'oubliez pas, Messieurs, dit-il en
substance, que si la Bosnie et l'Herzégovine vous échap-
pent, votre situation n'était pas brillante au lendemain
de la convention de San Stefano ; vous aviez perdu
une province plus grande et plus fertile, la Roumélie
orientale. Le congrès vous la rend, c'est une compensation dont vous devez vous contenter ; car il serait

impossible d'accepter les avantages d'une situation dont on refuserait de subir les inconvénients. »

Voilà qui était clair. C'était le congrès lui-même qui rendait la Roumélie à la Porte ; donc, c'était bien lui qui lui enlevait la Bosnie et l'Herzégovine pour les confier à l'Autriche. Le chancelier avait parlé avec une logique absolue ; sans doute on reconnaissait dans son exposé l'esprit âpre de l'homme accoutumé à tirer parti de tout, de celui qui en rendant à la France Raon-sur-Plaine et Raon-les-Leau mettait pour conditions que les propriétés domaniales ou communales resteraient à l'Allemagne ; mais enfin, on ne pouvait opposer aucune objection à son système, et les Turcs en furent suffisamment convaincus pour prendre leur parti de l'occupation. Voilà ce qu'il convenait de bien établir avant de passer à l'examen de la convention austro-turque du 21 avril 1879 dont on dégagera d'autant mieux l'esprit qu'avant d'en examiner les termes on aura été plus convaincu de la résolution des diplomates réunis à Berlin de confier par eux-mêmes un mandat permanent à l'Autriche. Cette dernière puissance n'avait pas attendu cette date pour envoyer ses régiments prendre possession du pays, sans aucune protestation de la part des puissances signataires du traité.

Mais alors une objection surgit : on a vu le comte Andrassy participer à des négociations préliminaires avec M. de Bismarck et lord Salisbury. Une fois, au congrès, on l'a entendu insister sur la nécessité d'une solution *durable* et avec toutes les garanties possibles de la question bosno-herzégovinienne. Maintenant que ses idées ont prévalu, d'où vient qu'il garde le silence, qu'il n'affirme pas aux délégations et au monde entier

la volonté bien arrêtée de l'Autriche d'annexer définitivement les deux provinces ?

C'est qu'aux difficultés d'ordre diplomatique dont il a
triomphé à Berlin en ont succédé d'autres dont nous
avons longuement parlé et qui provenaient de la situation constitutionnelle si complexe de l'empire austro-
hongrois. Ce n'était pas peu de chose, précisément en
raison de l'origine du diplomate impérial, que de lutter
contre l'opposition violente des Magyars, race énergique, encore émue des souvenirs de 1848, défiante,
allant jusqu'à l'accuser de trahir la cause nationale.
Cette seule considération explique que M. Andrassy,
soucieux de l'avenir, n'ait pas prononcé de déclarations
retentissantes, qu'il n'ait point invité la nation autrichienne à monter au Capitole et à rendre grâce aux
dieux.

Malgré toute sa perspicacité, il s'était laissé entraîner par des idées trop optimistes au sujet de l'état
d'esprit des populations. Ayant vu deux cent mille
Bosniaques ou Herzégoviniens chercher un refuge en
Autriche contre l'oppression ottomane, il s'était ima-
giné que les troupes autrichiennes seraient reçues à bras
ouverts. « Nous enverrons, disait-il, un escadron de
hussards et une musique militaire, et nous serons
maîtres de la Bosnie et de l'Herzégovine (1) ».

Il fallut en rabattre ; les choses ne se passèrent point
comme pendant l'expédition des Mille de Garibaldi
dans le royaume de Naples. Les Bosniaques répondirent
par un véritable soulèvement. Pour soumettre une
population de quinze cent mille âmes, c'est-à-dire à peu

---

(1) Schneller, *Die Staatsrechtliche Stellung von Bosnien und der
Herzogowina.*

près égale à celle de l'Alsace-Lorraine en 1871, il fallut trois mois et une véritable armée ! L'occupation portait aux espérances des partisans de la grande Serbie un coup peut être suprême. Avec leur expérience du passé, ils prévoyaient la guerre sans merci que l'Autriche allait entreprendre ou plutôt poursuivre contre l'idée slave. Si on ne lui opposait pas d'obstacles, verrait-on jamais se relever l'empire de Douschan dont la légende enflammait encore tous les cœurs des patriotes ?

Les orthodoxes ne furent pas seuls à s'indigner. Pour être d'origine serbe, les begs n'en étaient pas moins devenus des musulmans fervents. Ils connaissaient les *surates* du Coran qui recommandent aux croyants de n'accepter le joug de l'infidèle que lorsque la différence des forces est visiblement trop grande, mais qui leur ordonnent la révolte du jour où elle semble avoir quelque chance de succès. La perspective d'obéir à un prince chrétien leur parut d'autant plus intolérable que les agents ottomans ne manquaient pas d'organiser sourdement la résistance.

En pareil cas, des incidents qui sembleraient insignifiants pour des occidentaux prennent une grave importance. Lorsque non loin des minarets d'où le muezzin appelait les croyants à la prière, on entendit pour la première fois retentir les cloches des églises, les adeptes du Croissant estimèrent que l'Islam venait d'être outragé. Des faits qui n'avaient pas en apparence plus d'importance avaient, en 1857, soulevé dans l'Inde la plus formidable insurrection dont les Anglais aient eu à triompher.

Le mécontentement, que ressentaient à un égal degré

les musulmans et les orthodoxes, ne fut point diminué par l'attitude que l'élément catholique adopta au lendemain de l'occupation. Naturellement, il n'aimait point les Turcs ; peut-être aimait-il moins encore les orthodoxes, car la haine que déploient dans ces régions les différentes confessions chrétiennes contre l'Islam, si vive qu'elle soit, n'égale pas encore celle qu'elles éprouvent les unes contre les autres. A cet égard, rien n'est changé dans l'Europe orientale depuis la grande date que marqua l'ouverture du Moyen-Age. A cette époque déjà, les chrétiens byzantins étaient prêts à s'entregorger pour des questions de théologie lorsque Mahomet II pénétra dans Byzance à la tête des hordes asiatiques et entra à cheval dans l'Église de Sainte-Sophie, qui, depuis n'a plus entendu d'autres prières que les prières musulmanes.

Les catholiques donc accueillirent avec satisfaction la domination nouvelle. Les sympathies que ressentait pour eux l'Autriche, sinon la Hongrie, leur inspiraient d'autant plus de confiance que les sentiments religieux de François-Joseph, souverain commun des deux pays, ne leur étaient point inconnus. Ils ne s'étaient pas trompés ; car, dans la suite, comme nous le verrons, l'Autriche les favorisa de toutes manières et affecta même de vouloir amener dans les Balkans un protectorat catholique analogue à celui que la France possède dans les échelles du Levant depuis l'alliance de François Ier, le roi très chrétien, avec Soliman, le chef de l'Islamisme à cette époque.

Si les dirigeants du catholicisme bosniaque et herzégovinien ne s'étaient pas laissé entraîner outre mesure par le rêve d'une grande Serbie, ils n'entretenaient pas moins d'autres illusions. Dans la grande Serbie, formée des dépouilles de l'empire turc, ils se fussent trouvés en minorité et auraient eu à craindre l'oppression de la part de leurs congénères orthodoxes. Aussi n'est-ce pas de ce côté-là qu'ils auraient cherché un agrandissement. Bien plus volontiers auraient-ils accepté l'union avec les Croates qui, depuis longtemps déjà, dépendaient de l'Autriche ; mais là aussi les difficultés abondaient. Les Croates de l'Empire font directement partie de la Hongrie et leur haine contre l'élément magyar n'a fait que s'accroître à la suite d'une organisation qui, dans le royaume de Saint-Etienne, traite absolument en parias, Germains, Roumains, Serbes et Croates. Il est même douteux que l'hostilité témoignée dans l'Autriche proprement dite, par les Tchèques contre les Allemands, dépasse celle que les Croates conservent contre l'élément dominant de la Hongrie.

Que fût-il advenu si les catholiques slaves, nouveaux sujets autrichiens, avaient été selon leur désir unis aux Croates ? Selon toute vraisemblance, la Hongrie se fût opposée à un démembrement de son territoire et alors une guerre intestine pouvait éclater dans l'empire. Des événements récents (mai 1903) viennent de confirmer d'une façon sanglante l'impossibilité d'établir de longtemps un *modus vivendi* amical entre Hongrois et Croates. Dans toute la Croatie, les habitants se sont soulevés avec cette ardeur qui avait déjà valu en France une réputation particulière à leur aïeux au temps où ceux-ci servaient dans notre cavalerie sous les drapeaux fleurdelysés.

II

Ainsi les différences de races, les différences de croyances avaient apporté à l'organisation d'un nouvel état de choses des embarras difficiles à écarter ; mais d'autres complications résultaient de la situation constitutionnelle de l'Austro-Hongrie. Était-il possible d'employer à l'égard de la Bosnie et de l'Herzégovine le système adopté par l'Allemagne au lendemain de l'annexion pure et simple de l'Alsace-Lorraine ? Nullement ; entre Vienne et Pesth, en effet, il n'existe qu'une union réelle. Nul ne pourrait indiquer aujourd'hui quelles conséquences entraînera la disparition de François-Joseph. De là l'impossibilité de traiter les nouvelles provinces *en terre d'empire,* en *Reichsland.* M. de Bismarck avait voulu en instituant ce régime intéresser tous les états allemands à la conservation d'un territoire commun acquis au lendemain même de la création de l'empire. Quelle différence avec deux états simplement juxtaposés et dont la constitution qui date de 1867 n'avait jamais prévu le cas de l'annexion de nouveaux domaines !

Il fallut donc aller au plus pressé, recourir à une solution provisoire mais qui justement pour ce motif, peut se prolonger indéfiniment ; car, ce n'est pas seulement en France que, selon la phrase bien connue, il n'y a que le provisoire qui dure. Voilà pourquoi les deux provinces constituent une dépendance d'un caractère particulier, étant les seules soumises au gouvernement commun de la monarchie, les seules dont le gouvernement autonome soit en réalité placé sous le contrôle des ministres communs austro-hongrois. Aussi bien, s'il n'avait été entendu que les ministres de l'empire et, en cas de nécessité, les ministres des deux parties de la monarchie seraient appelés à agir d'un commun accord, on ne voit pas aisément comment l'Autriche serait parvenue à s'acquitter de la mission qui lui avait été confiée par le traité de Berlin. Solution provisoire, disons-nous ; car, selon toute vraisemblance, un jour viendra où l'annexion que nous considérons comme *pratiquement* réalisée sera hautement proclamée et alors se posera la question : Faudra-t-il unir les deux provinces soit à l'Autriche, soit à la Hongrie ?

De toutes façons, il nous semble impossible que les provinces soient jamais attachées par un lien plus étroit à la Hongrie qui serait la première à décliner un pareil cadeau surtout en raison des difficultés que ses sujets croates suffisent à lui créer et aussi d'une turcophilie bien connue qui fait hésiter les Magyars chaque fois que les susceptibilités de la Sublime Porte pourraient être froissées. Mais l'Autriche n'a pas de motif aux mêmes scrupules et cette seule considération suffit, sans que l'on veuille se poser en prophète, à jeter un jour relatif sur les destinées probables de l'Herzégovine et de la Bosnie.

Les détails que nous venons de donner expliquent surabondamment que l'Autriche n'ait pas du jour au lendemain voulu proclamer l'annexion. Il lui suffisait de constater la tranquillité qui reparaissait dans le pays ; elle n'avait rien de surprenant, le besoin de pacification s'imposait à une région qui venait de subir tant de bouleversements et de secousses. C'était même pour obtenir une sécurité perpétuelle qu'une députation des notables musulmans, des begs, avait remis le 8 novembre 1878 au général Philippovitch une pétition signée des 60 plus riches moslems de Serajevo, affirmant leur désir d'être annexés à l'empire et réclamant l'organisation d'une église autonome musulmane et une amnistie qui leur fut accordée dès le lendemain.

Tel était l'état d'esprit des Croyants. Celui des Chrétiens n'en différait pas. Peu après, ils envoyaient à leur tour une députation de notables à Pesth où, reçus en audience personnelle par l'empereur, ils lui soumirent une nouvelle demande d'annexion. Retenu par des considérations d'ordre constitutionnel, François-Joseph répondit en termes évasifs en déclarant que ces vœux seraient pris en considération dans la limite tracée par le droit, et que les privilèges et habitudes des deux provinces seraient respectés.

Que les temps sont changés ! la guerre acharnée déclarée par l'Autriche aux sentiments patriotiques des Serbes, la préférence accordée aux catholiques au détriment des musulmans et des orthodoxes devait modifier de fond en comble les sentiments exprimés en 1878 et ce furent des idées bien différentes qui, en décembre 1896, amenèrent à Vienne 33 délégués des communes orthodoxes.

Leurs illusions avaient disparu et la mesure était comble ; dans un langage plein d'une humilité qui rappelle plutôt les habitudes de raias soumis à un autocrate musulman, les Bosniaques présentèrent « au pied du trône sublime de leur très gracieux protecteur l'exposé des faits qui opprimaient leurs cœurs, la liste des griefs qui désespéraient ses enfants. » Hélas ! cette soumission ne toucha pas les hautes autorités de

Vienne, les délégués se morfondirent un mois sans qu'on daignât leur accorder d'audience ; ils se sentaient entourés d'espions, sans rien qui leur rappelât leur patrie ! « Rien, sinon aux portes d'une caserne ou d'un palais, un soldat, un tirailleur bosniaque, presque pareil à nos turcos en fez rouge et en bouffante culotte bleue, preuve vivante, dit M. Malet, de la volonté du maître de faire de ses protégés des sujets. » On refusa de les recevoir.

Pendant la présence de la première délégation bosniaque, celle de 1878, qui avait reçu un accueil cordial, la question de la Bosnie-Herzégovine fut soulevée à la délégation autrichienne à propos de la discussion du budget. Le gouvernement fut interpellé et invité à fournir des détails sur la durée de l'occupation et la possibilité d'une annexion. C'était là évidemment une manifestation contre l'arrangement amiable qu'il était question de conclure avec la Porte. La situation était rendue plus favorable en raison même des sentiments exprimés par les envoyés bosniaques. C'est le 1er décembre que M. Andrassy fut appelé à prononcer les paroles qui, nous l'avons dit, témoignaient d'une habileté politique remarquable et qu'il convient de ne jamais oublier si l'on veut se faire une idée juste de la question.

Il déclara que : « L'occupation durerait jusqu'à ce que le but que l'Europe poursuivait fût atteint, que les dangers fussent écartés, que la Turquie remboursât les frais et donnât une caution sûre que l'État actuel ne deviendrait pas plus mauvais sous sa domination (1) ».

(1) Schneller, *op. cit.*, p. 45.

On le voit : cette déclaration permettait aux annexionnistes autrichiens toutes les espérances sans effaroucher les sentiments turcophiles des Magyars. Pourtant à examiner le fond des choses, il saute aux yeux que les paroles du comte Andrassy laissaient percer l'intention d'occuper indéfiniment les territoires. Si nous ne voulions éviter en sujet aussi grave la moindre plaisanterie, nous serions tentés de rappeler la phrase de Ninon de Lenclos : « Ah ! le bon billet qu'a la Châtre. »

En effet, peut-on raisonnablement supposer que la Turquie, dont les finances sont dans un état désastreux, rembourserait les frais toujours croissants occasionnés non-seulement par la guerre, mais encore par l'occupation subséquente ? Elle n'en avait ni l'intention ni les moyens ; encore moins lui était-il possible de donner une caution que l'état actuel ne deviendrait pas plus mauvais sous sa domination. Hélas ! trop d'événements douloureux, trop de massacres, tantôt en Arménie, tantôt en Macédoine, ont outre mesure justifié les défiances de l'Europe et provoqué dans plusieurs pays la réunion de congrès où les hommes politiques des nuances les plus opposées, des nations les moins amies ont mis en sinistre lumière les exactions du sultan rouge.

Aussi bien, le langage du comte Andrassy ressemble-t-il fort à celui que tint l'Angleterre au lendemain de la bataille de Tell-el-Kébir et de la capture d'Arabi-pacha. Elle aussi déclarait qu'elle ne quitterait pas l'Égypte avant d'y avoir rétabli l'ordre et terminé son œuvre. Sous le bénéfice de cette affirmation, elle put s'y maintenir indéfiniment et y conquérir une situation chaque jour plus prépondérante.

Sans pousser trop loin une assimilation qu'il ne faut

pas exagérer, bornons-nous à dire que les choses se
passent à peu près de même en Bosnie. Jusqu'ici, la
perspective qu'avait fait entrevoir le comte Andrassy
ne s'est pas présentée. Le ministre autrichien, à la fin
de son discours, avait bien déclaré que si la question
de l'avenir se soulevait un jour, les délégations char-
gées de faire les lois devraient la discuter avec la Couronne. Jusqu'ici, les délégations ne se sont pas appuyées
sur cette promesse et ont laissé la Couronne agir à sa
guise. Ce faisant, elles ont sans doute sagement agi ;
leur intervention ne risquait pas d'être accueillie avec
cette brutalité que montrait M. de Bismarck, mais elle
aurait pu être éconduite avec cette bienveillance mali-
cieuse dont fait preuve à l'occasion M. Andrassy.

Du reste, l'homme d'État autrichien avait nettement
précisé la question en affirmant, ce qui était exact, que
la convention n'avait pas été signée parce que la Porte
avait montré des exigences contraires au traité de
Berlin.

<h2 style="text-align:center">III</h2>

Voilà donc, nettement indiqué, le terrain sur lequel
la diplomatie autrichienne entendait se placer au cours
de toute discussion avec la Porte : l'exécution intégrale
du traité de Berlin. Elle s'y maintint, en effet, pendant
les préliminaires de la convention qui devait aboutir au
compromis signé à Constantinople le 22 avril 1879. Ce
compromis était nécessaire, car auparavant bien des
choses restaient dans l'indécision et l'on aurait tort de
croire que l'occupation des deux provinces avait complètement réalisé le but visé par la politique autrichienne.

C'était le gros point sans doute, mais bien des questions de détail restaient à résoudre et tous les paragraphes de l'article 25 n'avaient pas été sanctionnés par des faits. L'Autriche attachait, au point de vue militaire, une importance capitale à la contrée de Novi-Bazar, restée jusque-là au pouvoir exclusif de la Porte. Celle-ci ne montrait naturellement pas d'empressement à exécuter les clauses d'un traité onéreux pour elle et à mettre l'Autriche en possession de privilèges qui devaient permettre plus tard au cabinet de Vienne d'agrandir son influence en Albanie, où il était d'avance assuré de rencontrer la sympathie des catholiques.

Mais si l'on conçoit les tergiversations de la Sublime Porte, on devine qu'en revanche, l'Autriche était plus pressée d'obtenir l'exécution de clauses avantageuses pour elle ; elle sentait, il est vrai, qu'une occupation par la force aurait coûté beaucoup d'or et de sang. L'état de guerre aurait fatalement rallumé des désordres et des troubles encore mal éteints. A tous égards une solution pacifique était infiniment préférable (1). De là, la Convention austro-turque, dont les résultats furent satisfaisants.

Voici le texte même du compromis qui précisa les paragraphes du traité de Berlin, au sujet desquels avaient surgi des désaccords :

Les Gouvernements (2) d'Autriche-Hongrie et de Turquie s'étant réservé de s'entendre sur les détails de l'occupation stipulée par l'article XXV du traité de Berlin et le fait de l'occupation de la Bosnie et de l'Herzégovine ne portant pas atteinte aux droits de Souveraineté de Sa Majesté Impériale le Sultan,

(1) Schneller, *op. cit.*, p. 44.
(2) Samver, *Nouveau recueil général*, 2ᵉ série, t. IV, p. 422.

sur ces provinces les deux gouvernements ont nommé pour plénipotentiaires, etc..., lesquels, après avoir échangé leurs pleins pouvoirs, trouvés en bonne et due forme, sont convenus des articles suivants :

ARTICLE I.

L'administration de la Bosnie et de l'Herzégovine sera exercée conformément à l'article XXV du traité de Berlin ; toutefois, le gouvernement austro-hongrois n'objecte pas à conserver tous ceux des fonctionnaires actuels qui posséderaient les aptitudes nécessaires pour la bonne administration de leur emploi.

En cas de remplacement, le choix du gouvernement austro-hongrois porterait de préférence sur les personnes originaires de ces provinces.

ARTICLE II.

La liberté et la pratique extérieure de tous les cultes existants seront assurées aux personnes habitant en Bosnie et en Herzégovine. Notamment, pleine liberté est assurée aux musulmans dans leurs rapports avec leurs chefs spirituels. Les commandants des troupes de Sa Majesté l'Empereur et Roi et les autorités administratives continueront à veiller avec le plus grand soin à ce qu'il ne soit porté aucune atteinte à l'honneur, aux mœurs, à la liberté du culte, à la sécurité des personnes et des propriétés des musulmans.

Toute agression contre des musulmans, leurs biens ou leur religion sera sévèrement punie. Le nom de Sa Majesté le Sultan continuera à être prononcé dans les prières publiques des musulmans comme par le passé. En tant qu'il serait d'usage de hisser le drapeau ottoman sur les minarets, cet usage sera respecté.

ARTICLE III.

Les revenus de la Bosnie et de l'Herzégovine seront affectés exclusivement à leurs besoins, leur administration et améliorations jugés nécessaires.

ARTICLE IV.

Les monnaies ottomanes effectives continueront à avoir libre cours en Bosnie et en Herzégovine.

ARTICLE V.

La Sublime Porte disposera à sa guise des armes, du matériel de guerre et autres objets appartenant au gouvernement ottoman et qui se trouveraient dans les places fortes ou dans les garnisons. A cet effet, il sera dressé des inventaires avec l'intervention des commissaires des deux gouvernements.

ARTICLE VI.

La question du traitement des habitants de la Bosnie et de l'Herzégovine séjournant ou voyageant hors de ces pays sera réglée plus tard par arrangement spécial.

Les articles 7 à 10 consacrés à la question qui avait réellement rendu nécessaire la convention austro-turque, c'est-à-dire à tous les détails de l'occupation que l'Autriche avait été autorisée par le traité de Berlin à effectuer sur plusieurs points du Sandjack de Novi-Bazar. En conséquence de ces arrangements, l'Autriche-Hongrie devenait donc militairement la maîtresse de Novi-Bazar et de l'entrée de la vallée de la Varda. Elle ne perdit pas son temps ; moins de cinq mois après, le 14 septembre, les troupes autrichiennes entraient dans le pays sans incidents et occupaient Prizje-Polje et, dès lors, on pouvait considérer comme un fait accompli la prise de possession du territoire du Lim telle qu'elle avait été prévue par le traité de Berlin.

Mais répétons le : si une convention était indispensable pour régler la question de Novi-Bazar, elle ne l'était pas au même degré pour celles qui sont traitées dans les six premiers articles ; nous dirons même qu'il n'y aurait eu aucune convention sans la nécessité de régler l'occupation sans effusion de sang. L'Autriche doit tous ces droits au congrès de Berlin, elle n'en doit aucun à cette convention.

Oh ! nous lisons bien que l'occupation ne porte pas atteinte aux droits de souveraineté du Sultan ; que son nom continuera à être prononcé dans les prières publiques des musulmans comme auparavant ; que l'on conservera en tant qu'il existerait l'usage de laisser le drapeau ottoman sur les minarets.

Mais quel cas faire de telles réserves ! l'Angleterre, elle aussi, avant même l'ouverture du congrès de Berlin avait reconnu la souveraineté du Sultan sur l'île de Chypre. Phrases de consolation ! Souveraineté toute platonique qui ne dérange en rien Albion. Bien mieux, la Grande-Bretagne est allée jusqu'à promettre de restituer l'île, le jour où les Russes évacueraient volontairement Kars et Batoum ! La Turquie elle-même n'a jamais prit fort au sérieux ces réserves dictées par la courtoisie diplomatique, et au fond, elle ne se fait pas de plus grandes illusions sur la valeur de celles qui sont renfermées dans la convention d'avril 1879.

L'habitude de hisser le drapeau ottoman sur les minarets, celle de prononcer le nom du sultan dans les prières musulmanes, n'ont pas d'ailleurs, dans ces contrées, tout à fait la même signification que nous leur donnons d'après nos idées occidentales. En effet, en tout pays mahométan, la question religieuse prime la question nationale à tel point que celle-ci semble parfois n'exister qu'à peine. Par conséquent, ces deux usages qui commencent, d'ailleurs, à tomber en désuétude, devaient être considérés surtout comme des manifestations religieuses, puisque le sultan est regardé comme le chef des croyants et que le drapeau turc qui porte à son sommet le croissant est surtout l'emblème de l'islamisme. Cette réflexion s'impose surtout lorsqu'il s'agit de la Bosnie et de l'Herzégovine, où les musulmans ne sont point de race turque, mais bien de race serbe, tout comme leurs compatriotes catholiques ou orthodoxes, dont ils parlent la langue en dehors des services religieux. Les fréquentes révoltes des begs contre la Sublime Porte démontrent bien que rien ne les rattachait à celle-ci en dehors de la communauté des croyances. Et si, contrairement à la thèse qui nous semble conforme à tous les précédents, quelqu'un voulait admettre un caractère plus étendu aux réserves contenues dans la convention, il ne faudrait pas oublier cependant qu'elles ne touchent que la moitié de la population, l'élément musulman, et laissent en dehors l'autre moitié qui se réclame des confessions chrétiennes. On n'exagérerait peut-être pas en faisant ici une comparaison avec la situation respective du pape et des catholiques ; ceux-ci reconnaissent son autorité religieuse sans être pour cela ses sujets, pas plus d'ailleurs qu'ils ne l'étaient à l'époque où existaient encore les états pontificaux et un pouvoir temporel. Quant aux orthodoxes, la rupture de tout lien avec Constantinople est significative : ils n'obéissent plus désormais au patriarche de Constantinople, mais se trouvent sous la dépendance de celui de Carlowitz, en Hongrie.

IV

L'occupation militaire de Novi-Bazar pouvait être grosse de conséquences si l'Autriche savait utiliser les avantages qu'elle lui mettait en mains. Elle n'y a pas manqué et a montré toute l'habileté traditionnelle dont elle sait faire preuve depuis que, sous l'impulsion de Metternich, surtout depuis le traité de Vienne, en 1815, elle a conçu l'expansion de la domination de sa dynastie par la conquête des subdivisions nationales qui l'entouraient.

Et puis, n'avait-elle pas le droit pour elle ? N'était-ce pas l'Europe qui l'avait chargée d'assurer la tranquillité dans les Sandjacks de Tachlidja, Novi-Bazar et Ipek ? Rien, par conséquent, de plus compréhensible que l'installation d'une garnison autrichienne échelonnée tout le long de la rivière Lim jusqu'à la ville de Beran, chef-lieu de Coza, dont le Sandjack d'Ipek, vilayet de Kossovo. Qu'on le remarque, Kossovo appartient à l'Albanie et cette garnison ne semble pas devoir quitter de sitôt les défilés qu'elle occupe et le petit cordon qui sépare la Serbie du Montenegro.

On devine si l'influence autrichienne s'est trouvée renforcée du fait de la présence de ces troupes. On constate même des situations assez singulières : c'est ainsi qu'à Beran, à côté de la garnison autrichienne, se trouve aussi une garnison turque, et l'une et l'autre ont leur quartier général à Tachlidja. C'est un pacha turc, Suleïman-Pacha, officier d'état-major du 3e corps d'armée ottoman, qui, du consentement du gouvernement autrichien, commande les deux garnisons. Il est, d'ailleurs, en même temps, officier de l'état-major autrichien.

C'est là, sans doute, une situation unique ; on chercherait en vain ailleurs un seul homme chargé de représenter deux pays rivaux. Suleïman-Pacha ne se plaint pas de la destinée ; son pays d'origine lui paie les appointements réglementaires et, en qualité de commandant de la garnison autrichienne, il reçoit chaque mois, de Vienne, quatre-vingt-dix livres turques qui lui sont adressées par le ministère de la guerre. Grâce à cette occupation, l'Autriche a réellement avancé ses frontières de quatre-vingt-dix kilomètres dans le territoire turc et, fait à noter, avec la complète approbation des autorités locales et de la population ; elle gagne doucement à sa cause les chefs des clans catholiques et mahométans de l'Albanie du Nord. Elle ne s'efforce pas de modifier leur état social ; elle soutient les missionnaires catholiques indigènes qui, par gratitude, vantent bien haut l'empereur François-Joseph et son affection pour les Albanais. On cite des endroits où la domination ottomane n'est plus guère que nominale. Le 6 août 1899, fête onomastique de l'empereur François-Joseph, on posait la première pierre de l'église catholique à Uskub, en présence de milliers d'Albanais en costume de gala. Or, c'était le consul d'Autriche qui présidait la cérémonie ; les sermons furent autant de panégyriques de l'empereur et, prononcés en langue albanaise, ils produisirent sur les auditeurs une impression profonde : « il est difficile, dit un spectateur, de croire que manifestation plus patriotique et plus unanime ait jamais eu lieu en Autriche-Hongrie même » (1).

Et pourtant on était dans la plus grande forteresse turque de la Macédoine ; à l'exception du consul, tous les assistants étaient des sujets du sultan. Aujourd'hui, chaque semaine, lisons-nous dans une correspondance adressée de Salonique au *Temps*, on fait des discours qui élèvent aux nues la personnalité de l'empereur dans la belle église catholique albanaise construite aux frais de l'Autriche.

Dans bien d'autres villes à Prizrend, Ipek, Diakovo,

____

(1) *Le Temps* du 31 mars 1903.

Pristina, les représentants austro-hongrois jouissent sur la population d'une autorité supérieure à celle des fonctionnaires ottomans. Ils n'ont pas conquis seulement les sympathies des Albanais catholiques du Nord, mais, détail plus curieux et plus caractéristique, celle des chefs mahométans gagnés à la cause d'une propagande qui flatte leurs mœurs et leur octroie de forts subsides.

Il n'est pas jusqu'à l'élément serbe qui n'ait dans une certaine mesure bénéficié de l'occupation autrichienne ; car depuis cette époque on n'a plus signalé aucune attaque des clans albanais contre la population serbe dans toute cette région où sont situées les villes de Priboï, Prépoli, Akova et Beran et l'accord est complet entre les officiers turcs et les officiers autrichiens.

Si, au contraire, nous allions à quelques kilomètres au sud, dans les villes de Gaussigné et de Plava ou dans les villages environnants, c'est-à-dire là où il n'y a pas d'Autrichiens, nous aurions à constater à chaque instant de terribles saccages et des rixes sanglantes. Les bienfaits de l'occupation ne sont donc pas douteux, et au point de vue de l'humanité, on ne saurait blâmer l'Autriche de ne pas s'être bornée à l'installation de postes le long de la chaussée Priboï, Novi-Varoch, Novi-Bazar. Si dans cette région, conformément aux intentions du traité de Berlin, elle a assuré la sécurité commerciale, elle en a fait autant en installant sa plus grande force militaire tout le long du Lim, position de grande importance stratégique, en dépassant de beaucoup la frontière fixée par le traité de Berlin et la convention du 21 avril 1879. Franchissant l'extrémité de l'ancien vilayet de Bosna-Seraï, elle a établi ses postes militaires jusque dans les cazas de Coulachim, Bel-

lopole, Beran et Tergovichte, cazas qui n'appartiennent
pas à ce villayet, elle y a, en fait, à peu près annulé
l'autorité du sultan, dont les fonctionnaires, quoique
nommés par lui, sont subordonnés aux agents autrichiens ; elle a construit des routes, protégé la population, résolu les querelles entre les chefs albanais et les
fonctionnaires ottomans. C'est elle, en un mot, qui dis-
tribue la justice et qui gouverne absolument comme s'il
ne s'agissait pas d'un territoire turc.

Ce n'est pas sans dessein que nous avons un peu longuement insisté sur la prépondérance croissante de
l'Autriche en Albanie. La question albanaise est à
l'ordre du jour (juin 1903), la situation de ce pays que
parcourent peu de voyageurs n'est connue que depuis
les récents événements qui ont appelé de nombreux
journalistes en Orient. Enfin, et c'est ici que nous
rentrons complètement dans notre sujet, un raisonnement s'impose : si sans être appuyée sur des textes de
traités, l'Autriche a su assurer ainsi sa prépondérance
dans l'Albanie du Nord, comment voudrait-on qu'il en
fût autrement dans les provinces dont le texte des
traités l'a rendue maîtresse ? A qui donc pourrait-il
venir dans l'esprit que le sultan pût désormais agir sur
le gouvernement autrichien à propos des actes de ce
dernier en Bosnie-Herzégovine, alors même que ces
actes mettraient en cause la souveraineté externe nomi-
nalement reconnue à la Sublime Porte ? Ce n'est pas là
que nous en sommes, tout au contraire ; non seulement
le gouvernement autrichien est devenu le protecteur des
Bosno-Herzégoviniens fixés à l'étranger, mais en Turquie même, il n'hésite pas à presser sur le gouvernement quand il s'agit de catholiques albanais, et par

conséquent sujets turcs. Un incident particulièrement grave en a fourni une preuve éclatante. Le chef de la gendarmerie à Scutari : Essad-pacha, aurait, dit-on, lésé la tribu albanaise catholique Schéla, au sud du pays des Mirdites. L'évêque catholique ne s'adressa pas au gouvernement turc comme il l'aurait fait sans doute, il y a quelques années, mais à M. de Calice, ambassadeur d'Autriche-Hongrie, qui fit aussitôt des représentations à la Porte.

Comme on le voit, les conséquences du traité de Berlin se sont fait profondément sentir dans les domaines politiques, religieux et juridiques. Elles ont été assez graves pour que nous pensions nécessaire de leur consacrer un examen assez complet.

CHAPITRE IV

Les questions religieuses.

I. Conséquences politiques de l'occupation. — II. Concordat conclu avec le patriarche œcuménique de Constantinople. Ses suites. — III. Les divisions religieuses. Prépondérance donnée aux catholiques. La lutte contre l'orthodoxie.

I

Les conséquences politiques de l'occupation des deux provinces devaient ébranler d'autant plus fortement l'ordre intérieur que celles-ci venaient, non pas de perdre l'autonomie, mais bien de se trouver brusquement séparées du pays dont le régime diffère le plus profondément de celui des nations européennes.

On peut dire de la Turquie ce que Voltaire disait des prêtres : « Elle n'est pas ce qu'un vain peuple pense ». Si l'on trouve chez les Turcs l'orgueil de la race touranienne qui distingue à un égal degré les Magyars ; si les Ottomans, en raison de la puissance du sabre et de leur religion, se considèrent comme infiniment supérieurs aux raias de l'empire, il n'en faut pas conclure qu'ils refusent à ces derniers toute liberté. Des actes de barbarie multiples ont, à cet égard donné parfois le change à l'opinion européenne. Avant de massacrer les gens, les Turcs n'ont pas l'habitude de se livrer contre eux à d'inutiles tracasseries officielles. Avec le nouvel état de choses, ce n'était donc pas pour tous les sujets, une liberté beaucoup plus grande que l'on pouvait attendre, mais bien cette régularité administrative dont s'honorent les nations européennes et qui fait défaut dans les contrées soumises à la Sublime Porte. Mais l'organisation devait présenter des difficultés particulières en raison même de la constitution si spéciale dont nous avons déjà parlé et qui régit l'Autriche-Hongrie.

L'article 6 de la loi de 1880 en organisant l'administration *provisoire* de la Bosnie et de l'Herzégovine eut en même temps des conséquences pour la constitution intérieure de l'empire puisqu'elle modifia ou compléta le compromis autro-hongrois de 1867. Ce compromis, en effet, n'avait pas prévu et naturellement ne pouvait prévoir un mandat comme celui que l'article 25 du traité de Berlin devait confier à l'empire dualiste.

Par cette loi de 1880, il fut décidé que l'administration des nouveaux territoires incomberait au ministère commun, le ministère hongrois étant aussi, sous sa responsabilité constitutionnelle, appelé à prendre part à toutes les délibérations qui auraient lieu au ministère commun pour fixer la direction et les principes de l'administration provisoire de même que pour la construction de chemins de fer.

Tout d'abord, on posait en principe que les dépenses administratives seraient couvertes par le revenu de ces provinces mêmes. C'était, sur le terrain pacifique, l'application du principe guerrier de Napoléon, qui voulait qu'une armée vécût du pays qu'elle occupait. Toutefois, il était à prévoir qu'au début surtout, il serait impossible d'atteindre ce résultat et nécessaire de recourir aux finances de la métropole.

Dans ce cas, les propositions relatives aux dépenses nécessitées par une administration régulière devaient être faites en vertu des lois concernant les affaires communes, d'accord avec les gouvernements autrichien et hongrois. D'autre part, si cette administration demandait à la monarchie des contributions extraordinaires en vue d'établissements permanents, chemins de fer, bâtiments publics ou autres dépenses étrangères à la sphère de l'administration courante, ces contributions ne pourraient être accordées que sur la base de lois faites d'accord dans les deux états de la monarchie. Il en est de même pour la détermination des principes à suivre en matière de douanes, la Bosnie et l'Herzégovine étant entrées dès le 20 décembre 1879 dans l'union douanière austro-hongroise. Même système pour les impôts indirects maintenus dans les deux parties de la monarchie suivant des lois conformes de commun accord et enfin pour le système monétaire. On a prévu le cas où s'imposeraient des modifications dans les rapports présents de ces provinces avec la monarchie ; là encore l'approbation concordante des corps législatifs des deux états serait nécessaire. La législation matérielle en droit civil, droit criminel et droit administratif, est confiée à l'empereur d'Autriche comme dépositaire de la Souveraineté.

L'arrivée des troupes essentiellement européennes devait impressionner à un degré inégal les divers éléments de la population. Celle-ci, il est vrai, est en grande majorité, comme nous l'avons dit, de race et de langue serbes et pourtant divers facteurs, au premier rang desquels la religion et la politique, l'ont profondément divisée. Les plus désagréablement surpris furent incontestablement les musulmans qui, au nombre de 490,000, forment près de la moitié de la population dont le chiffre total est de 1 million 86,000. C'était pour eux la perte de la situation privilégiée qu'ils avaient acquise depuis plusieurs siècles, c'est-à-dire depuis l'époque où les familles des grands propriétaires s'étaient converties à l'islamisme. Immédiatement après eux la statistique place environ 400,000 catholiques grecs et 180,000 catholiques romains. Ajoutons pour être complet 12,000 bohémiens et 4,000 juifs.

Comme on le voit, l'élément orthodoxe constitue dans le pays une fraction importante et même beaucoup plus importante que ne l'indiquent les chiffres. C'est lui, en effet, qui, vu la similitude de religion, représente plus particulièrement le fond même du peuple serbe.

II

Aussi n'est-il pas surprenant qu'un des premiers soucis de l'Autriche Hongrie, toujours empressée de rechercher les moyens de faciliter l'annexion qui était dès les débuts dans sa pensée, se soit bientôt préoccupée de régler la situation de ses nouveaux sujets orthodoxes. Un traité fut conclu le 28 mars 1880 avec le patriarche œcuménique de Constantinople, — une espèce de concordat, pourrions-nous dire, — en vue de fixer l'administration ecclésiastique des deux provinces. En voici le texte :

A la suite de la transmission de l'administration politique des provinces de Bosnie et d'Herzégovine au Gouvernement de Sa Majesté Impériale et Royale apostolique, l'empereur d'Autriche et roi de Hongrie, les deux parties étant tombées d'accord sur certaines dispositions à prendre en vue de régler provisoirement les relations des diocèses orthodoxes de Bosnie, d'Ersch et de

Svornick, situés dans les dites provinces, avec l'autorité suprême de notre Saint-Siège patriarcal œcuménique et apostolique dont ils relèvent : le Gouvernement de Sa Majesté Impériale et Royale apostolique, par l'entremise de Son Excellence le comte Dubsky, nous soumit à nous et au Saint-Synode les propositions suivantes contenues dans sept articles :

ARTICLE I

Les évêques de l'Eglise orthodoxe actuellement en fonctions en Bosnie et en Herzégovine sont confirmés et maintenus dans les sièges épiscopaux qu'ils occupent.

ARTICLE II

En cas de vacance d'un des trois sièges métropolitains en Bosnie et en Herzégovine, Sa Majesté Impériale et Royale apostolique nommera le nouveau Métropolitain au siège devenu vacant, après avoir communiqué au Patriarcat œcuménique le nom de son candidat pour que les formalités canoniques puissent être remplies. Dans le cas où ce candidat ne serait pas connu par le Patriarcat, cette communication sera accompagnée d'un certificat de l'évêque orthodoxe dont relève ce candidat, certificat prouvant son aptitude canonique pour être sacré évêque.

ARTICLE III

S'il est constaté qu'un des trois Métropolitains mentionnés a transgressé ses devoirs, soit envers l'autorité civile, soit envers l'autorité ecclésiastique, soit envers ses ouailles, sa destitution aura lieu d'après le mode de procéder qui a été établi pour la nomination.

ARTICLE IV

Les nouveaux Métropolitains nommés par Sa Majesté Impériale et Royale apostolique seront sacrés conformément aux principes établis par la loi canonique de l'Eglise orthodoxe orientale.

ARTICLE V

Les évêques de l'Eglise orthodoxe orientale des provinces de Bosnie et d'Herzégovine mentionneront le nom du patriarche œcuménique dans les cérémonies et les offices divins selon l'usage canonique de l'Eglise orthodoxe orientale. Ils se procureront la sainte huile (myrrhol) du Patriarcat œcuménique.

Article VI

Au lieu de la subvention canonique que ces trois diocèses métropolitains servaient au Patriarche œcuménique, le Gouvernement d'Autriche-Hongrie s'engage à payer à Sa Sainteté le patriarche Joachim III une somme de 58,000 piastres en or, qui sera versée chaque année à la caisse du Patriarche par l'intermédiaire de l'Ambassade Impériale et Royale à Constantinople. En dehors de cette annuité, Sa Sainteté le Patriarche Joachim III ne pourra prétendre à aucun autre avantage matériel provenant des dites provinces.

Article VII

Les évêques des dites provinces ne percevront à l'avenir aucune taxe ni redevance sur leurs ouailles. Ces redevances seront perçues dorénavant par le fisc Impérial et Royal, à l'exception de la quote-part due au Patriarcat œcuménique et dont le paiement ne sera plus exigé. En revanche, les dits évêques toucheront, de la part du fisc Impérial et Royal, un traitement régulier dont le montant sera calculé d'après la moyenne du rapport annuel des redevances ecclésiastiques qu'ils percevaient jusqu'à présent de leurs ouailles.

Après une étude approfondie des propositions en question et après mûre délibération faite à ce sujet avec nos chers frères et collègues, les très saints Métropolitains, nous n'avons pas trouvé les dites propositions désavantageuses pour le *règlement provisoire* des relations des diocèses orthodoxes susmentionnés avec la grande Eglise de Constantinople conformément aux *exigences du temps et aux circonstances actuelles*. En les acceptant, en conséquence, à l'unanimité des voix de nos chers frères et collègues en Saint-Esprit, les très saints Métropolitains réunis en Synode, nous nous sommes prononcés en faveur du maintien en vigueur des dispositions prises d'un commun acccord entre les deux parties. En même temps, nous prions le Tout-Puissant qui régit le monde de protéger Sa Majesté Impériale et Royale apostolique saine et sauve sur son trône pour le bien et dans l'intérêt de tous les peuples soumis à son Sceptre paternel (1).

Si l'on relit attentivement les articles de ce traité, on remarquera tout d'abord que le nom du sultan en est complètement exclu. De droits petits ou grands qui pourraient rester à la Sublime Porte, il n'est question nulle part ; tout l'arrangement a été limité par les deux parties contractantes seules, d'une part le patriarcat et d'autre part le gouvernement austro-hongrois. C'est en vertu de ce double accord que les trois évêques orthodoxes de Bosnie et d'Herzégovine sont confirmés et maintenus. Ce qui est plus caractéristique encore, c'est la disposition d'après laquelle, en cas de vacance, l'empereur lui-même nomme le nouveau métropolitain ; c'est lui qui destitue le métropolitain coupable d'avoir transgressé ses devoirs.

Dès cette époque, on remarque dans le gouvernement autrichien une tendance à donner aux trois métropolitains une certaine indépendance à l'égard du patriarche œcuménique. Il veut évidemment dans la mesure du possible commencer à les détourner de Constantinople. Aussi la subvention canonique servie au patriarche par les trois diocèses disparaît-elle, remplacée par une somme fixe que l'ambassadeur d'Autriche à Constantinople sera chargé annuellement de verser au patriarcat au nom de son gouvernement. Ce n'est pas à ces points que se borne l'œuvre d'assimilation entamée par ce traité. La part d'autorité civile que le sultan laissait aux évêques passe au gouvernement autrichien,

(1) Oesterr. R. G. Bl. N° 18. *Sammlùng der für Bosnien und die Herzogowina erlassenen Gesetze, etc.* T. I, p. 8.

ils deviennent fonctionnaires, ils toucheront un règlement régulier et les taxes et redevances qu'ils recevaient auparavant de leurs ouailles seront perçues désormais par le fisc impérial. Ce qui complète les indications données au sujet de l'orientation du gouvernement autrichien, c'est qu'il a décidé de subordonner directement, au point de vue hiérarchique, les trois évêques au patriarche de Carlowitz, en Hongrie. Cette convention a une portée politique considérable à cause des nombreux Serbes (1,500,000 environ) qui sont sujets autrichiens. Enfin, dans le but de rendre encore plus relâchés les liens qui subsistent entre Constantinople et les trois évêchés, le gouvernement autrichien est décidé à porter ses choix sur des candidats fort différents de leurs prédécesseurs. Tant que les évêques étaient nommés par le patriarche, celui-ci était porté naturellement à choisir dans son entourage et par conséquent à désigner des Grecs, généralement des Phanariotes, qui ne connaissaient ni le pays, ni la nation, ni la langue et qui, grandis dans la capitale turque, étaient enclins à agir en pachas.

III

Ces détails indiquent toute l'importance attribuée par l'Autriche aux questions religieuses et son habileté à s'en servir dans l'intérêt de sa politique. On devine bien qu'elle ne s'est pas bornée à enlever au Phanar la direction des trois évêchés et à couper ainsi un des liens qui rattachaient encore ces nouvelles provinces à la Turquie. Elle s'est empressée d'appliquer le fameux principe *divide ut imperes*, à entretenir et à aggraver même les dissensions religieuses. La tâche lui était faci-

litée par l'état même du pays où depuis le schisme du
patriarche Photius, qui au ixe siècle sépara l'église
d'Orient de l'église d'Occident, les populations slaves
se sont trouvées absolument désunies. Si, dans l'ensemble, les Croates sont demeurés fidèles à la foi romaine ;
si l'orthodoxie a complètement triomphé dans la Serbie
et le Montenegro, en Bosnie et en Herzégovine le nombre des catholiques égale à peu près le tiers de celui des
Grecs orientaux. De plus, on a déjà vu que la majorité
appartient encore aux musulmans, désignés à tort sous
le nom de Turcs, mais en réalité, issus de Serbes, convertis à l'Islam, descendants des féodaux bosniaques,
installés en grande partie dans les villes, et demeurés
jusqu'en 1878, les maîtres du pays. Quelle que soit la
haine qui divise souvent chrétiens et musulmans, elle
n'atteint pas toujours en violence celle qui agite entre
elles les différentes sectes chrétiennes. C'est ainsi que
les haines de famille sont souvent les plus ardentes, que
les guerres civiles sont souvent les plus horribles. Pour
s'en faire une idée, il suffit de rappeler le mot du
patriarche Grenadius à l'heure où Mahomet II dressait
ses batteries devant Constantinople : « Plutôt le turban
du sultan que le chapeau d'un cardinal. »

C'est en tablant sur l'ardeur de ces dissensions, filles
de sentiments religieux très prononcés, que l'Autriche
s'est efforcée de partager en trois nations le peuple serbe
de Serbie. Aux musulmans, elle dit : vous n'êtes pas
des Serbes, et votre langue n'est pas la langue serbe,
vous êtes Bosniaques et votre langue est la langue bosniaque. Même langage aux catholiques : Vous êtes
des Croates, et les catholiques l'écoutent volontiers, car
tandis que les Croates de la Hongrie sont opprimés par

le gouvernement magyar, les catholiques de Serbie, au contraire, qui eux dépendent de l'ensemble de l'empire, reçoivent toutes les faveurs.

Ce n'est donc qu'aux orthodoxes seuls que l'Autriche donne le droit de se dire Serbes et de parler serbe.

Si tous les avantages ont été réservés à l'élément catholique quoique en minorité, l'Autriche s'est attachée à détruire l'idée serbe non seulement par la lutte contre l'école, mais aussi par la lutte contre l'église orthodoxe, cette religion étant la véritable religion nationale de la Serbie et constituant un lien qui rapproche celle-ci de la Russie, protectrice naturelle des Slaves. Les tracasseries se succèdent sous des formes variées. « Ici l'église est fermée sous prétexte qu'elle menace ruine, ailleurs l'on interdit de construire une église nouvelle. Les popes élus par la municipalité ne sont pas admis par le gouvernement, qui impose des candidats de son choix.

« En pareil cas, à Novo, les fidèles organisent la grève des sacrements ; mariages, baptêmes, enterrements, sont célébrés dans l'église d'une commune voisine. Comme le pope vit de l'autel, le pope de Novo est menacé de mourir de faim. Le gouvernement somme alors la municipalité de payer au dit pope, le prix de tous les offices qu'il aurait dû célébrer. La municipalité refuse, le gouvernement fait en janvier dernier saisir et vendre les bois du maire, et verse au pope le produit de la vente, 800 florins.

« Pour entraver le recrutement du clergé orthodoxe, on a, dès le début, fermé le séminaire de Bangaluka, le séminaire officiel, créé après coup, est installé à Ralliévo, un village de cinquante maisons. Les élèves sont de la sorte moins en contact avec la population et les missionnaires de Mgr Stadler ont plus de facilités pour entreprendre de ramener ces gens à l'église romaine (1). » Quelle différence avec les procédés employés à l'égard du clergé catholique. En réalité, c'est sous le régime autrichien, c'est-à-dire en juillet 1881 que la hiérarchie catholique a été régulièrement établie par l'installation d'un archevêque à Serajewo, d'un évêque à Mostar et d'un autre à Bangaluka. Du reste, les catholiques bosniaques purent considérer leur situation nouvelle comme une revanche du passé ; car dès le XVIe siècle, malgré la protection des Halsbourgs, les vexations ne leur avaient pas été épargnées. A titre de détail pittoresque, constatons par exemple qu'il leur était interdit de porter la barbe et que la couleur de leur turban devait toujours être rouge. Néanmoins, l'exercice du culte, à part une interruption vers le milieu du XVIe siècle, fut toujours assuré par un clergé catholique indigène, appartenant à l'ordre des Franciscains mineurs, établi en Herzégovine vers le commencement du XIIIe siècle et en Bosnie vers celui du XIVe. Il serait injuste de critiquer outre mesure la préférence accordée aux catholiques de Bosnie et d'Herzégovine par l'Autriche puisque, par le traité de Paris, elle avait été reconnue leur protectrice officielle ; deux empereurs, Ferdinand et François-Joseph, s'étaient empressés d'établir leur influence et avaient, par de larges subventions, facilité la cons-

(1) Malet. *Revue Bleue* du 22 mai 1897.

Ibid. Vicomte de Caix de Saint-Aymour. *Revue des Deux-Mondes* du 1er janvier 1883. *La Bosnie et l'Herzégovine après l'occupation austro-hongroise. Notes de voyages.*

truction de nombreuses cures et de deux monastères.

Mais, si l'Autriche pouvait s'appuyer sur le traité de Paris pour revendiquer le protectorat des catholiques, la Russie, au nom du traité de Koutchouk-Kainardji de 1774, était en droit de prendre en main celui des orthodoxes. Aussi est-il permis d'estimer que, dans son désir de préparer les voies à une annexion complète, le gouvernement de Vienne a commis une imprudence en s'attaquant à l'orthodoxie, il a oublié que si, par l'article 7 de ce traité, la Sublime Porte a promis une ferme protection à la religion chrétienne et à ses églises (1), ce sont les ministres de la cour impériale de Russie qui ont été autorisés à faire dans toutes les occasions les représentations qui seraient nécessitées par l'intérêt des chrétiens.

Rien d'étonnant donc à l'intérêt avec lequel la Russie surveille l'état des deux provinces ; c'est grâce à cette surveillance que l'annexion pure et simple pourrait être indéfiniment retardée, car, à ce sujet, nous avons entendu une phrase catégorique prononcée en 1891, lors du voyage du jeune roi de Serbie en Russie. L'empereur Alexandre III dit en effet au régent : « Je vous donne ma parole que l'Autriche n'annexera jamais la Bosnie et l'Herzégovine. »

L'empereur Nicolas ne laisserait pas protester la parole, lui qui s'exprimait en ces termes : « Le gouvernement russe, protecteur naturel des orthodoxes des Balkans, a leur sort à cœur comme celui des orthodoxes de Russie ».

(1) Martens. *Recueil des principaux traités*, t. IV, p. 615.

En fait, l'influence de la Russie peut empêcher que l'on formule jamais la prétention d'une annexion pure et simple ; mais ce sera pour elle un bénéfice platonique, car par la force des choses, l'Autriche agira de plus en plus comme souveraine maîtresse et n'arrêtera ses efforts que du jour où elle jugera l'assimilation suffisante.

CHAPITRE V

De l'activité administrative austro-hongroise en Bosnie et Herzégovine.

I. 1. Le gouvernement du pays (Landesregierung). 2. Règlement provisoire de la question agraire. — II. 2. Loi monétaire. 3. Loi pénale. 4. Loi douanière. — III. 6. Loi sur l'administration de la Bosnie et de l'Herzégovine. — IV. 7. Décret concernant les décorations étrangères. — 8. Loi sur le recrutement militaire. Difficultés d'application. — V. 9. Codifications diverses. 10. Loi sur les immeubles. 11. Loi sur la propriété foncière. 12. Les répertoires officiels. — VI. Historique et suppression du régime des capitulations. — VII. La lutte contre l'idée de patrie serbe. Critique de la législation agraire. Memorandum du peuple serbe de Bosnie et d'Herzégovine.

I

Si l'occupation avait présenté de réelles difficultés, du moins celles-ci ne pouvaient-elles avoir qu'un caractère passager. La grande œuvre à accomplir était en réalité l'œuvre administrative. L'Autriche qui, dès le premier jour, n'avait cessé de rêver comme but final l'assimilation, ne put cependant s'en occuper immédiatement. Dans ce pays neuf et profondément bouleversé, il fallut courir au plus pressé et rétablir l'ordre au moyen d'un régime de transition et d'organisation provisoire qui se prolongea jusqu'à la fin de mai 1882. Mais dès 1882 et jusqu'à l'organisation définitive de l'administration générale, les mesures qui se succèdent tendent visiblement à un but commun et sont inspirées par l'idée nettement arrêtée d'organiser un état de choses permanent.

1. Le 1er janvier 1879 fut créé, d'après un projet accepté par l'empereur, le 23 octobre précédent, un gouvernement spécial composé de trois sections : Administration intérieure, justice, finances, toutes trois placées sous l'autorité du ministère commun. Au sommet de l'administration civile était le chef du gouvernement provincial soumis au ministère commun, et appelé à diriger les travaux de l'administration locale et à distribuer les ordres à l'intérieur. Enfin, une commission spéciale fut ajoutée comme organe consultatif du ministère commun pour les affaires importantes concernant les pays occupés. Un décret du 26 février 1879 réunit toutes les affaires administratives entre les mains d'un seul des ministres communs, le ministre des finances de l'empire. La division administrative fut conservée avec cette nuance que des noms allemands furent substitués aux anciens noms turcs des circonscriptions.

2. Peu de temps après s'imposa la nécessité d'établir une *constitution agraire*, car dans ces pays antérieurement soumis à la Turquie, le cadastre n'existait pas et d'autre part, le droit agraire turc présentait des complications trop multiples et des clauses trop nombreuses pour pouvoir être employé par un gouvernement européen (1).

La loi agraire, dont nous parlons, ne put naturellement régler que provisoirement la question puisque le cadastre n'était pas terminé. Peut-être est-ce pour ce motif que l'on s'est borné à modifier au fond le côté purement administratif sans rien changer aux obligations du tenancier à l'égard de son propriétaire. Anté-

(1) *V. Sammlung der für Bosnien und die Herzegowina erlassenen Gesetze, Verordnungen und Normalweisungen,* Vienne, 1882.

rieurement, en cas de différends agraires, c'était le juge qui avait à trancher la question. Cette mission incombe maintenant à l'administration.

II

3. Le 20 décembre 1879, fut publiée la loi décrétant pour l'avenir le *cours exclusif* des monnaies autrichiennes. Comme on le voit, cette loi suivit d'assez prêt la conclusion de la convention avec la Turquie ; une circulaire antérieure du gouvernement provincial avait bien déjà touché le 19 janvier à la question monétaire, mais sur un point de détail, car il ne s'agissait alors que de la monnaie d'appoint turc. Nous disions plus haut que cette période doit être considérée comme un temps de transition, et cependant il apparaît déjà à certains symptômes que l'Autriche prépare une assimilation progressive. A cet égard, la loi du 20 octobre 1879 est d'autant plus caractéristique qu'elle est assurément en désaccord avec la convention austro-turque du 21 avril de la même année. Dans cette convention, il saute aux yeux que les représentants de l'Autriche n'ont pas hésité à accorder à la Turquie les satisfactions platoniques qu'elle a désirées. Ils ont ménagé son amour-propre, ils lui ont donné, dirions-nous, s'il ne s'agissait d'un pays musulman, beaucoup d'eau bénite ; mais ils ne s'en réservaient pas moins d'opérer à leur guise en s'inspirant uniquement des intérêts de l'Autriche et des difficultés que pourrait présenter la politique d'assimilation. Comme le monnayage est un droit de l'Etat, étroitement attaché aux droits de souveraineté, la Sublime Porte ne voulut pas dans cette conven-

tion garder un silence qui aurait constitué un acte
de renonciation à ses droits de souveraineté indiqués
dans un autre article. Au fond, elle savait bien que
tous ses droits disparaissaient, mais tout en se rési-
gnant au fait accompli, elle ne voulait pas le reconnaître tout haut. Comme le dit Lingg (1), cet article 4
n'avait dès le commencement qu'un caractère purement
académique, c'est-à-dire qu'il était en principe illu-
soire d'insérer dans la convention une disposition générale concernant la circulation de la monnaie.

Quant à attendre d'elle un autre genre de protestation, nul n'y songeait assurément, et la loi du 20 décembre ne l'a pas fait sortir de son silence habituel.

4. Le 7 juillet 1879, publication d'une loi pénale
faite d'après la loi militaire austro-hongroise et principalement appuyée sur les dispositions autrefois applicables aux confins militaires. Comme c'est précisément
l'occupation de la Bosnie et de l'Herzégovine qui, en
assurant à la partie méridionale de l'empire une sécurité qui lui faisait auparavant défaut, avait rendu inutile
l'organisation tout-à-fait militaire de certains districts,
il n'est pas surprenant que les mesures employées
autrefois dans ceux-ci aient été au moins partiellement
reportées vers le sud.

5. Le 20 octobre 1879, les Chambres votaient une loi
qui merite à un double point de vue d'attirer l'attention,
car en même temps qu'elle modifiait la situation économique des deux provinces, elle avait une importance
politique capitale. Elle précisait, en effet, nettement
l'orientation des visées autrichiennes, nous voulons

____

(1) *Dieser Artikel hat aber von vornherein nur einen academischen
Character* (Lingg, dans *Archiv. für œffentliches Recht*, t. V, p. 504).

parler de *l'union douanière* qui supprimait les frontières douanières entre la monarchie austro-hongroise et les provinces occupées. De plus, les brevets d'invention obtenus en Autriche-Hongrie, les marques de fabrique ou de commerce, les dessins ou modèles de fabrique protégés dans ce pays auront désormais les mêmes droits dans tout le territoire douanier ainsi élargi (1).

III

6. Quatre mois après que la Bosnie et l'Herzégovine eurent été rattachées au territoire douanier de l'empire, c'est-à-dire le 22 février 1880 (2), fut votée et promulguée la loi sur l'administration des deux provinces, dont nous avons donné plus haut un court aperçu en raison de l'influence qu'elle pouvait exercer sur la situation intérieure de l'empire. Déjà, l'autorité militaire, la seule qui fût possible au lendemain de l'occupation, avait fait au moins en partie place à l'administration civile ; mais aucune loi n'avait régularisé ni réglementé la situation et la voie des décrets et ordonnances ne pouvait durer indéfiniment dans un pays constitutionnel où existe la responsabilité ministérielle (3).

Voici la traduction du texte de cette loi :

Art. 1er. — Conformément aux lois qui concernent les affaires communes à toute la monarchie, le ministère est autorisé et

(1) *Gesetz vom 20 december 1879, betreffend die Herstellung eines gemeinsamen Zollverbandes mit Bosnien und der Herzegovina* (*Sammlung*, t. III, 2ᵉ partie, p. 50).

(2) Schneller, *Die Staatsrechtliche Stellung von Bosnien und der Herzogovina*, p. 54 (Leipzig, 1879).

(3) Vulmann, *Lois concernant les rapports entre l'Autriche-Hongrie d'une part, et la Bosnie et l'Herzégovine d'autre part*, p. 591-594 (R. D. I, t. XIII, 1881).

invité à exercer, sous sa responsabilité constitutionnelle, son influence sur l'administration provisoire de la Bosnie et de l'Herzégovine qui sera dirigée par le ministère commun.

Art. 2. — La détermination de l'esprit général et des principes de cette administration provisoire, ainsi que, notamment, l'établissement des chemins de fer, devront être réglés d'accord avec les gouvernements des deux parties de la monarchie austro-hongroise.

Art. 3. — L'administration de la Bosnie et de l'Herzégovine devra être organisée de telle sorte que ses dépenses soient couvertes par ses recettes propres.

Si ce résultat ne peut être dès à présent entièrement atteint, les projets ayant pour but de créer les ressources nécessaires pour combler le déficit des dépenses d'administration courante seront établis, d'accord avec les gouvernements des deux parties de la monarchie, de la manière prescrite par les lois existantes pour les affaires communes.

Toutefois, si l'administration de la Bosnie et de l'Herzégovine venait à exiger des subsides pécuniaires de la monarchie pour des créations permanentes, ne rentrant pas dans l'ordre de l'administration courante, telles que chemins de fer, édifices publics ou autres travaux de même nature, ces subsides ne pourront être accordés qu'en vertu de lois identiques votées dans les deux parties de la monarchie.

Art. 4. — Seront établis de la même manière les principes d'après lesquels seront réglées et administrées en Bosnie et Herzégovine les affaires suivantes :

1º Les douanes ;

2' Ceux des impôts indirects qui, dans les deux parties de la monarchie, sont soumis à des lois analogues concertées d'un commun accord ;

3º Les monnaies.

Art. 5. — Aucune modification ne pourra être apportée aux relations existant entre la Bosnie et l'Herzégovine d'une part et la monarchie d'autre part que sur l'autorisation identique des pouvoirs législatifs des deux parties de la monarchie.

Art. 6. — La présente loi entrera en vigueur le jour de sa promulgation, à condition que les dispositions correspondantes reçoivent force de loi dans les pays de la couronne de Hongrie et y soient promulguées simultanément avec la présente (1).

Au premier abord on pourrait être surpris de la répétition du mot *administration provisoire*, mais à relire attentivement le texte on s'apercevra vite qu'il ne faut pas attribuer à cette épithète un sens excessif ; probablement même l'a-t-on choisi en raison de son sens assez vague et par conséquent moins compromettant, étant donnée l'extrême complication du mécanisme constitutionnel austro-hongrois. Enfin, il présentait cet avantage de ménager les susceptibilités de l'Europe à une date aussi rapprochée du traité de Berlin. Néanmoins, il y a 23 ans que cette loi fut promulguée et elle avait si bien tout prévu que dans cet espace de près d'un quart de siècle, il n'a pas été nécessaire de la modifier.

Si les différents articles ont réglé d'une façon logique la situation politique et l'économie des deux provinces, l'un d'entre eux, le cinquième, a été visiblement inspiré par la défiance de la Hongrie toujours jalouse de ses droits et soucieuse d'affirmer son autonomie. Autrement il n'aurait pas été nécessaire de déclarer explicitement qu'aucune modification ne pourrait être apportée aux relations existant entre la Bosnie et l'Herzégovine d'une part et la monarchie d'autre part, que sur l'autorisation identique des pouvoirs législatifs des deux parties de la monarchie. La Hongrie ne pouvait trouver un meilleur moyen d'affirmer sa personnalité que dans une loi relative à des contrées dont la situation était

(1) *Annuaire de législation étrangère*, 1880, p. 272.

toute particulière. Ce dualisme germano-magyar ne ressort pas moins des paragraphes relatifs aux questions financières et dont nous avons déjà dit quelques mots en établissant la différence entre les dépenses d'administration courante et ce que l'on appelle dans la loi les *Investitionen* (1). Pour les premiers, si les recettes locales sont insuffisantes, les charges se répartiront suivant la règle commune 68,6 % pour l'Autriche et 31,4 % pour la Hongrie. Dans le second cas, la demande de subsides faite par le ministère commun nécessitera un vote du parlement de Vienne et aussi du parlement de Pesth.

IV

7. Le 22 octobre 1880 (2), le ministère commun émit un décret aux termes duquel l'empereur ne peut accorder la permission d'accepter de porter une décoration étrangère que pour les décorations conférées après l'occupation. En d'autres termes, pour avoir le droit de porter dans les deux provinces une décoration étrangère — *même turque* — l'autorisation de l'empereur d'Autriche est aujourd'hui nécessaire. On peut voir là un nouveau signe d'une main mise chaque jour plus complète sur le pays et une nouvelle preuve de la volonté de l'empereur d'Autriche d'exercer de plus en plus la souveraineté effective sur les deux provinces. Qu'avec cela les décorés antérieurs à l'occupation aient gardé le droit de juger eux-mêmes, s'ils doivent ou non porter leurs décorations, on avouera que ce détail a d'autant moins

(1) Ullmann, *op. cit.*, p. 593.
(2) Schneller, *op. cit*, p. 61 et suiv.

d'importance que le nombre des intéressés va chaque jour en diminuant.

8. Le 28 avril 1882, parut une décision impériale en vertu de laquelle furent adoptés les statuts réglant l'exécution de loi militaire (Wehrgesetz) de sorte que le 24 mai 1882 commençaient dans les deux provinces les premiers recrutements. L'importance d'une pareille mesure qui a soulevé beaucoup de commentaires fait de cette date une de celles qui tiennent une grande place dans l'histoire du nouveau régime en Bosnie et en Herzégovine.

Cette loi militaire, qui remonte au 4 novembre 1881, s'applique à tout l'empire, y compris la Bosnie et l'Herzégovine ; dans ce pays elle a provoqué des soulèvements graves et l'on ne saurait s'en étonner puisque même dans une vieille province de l'empire, la Dalmatie méridionale, les habitants se sont insurgés lorsqu'ils ont connu les nouvelles charges militaires qui allaient leur incomber.

Toutefois, la Bosnie et l'Herzégovine se trouvaient dans une situation particulièrement délicate, d'autant plus que les indigènes n'avaient jamais été auparavant soumis au service militaire. Ce fut le commandant des troupes qui se chargea de communiquer aux deux provinces, la nouvelle d'une mesure que l'on savait de nature à provoquer un très médiocre enthousiasme.

Nous citerons de sa proclamation, le passage suivant :

« L'organisation de la force armée est pour tous les pays une nécessité indispensable, et il n'y a pas de pays où celle-ci n'existerait pas. La défense nécessaire vous a été jusqu'à présent assurée par l'armée impériale et royale, car il fallait d'abord cicatriser les plaies ouvertes par les événements passés. Il ne fallait pas enlever au pays la force active nécessaire pour le rétablissement de vos foyers démolis et pour l'ensemencement de vos champs dévastés. C'est pourquoi S. M. l'Empereur vous avait jusqu'à présent dispensés du service militaire auquel sont soumis tous les fils capables de la patrie. Mais maintenant il est déjà temps que tous les fils du pays, capables de porter les armes, répondent à leur devoir, et que, sans distinction de religion, ils reçoivent l'honneur de porter les armes pour la défense de leur patrie (1). »

Voici donc Herzégoviniens et Bosniaques soumis aux lois militaires autrichiennes ; non seulement on ne leur applique pas un régime spécial, mais leurs conscrits, comme ceux des vieilles provinces, prêteront désormais, à l'empereur d'Autriche, le serment de fidélité. Qu'une guerre éclate entre lui et la Sublime Porte et ces jeunes soldats seront obligés de marcher contre le Sultan ! Il ferait beau voir ce dernier arguer de la souveraineté nominale que lui ont maintenu les artifices de la courtoisie diplomatique !

En attendant, l'Autriche ne maintient pas toujours les soldats bosniaques dans leur pays natal, mais les envoie, comme tous les autres, sur les différents points de la monarchie pour y faire leur service militaire. L'envoi à Vienne, de plusieurs bataillons appartenant à l'armée de Bosnie et d'Herzégovine, s'explique aisément : la politique autrichienne compte sur le prestige et les splendeurs de la grande cité du Danube pour ins-

---

(1) Schulthess, *Europ, Geschichtskalender*, t. XX, p. 379.
Ibid. Schneller, *op. cit.*, p. 62.

pirer à ces jeunes gens l'amour de leur nouvelle patrie
et un sentiment de vénération pour sa grandeur.

V

9. Comme on l'a vu, l'Autriche, en ce qui concerne
les lois militaires, s'était bornée à les rendre applicables à la Bosnie et à l'Herzégovine ; on ne pouvait opérer tout-à-fait de la même manière en ce qui concerne
le droit pénal. Il restait dans le pays divers éléments
de droit privé dont une partie était empruntée à la législation turque. Ces éléments furent codifiés et l'on
confectionna aussi un code de *procédure civile (Civilpro-
cessordnung)* [1].

Pour le *Code de commerce*, l'influence de la métropole
fut plus grande car il est calqué sur le code hongrois.
De même la loi spéciale sur la lettre de change (Wech-
selgesetz) n'est guère qu'une reproduction de la loi
autrichienne du 25 janvier 1850. Pour la loi sur la
procédure en matière de faillite, on s'est servi à la fois
de la loi hongroise et des dispositions de la loi autrichienne du 25 décembre 1868, concernant la faillite
(Concurssordnung).

Cet excès d'assimilation a valu parfois des déboires
au législateur qui ne s'était pas rendu un compte suffisant de la différence des habitudes et des mœurs. C'est
ainsi que le Code d'instruction criminelle du 12 octobre 1880, fait exprès pour la Bosnie et l'Herzégovine,
fut établi en grande partie sur le modèle de l'instruction criminelle autrichienne du 23 mai 1873. Il fut

(1) Spalaïkovitch. *La Bosnie et l'Herzégovine*, p. 187 (Thèse pour
le doctorat, Paris 1897).

appliqué pendant huit ans, au cours desquels on constata dans cette loi tellement de défauts et de lacunes que le 13 février 1889, le gouvernement provincial soumit au ministère commun le projet d'un Code d'instruction criminelle qui fut adopté et publié le 15 juin 1891 et mis en vigueur le 1er janvier 1892.

10. Citons, en terminant, la loi sur les immeubles concernant les titres de propriété, le cadastre, les titres fonciers, constituant en un mot un règlement dont la propriété foncière si indécise avait un urgent besoin. La création des registres d'hypothèques peut être considérée comme un corollaire de cette loi.

11. Enfin la loi sur la propriété forestière s'imposait d'autant plus qu'à cet égard la situation diffère beaucoup de ce qu'elle est en Autriche et rappelle plutôt celle qui, en maintes occasions, nous a valu, en Algérie, des embarras difficilement écartés. Les propriétés, en effet, ne sont, la plupart du temps, pas délimitées, si bien que l'Etat se considère comme propriétaire de presque toutes les forêts, tandis que les begs en revendiquent une partie.

12. Deux répertoires officiels contiennent toutes les lois et ordonnances relatives à l'organisation administrative et judiciaire des deux provinces occupées. Le premier est intitulé : *Sammlung der für Bosnien und die Hercegovina erlassenen Gesetze, Verordnungen und Normalweisungen*, publié à Vienne en 1881. Des quatre volumes dont il se compose, le premier se rapporte à l'administration politique, le deuxième à la justice, et les deux derniers aux finances. Ce répertoire arrêté en 1880 a été continué par un autre intitulé : *Sammlung der Gesetze und Verordnungen für Bosnien und*

die Hercegovina, consacré aux lois et réglements édictés à partir de 1881, et aux instructions données par le gouvernement du pays, aux différentes autorités administratives.

VI

Suppression du régime des capitulations. — Le 22 octobre 1881, un décret du gouvernement provincial constatait la renonciation des grandes puissances à l'usage du droit de juridiction consulaire basé sur les traités internationaux conclus avec la Porte et connus sous le nom de capitulations. Celles-ci sont assurément une atteinte à la souveraineté interne d'un pays, à l'*imperium*, et pour qu'une pareille dérogation aux règles générales ait pu naître et durer, il a fallu qu'elle eût pour but de remédier à un état de chose dont les inconvénients n'étaient pas contestables. Comme la confusion du droit avec la religion est chose courante dans les pays musulmans et particulièrement en Turquie, il fut nécessaire de stipuler pour les Européens établis dans cette contrée le droit d'être jugés non par les tribunaux locaux, mais par les juridictions consulaires organisées par certains Etats européens et d'après leur loi nationale.

Le droit de juridiction des consuls français dans les Echelles du Levant et de Barbarie remonte à une époque déjà lointaine (1). Dès 1528 et 1536, la royauté, qui avait fondé les premiers consulats à Alexandrie et à Tripoli, obtenait pour eux et les Français qui iraient en Orient des privilèges dont la durée, il est vrai, était

______

(1) **A.** Chrétien, *Cours de droit international public.*

limitée à celle de la vie du sultan. Sous Louis XIV, la signature de la capitulation souleva des difficultés dont on trouve les traces à chaque page du manuscrit de Galand, conservé à la Bibliothèque des langues orientales. Mais, en 1740, Louis XV obtint la signature d'une capitulation qui est encore aujourd'hui en vigueur et confirme le droit de juridiction de nos consuls. Les premières capitulations signées avaient accordé à la France la protection de tous les Occidentaux, cela ne dura pas longtemps ; l'Angleterre signa, en 1580, une capitulation. Aujourd'hui, seule la Suisse n'a pas signé de capitulation, mais toutes celles des autres nations sont faites sur le même modèle.

Si un État n'a pas auprès du sultan d'agents diplomatiques, ses nationaux peuvent, en vertu de l'art. 32 de la capitulation de 1740, se placer sous la protection des consuls français. De plus, la France, en vertu de ses capitulations, garde le droit de protéger les religieux de toute nationalité qui se trouvent dans les Echelles du Levant et de Barbarie. Le protectorat catholique fut pendant longtemps attribué exclusivement aux rois de France ; il faut encore mentionner, comme postérieurs, le traité de Paris du 30 mars 1856 et le traité de Berlin du 13 juillet 1878, qui maintiennent le principe de la liberté religieuse en Orient. L'art. 32 de la capitulation est confirmé par l'art. 62 du traité de Berlin, aux termes duquel « les droits acquis à la France sont expressément réservés ». Mais si la France possédait ainsi depuis des siècles une situation privilégiée, elle n'était pas la seule que l'intolérance musulmane eût décidé à s'immiscer dans l'administration intérieure de l'empire turc relative aux cultes. Ainsi, l'art. 7 du fameux traité de

Koutchouk-Kainardji a donné à la Russie le droit d'intervenir en faveur de diverses populations chrétiennes sous la dépendance de la Porte. La Russie a su assez habilement se servir du droit qui lui était conféré pour qu'en 1860, lord Russell ait pu écrire à sir Bullwer : « Depuis ce traité, les chrétiens orthodoxes ont été aussi bien les sujets du tsar que ceux du sultan. » Ce traité et les capitulations portent un coup grave à l'indépendance interne de l'État turc et, certainement, un pareil système ne pourrait être introduit dans un pays qui ne serait pas musulman. On a souvent cité le mot du sultan Mahmoud : « Je ne reconnais mes sujets chrétiens de mes sujets musulmans que lorsque les uns sont dans les églises et les autres dans les mosquées. » Cette façon de voir était absolument personnelle à ce monarque, car, en fait, la différence absolue qui sépare les Chrétiens des Musulmans a amené dans les pays dominés par ces derniers un système tout différent du nôtre.

Sans parler même du despotisme du sultan, il faut rappeler qu'il est à la fois le chef de l'État et aussi celui de la religion, que la religion et le droit se confondent absolument, qu'en fait ce sont les membres du clergé, les *Ulema*, qui rendent la justice. Cette confusion est très grande, car dans les nombreux ouvrages publiés, au commencement du siècle dernier, par des voyageurs orientaux qui avaient visité l'Europe, ces écrivains signalent toujours avec une surprise unanime la distinction fondamentale qui existe entre les lois religieuses et les lois civiles. On conçoit donc que les puissances européennes aient tenu à soustraire leurs nationaux à un régime qui ne leur accordait pas en Orient la sécurité nécessaire, puisqu'il était basé sur l'inégalité et consi-

dérait le Chrétien ou l'infidèle en général comme l'inférieur du Mahométan. Ce titre de chef de la religion que
possède le sultan explique que ses représentants aient
insisté, lors de la convention austro-turque, pour faire
introduire la clause d'après laquelle son nom devait
continuer à être prononcé dans les mosquées. Cette
simple constatation prouve qu'on aurait tort de conclure
à un maintien quelconque de sa souveraineté, puisqu'en
Europe souveraineté politique et autorité religieuse
sont choses absolument distinctes.

Avec le régime des capitulations, les puissances
européennes ont dû, naturellement, apporter quelques
modifications à leur règle générale de procédure. Dans
ces pays, le principe du *statut personnel* réunissant les
nationaux du même État l'emporte sur le principe du
statut réel et fait rejeter la compétence des autorités
locales pour la transmettre à la juridiction consulaire.
De si bonne composition que le fatalisme musulman se
montre parfois, la Turquie n'en voit pas moins d'un
assez mauvais œil cette diminution de sa souveraineté
et, en 1856, au congrès de Paris, lorsqu'après avoir été
secourue par la France, l'Angleterre et le Piémont,
elle fut admise pour la première fois dans le concert
européen, son représentant, Ali-Pacha, parla sérieusement de l'importunité et des désavantages des capitulations, même pour les Européens. Il n'eut du reste
aucun succès.

Que va-t-il advenir des capitulations lorsqu'une puissance européenne — et le cas paraît devoir se présenter
de plus en plus souvent — remplacera la Turquie dans
l'occupation de telle ou telle province ? En fait, voici
ce qui s'est produit, en 1881, en Bosnie et en Herzégo-

vine : comme nous l'avons constaté, le gouvernement provincial fut en mesure, dès le 22 octobre, d'établir par décret la renonciation des grandes puissances à l'usage du droit de juridiction consulaire.

Dès le 18 février 1879, un décret ministériel reconnaissait les consuls qui, dès avant l'occupation, avaient reçu le *bérat* turc, en termes juridiques européens l'*exequatur*. La reconnaissance des autres consuls dépendait déjà — fait significatif — de l'exequatur de l'Autriche-Hongrie. Si pendant plus d'un an et demi, c'est-à-dire jusqu'en 1880, le gouvernement austro-hongrois maintint lui-même constamment ses consuls en Bosnie et en Herzégovine, il n'en faudrait pas tirer de conclusions politiques.

Une telle conduite s'explique aisément puisque ces fonctionnaires étaient à peu près seuls à connaître à fond un pays auparavant très isolé et qu'ils étaient tout désignés pour diriger la période de transition pendant laquelle l'Austro-Hongrie s'occuperait d'introduire ses fonctionnaires dans les tribunaux locaux en même temps qu'à jeter les premières bases de réorganisation de l'administration judiciaire.

Par conséquent, il était à prévoir qu'une fois ce labeur préparatoire terminé, les nouveaux occupants seraient les premiers à abolir la juridiction consulaire. Le ministre des affaires étrangères, par arrêté du ministère commun en date du 5 mars 1880 (1), supprima donc tous ses postes d'agents consulaires dans ces provinces où l'Autriche se considérait déjà comme chez elle et investit de leur compétence judiciaire les auto-

<hr>

(1) Eichler, *Justizwesen in Bosnien und der Herzegowina*, p. 169.

rités indigènes chacune dans son ressort. Si l'on se rappelle que l'occupation avait été le résultat d'un accord préparatoire, d'autres ont dit plus sévèrement d'un complot, ourdi entre l'Autriche, l'Angleterre et l'Allemagne, on ne sera pas surpris que la déclaration de l'Autriche-Hongrie ait été dès le 15 octobre suivie d'une déclaration identique de la Grande-Bretagne avec l'indication du 1er novembre comme date à partir de laquelle ses consuls et nationaux ne jouiraient plus que des droits et privilèges qui leur sont reconnus dans la monarchie austro-hongroise. Le 3e compère, c'est le gouvernement allemand que nous voulons dire, renonça aussi en vertu d'une loi de l'empire du 7 juin au régime de la juridiction consulaire et soumit à partir du 1er janvier 1881, ses nationaux et protégés à la compétence des tribunaux ordinaires. La Russie, la France et l'Italie emboîtèrent le pas. Quant à l'abstention du gouvernement ottoman qui n'a jamais entretenu, ni dans le passé, ni dans le présent, de consuls et autres agents diplomatiques dans les provinces occupées, on ne pourrait lui attribuer une grande importance, tout au plus pourrait-on y voir une de ces protestations vagues et platoniques, comme la Turquie en a présenté quelques-unes au cours de ces évènements, mais qui n'ont aucune influence sur les faits eux-mêmes. Si les capitulations n'ont pas disparu en Bosnie et en Herzégovine du fait même de leur séparation de l'empire turc, cette situation ne leur est point particulière. Les choses ne se sont pas passées différemment pour la Roumanie (art. 49 du traité de Berlin), la Serbie (art. 37), la Bulgarie (art. 8) et la Roumélie (art. 20). Ainsi le congrès de Berlin qui reconnaissait à la Roumanie et au Mon-

tenegro leur entière indépendance n'a point admis que
les capitulations pussent être de ce fait même frappées
de déchéance. Pourtant, en vertu de l'indépendance
qui leur était reconnue, les capitulations, d'après les
règles générales du droit international, auraient dû
disparaître *ipso facto*, car en principe lorsqu'une fraction d'un Etat s'en détache pour devenir province indépendante ou pour être incorporée dans un autre Etat,
l'ancien régime conventionnel cesse *ipso facto* d'y être
en vigueur, excepté pour les charges réelles afférentes
au territoire détaché. Ajoutons immédiatement que
tout en reconnaissant l'indépendance de ces contrées,
le congrès a porté à leur souveraineté une autre atteinte
inspirée d'ailleurs par l'intention la plus louable. Ne
voulant pas que les persécutés de la veille fussent par
représailles tentés de se faire les persécuteurs du lendemain, il a imposé à ces principautés, l'obligation
d'admettre à une parfaite égalité civile tous leurs sujets
sans distinction de race ni de religion.

Certains auteurs (1) ont tiré du retard apporté dans
la suppression des capitulations, des arrangements internationaux qui ont précédé cette suppression, une
conclusion que nous ne saurions partager entièrement.
Ils trouvent là une preuve suffisante selon eux pour
affirmer qu'il ne saurait être question d'une annexion
au bénéfice de l'Autriche-Hongrie. Eh non ! nous
n'avons jamais prononcé ce mot d'annexion, mais nous

<hr>

(1) Schneller, *Die staatsrechtliche Stellung von Bosnien und der
Herzegowina*. p. 152.

Spalaikowitch, *op. cit.*, p. 243 à 280.

Rolin Jacquemins, R. D. I., t. XXII, 1880. p. 91 et 197. Muller,
Politische Geschichte, 1888, p. 224.

Renault, *Capitulations*, dans la *Grande Encyclopédie*, p. 213.

persistons à penser que la force des choses, le prestige d'un pays doué d'une civilisation supérieure, l'influence même du temps qui travaille en faveur de l'Autriche-Hongrie, la force des lois émises au nom de François-Joseph, tout en un mot nous rapproche d'un résultat inévitable contre lequel des arguties plus ou moins fines, plus ou moins habiles, ne sauraient prévaloir. On ne saurait guère contester d'ailleurs que la souveraineté ne soit par dessus tout l'*exercice d'un fait*. Les Lusignan ont pu, pendant des siècles, se proclamer rois de Jérusalem, mais personne ne pouvait prendre au sérieux cette souveraineté qui ne reposait plus sur aucun fait.

Comment s'expliquer alors l'exception que le Congrès de Berlin apportait aux règles générales du droit des gens ? Comment les capitulations n'ont-elles pas, dans tous ces pays, sombré du jour au lendemain avec l'état de choses qui les avait fait naître ? Notre réponse sera simple, les puissances européennes ne tenaient pas à renoncer à la juridiction consulaire, avant d'être assurées qu'il lui en fût substituée une autre offrant les mêmes garanties. Du jour où ces garanties ont paru assurées, les gouvernements européens n'ont pas hésité à donner au nouvel ordre établi, une adhésion nette et tellement rapide, qu'elle suffirait à démentir ceux qui auraient considéré comme une sorte de protestation, le maintien provisoire des capitulations. Cette assertion paraît particulièrement insoutenable lorsqu'on songe que l'Autriche elle-même avait gardé pour son propre compte le régime des capitulations, et ne l'a abandonné qu'après avoir créé toute une nouvelle organisation judiciaire.

Si les capitulations ont duré plus longtemps en Serbie, c'est-à-dire jusqu'en 1883, peut-être y a-t-il lieu de croire que l'Europe n'avait pas en ce pays une aussi grande confiance que dans l'Autriche lorsqu'il s'agissait d'organiser un régime destiné à assurer complètement la paix et la sécurité. Les mêmes auteurs ont soulevé une autre objection :

— Remarquez, nous disent-ils, qu'après l'annexion de l'Algérie à la France, celle de certaines contrées de la Bessarabie à la Russie, les capitulations sont tombées d'elles-mêmes. Comparez maintenant avec les arrangements internationaux qu'il a fallu prendre soit autrefois en Tunisie, soit en Bosnie et en Herzégovine et avouez que la différence est grande. Dans les pays simplement soumis à l'administration d'un autre Etat, Chypre, Tunisie, Massaouah, Bosnie-Herzégovine, les capitulations, règle générale, ne disparaissent que par le consentement des parties intéressées (1). Donc si ce consentement a été nécessaire pour la Bosnie et l'Herzégovine, une conclusion s'impose, c'est que ces deux provinces ne doivent pas être considérées comme faisant partie intégrante de l'empire austro-hongrois.

L'objection est spécieuse, mais nous n'en acceptons pas la conclusion. Ces déductions ont été empruntées aux pourparlers qui s'engagèrent entre MM. Flourens et Crispi (2) au sujet de mesures prises à Massaouah par les autorités militaires italiennes contre des Grecs protégés français. De part et d'autre, on admettait qu'en

(1) V. *Archives diplomatiques*, t. XXVII, p. 365 ; t. XXXII, p. 93.

(2) Voir sur les négociations relatives à Massaouah, *Arch. dipl.*, 1889, t. XXXII, p. 82-126.

Ibid. Revue britannique (article de M. Flourens), août 1888.

L'argumentation de M. Crispi est exposée dans les notes italiennes des 25 juillet et 13 août 1888 (R. D. I., t. XXI, p. 92).

cas de simple administration le consentement des intéressés était nécessaire pour l'abolition des capitulations;
la discussion roulait exclusivement sur un point de fait :
l'Italie avait-elle annexé ou administrait-elle simplement
Massaouah ? L'Italie dut renoncer à ses prétentions
parce qu'il fut établi qu'un an après la prise de possession par ses troupes, un poste égyptien existait encore
sur le territoire et que, par suite, Massaouah n'étant pas
un *territorium derelictum*, ne pouvait être occupé.

Mais nos contradicteurs semblent, à dessein, négliger
le point capital. Oui, en cas de simple administration,
les usages exigent une entente diplomatique, un accord
international. Mais un acte de pareille importance ne
saurait être considéré comme ayant pour unique conséquence la suppression de telle ou telle juridiction consulaire ; c'est évidemment la première fin qu'il doit atteindre, mais il en comporte moralement bien d'autres;
constitue, en réalité, une reconnaissance de faits accomplis, une adhésion à l'ensemble d'un nouvel ordre établi.
La situation, telle qu'elle existe en Bosnie-Herzégovine
et en Tunisie, le démontre surabondamment. En ce qui
concerne la Tunisie, en particulier, s'imagine-t-on que
l'Italie, par exemple, qui compte dans la Régence un
nombre de nationaux bien supérieur au nôtre, aurait
consenti à renoncer, *en fait*, aux capitulations, bien
qu'elle ne les ait que *suspendues*, si elle n'avait voulu
faciliter ainsi entre elle et nous un *modus vivendi* amical
et reconnaître notre souveraineté sur le pays ? Aussi
bien, les Anglais, qui savent à l'occasion montrer une
certaine désinvolture et un grand esprit de décision, ne
se sont pas tant gênés dans l'île de Chypre; aussitôt
après leur occupation, ils faisaient savoir que le régime

des capitulations était supprimé (1) et pas une puissance ne protesta.

Un auteur, M. Kiatibian, émet du reste une doctrine en conformité avec cette manière d'agir : « Nous pensons, dit-il, qu'on doit appliquer la règle de la suppression *ipso facto* des capitulations non seulement lorsqu'un territoire musulman passe sous la souveraineté, mais aussi sous l'administration d'une puissance européenne » (2).

VII

On voit combien fut grande l'activité administrative de l'Autriche dans les deux provinces, mais elle ne la borna pas à l'administration, elle l'employa énergiquement, trop peut-être, contre l'idée de la patrie serbe. Ou pour mieux dire, c'est contre cette idée même que furent adoptées une bonne partie des mesures administratives mises en vigueur. Cette idée de la patrie serbe n'est pas nouvelle ; ceux qui la préconisent s'appuient, en effet, sur les souvenirs lointains de la dynastie des empereurs serbes Nemanides (3). Le nom de Stefan Douschan, que nous avons mentionné plus haut et dont on parle encore aujourd'hui avec l'enthousiasme qu'inspirait le nom de Charlemagne plusieurs siècles après sa mort, revient à chaque instant dans les bouches des propagateurs du patriotisme serbe. L'existence d'une

(1) R. D. I., t. XIV, p, 205. — *Journal de droit international privé*, 1882, p. 457.

(2) Kiatibian, *Conséquences juridiques de la transformation des États sur les traités* (thèse pour le doctorat, 1882, p. 182).

(3) Georges Gaulis, *La question de Macédoine*, Pages libres, n° du 31 janvier 1903, p. 98.

Serbie indépendante devait naturellement exercer une attraction puissante sur les Serbes soumis à d'autres nations.

C'est ainsi que la Grèce émancipée attire les regards des nombreux Hellènes qui n'appartiennent pas au nouveau royaume. Il n'y a donc pas lieu de s'étonner si ces sentiments prévalent aussi dans les pays administrés par l'Autriche, puisque c'est précisément la Bosnie que Kara-George ou George le Noir, en serbe Tserni-George, le premier libérateur de la Serbie, essaya d'affranchir en 1801. Détail curieux et auquel des événements récents donnent une lugubre actualité, Kara-George eut pour compagnon de combat un jeune Serbe, ancien pâtre, Milosch, fils d'Obren, fondateur de la dynastie royale dont la fin tragique a jeté en Europe une profonde impression. Aussi bien, hélas ! ces procédés, qui ont soulevé tant de réprobation, n'étaient-ils pas nouveaux en Serbie ? Kara-George lui-même avait été, en 1877, victime d'un assassinat ordonné, dit-on, par Milosch.

A l'époque du traité de Berlin, comme nous l'avons dit, on avait entendu émettre l'idée d'unir la Bosnie et l'Herzégovine à la Serbie et au Montenegro, et à l'heure actuelle la même idée était revenue sur le tapis, puisqu'il fut question de la candidature du prince Mirko de Montenegro au trône de Serbie laissé vacant par la mort d'Alexandre Ier.

L'Autriche s'efforça de réprimer des idées qui compromettaient son hégémonie, et la vigueur avec laquelle elle les combat encore prouve bien sa ferme volonté de donner à son occupation un caractère perpétuel. Si l'on avait pu, sous Napoléon, réclamer « la liberté comme en Autriche », l'Autriche, dans ses nouvelles possessions, a entendu la liberté de la même façon que l'Allemagne en Alsace-Lorraine. Les signataires du traité de Berlin ne se doutaient guère qu'un quart de siècle après, la population en serait venue en grande partie à regretter la domination turque autrefois si abhorrée.

Comme il advient souvent, la presse et l'imprimerie reçurent les premiers coups ; on s'en prit aux journaux étrangers et, en particulier, aux journaux serbes. La traduction de l'histoire de Charles XII en serbe fut même interdite. Les écoles et les églises constituaient les forteresses du patriotisme local ; elles ne furent pas ménagées. La liberté communale ne fut pas respectée davantage ; les Turcs n'y avaient guère touché. Dans les régions qu'ils occupent, ils n'interviennent pas dans l'organisation communale, se bornant à exiger le paiement du tribut et des impôts accessoires ; moyennant quoi, ils laissent volontiers au peuple conquis sa langue, ses lois, ses coutumes et la liberté de s'administrer à sa guise dans les villages. L'administration restait donc au maire et au conseil municipal. Ceux-ci discutaient et délibéraient librement sans aucune intervention de l'autorité ottomane ; ils administraient sans contrôle la fortune communale, ils achetaient et vendaient les terres publiques ; l'élection du pope et de l'instituteur leur appartenait. Si arriérée que l'on crut cette contrée, elle possédait dans presque chaque commune orthodoxe une école primaire, à l'époque où arrivèrent les soldats autrichiens. On trouvait aussi un établissement d'enseignement secondaire, un lycée, à Serajewo, et un séminaire à Bangaluka. L'entretien de ces établissements

était conforme à des usages qui se rencontrent souvent chez les chrétiens de l'empire turc. On les subventionnait au moyen de quêtes faites dans tout le pays.

Quant aux musulmans, ils avaient des écoles spéciales où le hodjack de la mosquée enseignait le Coran, base de toute instruction dans les pays d'Islam. Dans d'autres écoles plus importantes, l'enseignement comprenait les langues orientales, arabe, turc et persan. Enfin, si les catholiques ne possédaient que peu d'écoles, enrevanche, l'instruction était donnée dans les couvents de Franciscains. A peine arrivés, les Autrichiens ferment le lycée de Serajewo, ils suppriment le séminaire de Bangaluka, ils ouvrent la campagne contre les écoles communales ; s'ils permettent encore à la municipalité d'élire l'instituteur, ils lui interdisent de l'installer sans l'autorisation du gouvernement. On devine à quel point cette restriction facilite de la part du gouvernement l'obstruction et la tracasserie. Il suffit, en effet, de faire attendre quelque temps à l'instituteur l'approbation de son élection pour que, faute de maître, l'école demeure indéfiniment fermée.

Sans doute, les Serbes luttèrent avec une admirable énergie, mais ils avaient affaire à un plan systématique et redoutable ; au fur et à mesure de la fermeture des écoles orthodoxes, l'Autriche créait les écoles officielles, protégeait ou subventionnait les écoles des catholiques appelées à jouir désormais de toutesles faveurs officielles. Si dans quelques villages, musulmans ou orthodoxes n'ont pas d'école, on contraint les parents à envoyer leurs enfants à l'école officielle. Le résultat de ces créations trop rapides a-t-il été merveilleux ? Il est permis d'en douter d'après l'anecdote suivante que rapporte M. Malet (1) : Qu'est-ce qu'un voleur ? demande l'inspecteur. — C'est un gendarme, répond sans hésiter un petit musulman. — Qu'est-ce qu'un brigand ? — C'est un Autrichien.

Plus l'opposition s'accentue, plus les vexations se multiplient ; la partialité devient une règle, les abus de pouvoir se succèdent, les autorisations demandées par les sociétés subissent des refus systématiques, c'est en un mot, un système absolument contraire à celui qu'avait annoncé le comte Andrassy, lorsqu'à Berlin, il donnait pour tâche à l'occupant de réunir tous les éléments opposés dans le moule d'un même régime autonome. En réalité, en matière communale, ecclésiastique, scolaire, les nouveaux venus n'ont fait que démolir l'autonomie respectée par leurs prédécesseurs.

On est allé en 1890, par une ordonnance spéciale, jusqu'à obliger les municipalités à communiquer plusieurs jours à l'avance l'ordre du jour des réunions, l'autorité se réservant d'interdire l'examen de toute question qui pourrait lui déplaire.

Où est le temps où le général Philippovitch disait dans sa proclamation : « Vos lois et ordonnances ne seront pas arbitrairement abrogées, vos mœurs et coutumes seront respectées, rien ne sera changé de force. » C'est après une pareille proclamation que les Serbes voyaient entraver la célébration de leur fête traditionnelle de Saint-Sava, patron des écoles serbes, de la *slava*, fête patronale de tout bon Serbe. Qu'on juge de l'émotion d'un peuple auquel tiennent tant à cœur ses souvenirs nationaux et qui jusqu'à nos jours, n'a

(1) Malet, *Bosnie et Herzégovine* (*Revue bleue* du 22 mai 1897.)

pas cessé de pleurer sur le désastre de Kossovo dans des réunions intimes où l'on parlait longuement et religieusement des gloires et des malheurs de la vieille Serbie. Si les chants avaient pour motifs des triomphes, les vieillards poussaient des cris de joie. Si, au contraire, on rappelait Kossovo, ou quelqu'autre défaite, les femmes pleuraient quand l'épisode accompagné de la *gouslé* était chanté par une voix attristée (1). Le 29 juin 1903, le nouveau roi de Serbie assistait encore au service commémoratif célébré dans l'église orthodoxe à la mémoire des combattants tombés pour la défense de la Serbie dans la néfaste journée de Kossovo. Un pareil service, faut-il le dire, ne serait pas toléré en Bosnie ni en Herzégovine. En présence d'une persécution qui ne se dissimulait point, les Serbes de cette contrée, sans rien abdiquer de leurs espérances, comprirent que l'heure de la prudence avait sonné. Mais à cette prudence, l'autorité autrichienne opposa un espionnage qui ne tarda pas à s'exercer en grand. Elle trouva dans les tziganes de précieux agents secrets; aujourd'hui un café, un cabaret, ont besoin pour s'ouvrir d'une autorisation qui, la plupart du temps, n'est accordée que si la police peut compter sur le dévouement du tenancier, et de fait aucun des abus dont se plaignaient les provinces au temps des Turcs, n'a disparu.

On pourrait objecter que l'impôt perçu pour le métropolite (0,80 par an) a été supprimé. Cela est vrai, mais pourquoi? non pas dans l'intérêt des provinces, mais simplement parce que la forme même sous laquelle cet impôt était perçu, constituait encore un dernier

(1) Edmond Planchu, *la Nouvelle Serbie*, p, 907.

reste d'autonomie. La réforme qui s'imposait la première au lendemain de l'occupation par une puissance
véritablement européenne était la réforme agraire. Voici
un léger aperçu de la situation antérieure au traité de
Berlin :

A l'arrivée des Turcs, les anciens seigneurs féodaux
serbes se convertirent à l'islamisme, comme nous l'avons
dit, et grâce à cette abjuration furent maintenus en
possession de leurs fiefs et privilèges, ils forment donc
à présent la classe des propriétaires grands ou petits
(*begs* ou *agas*). Les chrétiens, c'est-à-dire la majorité
des paysans, furent réduits à l'état de serfs. La grande
propriété foncière s'appelle en turc *tchiflik* et les agents
qui, au nom de l'autorité prélevaient la dime, s'appe-
laient *spahi*. Ainsi le tchiflik est soumis au spahi qui
possède un droit fiscal et au beg qui possède un droit
réel plus ou moins établi ; parfois les spahis étaient les
begs eux-mêmes. Quant aux serfs, puisque nous avons
prononcé ce mot, ils portaient le nom de *kmètes*. Sans
être précisément attachés à la glèbe, il leur était maté-
riellement impossible de quitter le sol qu'ils cultivaient,
car en ce cas, aucun propriétaire musulman ne pouvait
les recevoir. A l'arrivée des Autrichiens, les kmètes
étaient encore soumis au régime agraire établi par le
règlement de 1859. Il consistait dans la suppression de
la corvée et la diminution de la part des propriétaires
dans la récolte.

La prestation du cultivateur était au maximum fixée
à la moitié des produits, si le propriétaire fournissait
les fonds nécessaires à l'exploitation ; en cas contraire
au tiers (*tretina*) des céréales et à la moitié des fourrages,
fruits et légumes. Dans l'un et l'autre cas, l'Etat avant

tout partage, déduit la dime, généralement du dixième, qui lui revient.

Il était permis d'espérer que l'établissement du cadastre organisé par l'autorité nouvelle, serait le prélude d'une législation agraire qui assimilerait dans la mesure du possible les deux provinces aux nations européennes. Or, c'est sur ce point important que l'Autriche a précisément abandonné son système d'assimilation à outrance. Après avoir créé les institutions nécessaires à l'état civil de la propriété foncière, on a maintenu la législation archaïque des Turcs en se bornant à quelques réformes administratives. Aujourd'hui comme auparavant, le régime de la dime est en vigueur, les paysans cultivateurs la paient à l'État sur tous leurs produits. Ils doivent, en outre, en leur qualité de tenanciers, verser au propriétaire le tiers de la récolte. Une modification introduite dans la législation intérieure donne aujourd'hui au propriétaire le pouvoir d'assister aux opérations d'expertise destinées à fixer la prestation qui lui est due. Or celui-ci a tout intérêt à obtenir une estimation aussi élevée que possible (1), l'intérêt est évidemment le même pour le fisc puisque le montant de la dime est proportionnel à l'importance des récoltes ; par conséquent, fisc et propriétaires sont entraînés à s'entendre au détriment du kmète. Celui-ci est encore victime de l'innovation qui l'oblige à payer la dime en argent et non comme autrefois, en nature. Elle permet au fisc de ne pas tenir un compte exact du rendement réel de la récolte.

Comment s'étonner si une politique d'assimilation à

(1) Marbeau, *Revue française de l'étranger et des colonies*, janvier-évrier 1885, p. 22.

outrance, à laquelle on n'a dérogé que dans le cas où
elle aurait pu présenter un intérêt pour la partie la
plus nombreuse, la plus intéressante et la plus éprouvée
de la population ; comment s'étonner, disons-nous,
qu'une pareille politique ait fini par décourager, par
exaspérer plutôt les Bosniaques? Comment ne se fussent-
ils pas indignés lorsqu'ils voyaient confisquer les biens
de ceux que l'on soupçonnait de ne pas entretenir à
l'égard de l'Autriche des sentiments assez sympathiques?
Quel peuple ainsi martyrisé derrière de trompeuses
fantasmagories constitutionnelles n'en serait pas venu
à pousser un cri de détresse? Voilà qui explique le *memorandum* déjà mentionné dans ce travail et par lequel
les Bosniaques remettaient à l'empereur leurs plaintes
trop justifiées. Etant donné l'importance de ce document, l'énergie avec laquelle il signale les agissements
et la rigueur d'une autorité décidée à tout pour activer
une assimilation difficile, nous ne saurions trouver pour
ce chapitre une conclusion à la fois plus éloquente et
plus navrante que la reproduction même de passages
qu'il est impossible de lire sans une émotion doulou-
reuse :

Les églises et les écoles serbes ont toujours eu, même avant
l'occupation de ces contrées en 1878, sous la *domination ottomane*, une *autonomie complète*. Les communes serbes orthodoxes se sont administrées elles-mêmes au point de vue scolaire
et religieux, ont librement employé dans leurs églises et dans
leurs écoles la langue serbe, l'alphabet serbe et le nom serbe.

Mais, lorsqu'en 1878, l'article 25 du traité de Berlin confia à
l'Autriche-Hongrie le mandat d'occuper la Bosnie et l'Herzégovine, afin de mettre fin aux mécontentements et aux désordres,
la proclamation adressée à nos compatriotes, le 25 juillet 1878,
nous a annoncé que Votre Majesté « ordonnait que tous les fils

de ce pays seraient égaux devant la loi ; que la vie, la croyance, les biens et la fortune de chacun seraient également protégés et sauvegardés ».

Dix-huit années se sont écoulées depuis l'occupation, et au lieu de voir nos justes aspirations se réaliser, nous voyons les autorités de ce pays marcher pas à pas vers l'*anéantissement complet de notre antique autonomie*, qui nous a été garantie par la proclamation de Votre Majesté.

Sire !

Longue est la liste des griefs qui font le désespoir de vos pro · tégés (1)...

Une longue et amère expérience nous a prouvé que les autorités du pays, de concert avec le gouvernement, tendent à détruire complètement nos autels, nos écoles, où nos enfants apprennent à respecter leur religion et leur nationalité ; de tous côtés on persécute le nom, la langue et le sentiment serbes.

Mais le coup mortel a été porté à nos écoles par l'arrêté du gouvernement du pays, en date du 25 mai 1892, n°ˢ 323,224 J ; en effet, cet arrêté prescrit que toutes les élections d'instituteurs devront être soumises au gouvernement du pays par les sous-préfectures et défend d'installer l'instituteur élu avant sa confir-mation, ce qui empêche, pendant ce temps, l'enseignement dans l'école orthodoxe ; ceci s'est produit dans de nombreux cas, où les autorités n'envoyaient pas pendant des mois ces élec-tions à la confirmation, quoique ces requêtes fussent accompa-gnées de certificats, délivrés par les autorités compétentes, sur la conduite politique des candidats ; cet arrêté mortel à nos écoles fit que vingt quatre des plus importantes de nos commu-nes serbes orthodoxes adressèrent, le 13 avril 1893, une requête au gouvernement du pays, en vue d'obtenir la révocation de cet arrêté et la libre nomination d'instituteurs, ainsi qu'elles l'avaient

____

(1) Le Mémorandum est trop long pour que nous puissions le repro-duire *in extenso*. Nous empruntons seulement les passages les plus caractéristiques intéressant directement notre étude.

sous le gouvernement ottoman et ainsi que cela résulte de l'idée même de l'autonomie.

En contradiction avec la convention du 21 avril 1870, les indigènes ayant achevé leurs études à l'étranger (y compris la Turquie), sont exclus des fonctions publiques autonomes (comme celles de curé, maître d'école, etc.) et, par ce fait, sont exilés de leur patrie...

CHAPITRE VI

Situation de la Bosnie et de l'Herzégovine au point de vue du droit international tant public que privé.

I. Du régime conventionnel des deux provinces. — II. Leur situation internationale. Le traité de commerce austro-serbe du 24 avril 1881. Le procès Bochko. — III. La condition juridique des Bosniaques et des Herzégoviniens en pays étrangers. Du conflit de lois.

I

Malgré les réserves purement diplomatiques conte-nues dans le traité de Berlin et même dans la convention austro-turque, il est évident que, de prime abord, les puissances européennes ont cessé de considérer la Bosnie et l'Herzégovine comme provinces ottomanes. Si la jalou-sie des différentes nations ne permet pas d'éliminer de l'Europe la domination turque, si l'on est obligé de prolonger l'existence de l'État qu'on appelait il y a cin-quante ans, l'homme malade, en revanche, il est admis en principe qu'un territoire européen une fois séparé de l'empire turc, ne saurait lui retourner. Ce principe admis, on est aisément entraîné à croire qu'en dépit de toutes les restrictions, l'Europe a voulu donner à l'Au-triche autre chose que la mission de police et d'admi-nistration explicitement mentionnée dans les articles du traité de Berlin. Mais s'il en est ainsi, tout porte à croire que les diplomates, en séparant de la Turquie les deux provinces, n'ont tout au moins pas répugné à

considérer comme fatale leur incorporation à l'Autriche-Hongrie. Constatons, en effet, que depuis le traité
de Berlin, aucune puissance, même directement
intéressée, n'est intervenue dans les affaires de Bosnie
et d'Herzégovine malgré les actes souvent arbitraires
des nouveaux occupants. Quant à la Turquie, il est
permis d'affirmer qu'elle a cessé pour jamais de jouer
aucun rôle au bord du Danube. Certainement, si l'Autriche n'avait reçu de l'Europe, comme certains auteurs
le prétendent, qu'un mandat limité, des protestations
n'auraient pas tardé à s'élever contre des actes difficiles
à justifier et la Russie en particulier aurait pris en
main la cause des orthodoxes avec cette énergie qu'elle
ne marchande pas à leur coreligionnaires établis en
territoire ottoman. Il y a donc là, tout au moins, une
reconnaissance implicite des faits accomplis.

D'autre part, comme on l'a vu plus haut, depuis le
décret du ministère commun en date du 18 février 1879,
la reconnaissance des consuls dépend exclusivement
d'un *exequatur* de l'empereur d'Autriche. Lingg (1)
trouve avec raison, selon nous, dans ce décret accepté
par les puissances, un argument prouvant que la Bosnie
et l'Herzégovine forment en droit public un tout, *Ein
staatsrechtliches Ganzes*) avec la monarchie austro-hongroise. Au point de vue des droits des gens, l'importance de la question est capitale ; le droit de conférer
ou de refuser l'exequatur constitue, en effet, un des
premiers privilèges de la souveraineté et, si l'on nous
permet cette expression, un des plus voyants puisqu'il

(1) Lingg, *Die staatsrechtliche Stellung Bosniens und der Herzegowina, ein Beitrag zur Kritik der Lehre von den Staatenverbindungen*
(dans *Archiv für offentliches Recht*. 1889, t. V, p. 495).

affirme cette souveraineté non seulement devant les habitants des pays intéressés, mais devant les nations du monde entier.

Il est vrai qu'entre les pays occupés et l'Autriche, la question ethnographique pouvait soulever des désaccords et pourtant, ils eussent été tout aussi grands, plus peut-être, avec une nation autrement homogène que l'empire de François-Joseph puisque celui-ci n'était déjà lui-même qu'un agglomérat de races très diverses. Une seule solution pouvait donner satisfaction au principe des nationalités, c'était la transmission des deux provinces à la Serbie leur métropole naturelle. L'Autriche l'a si bien senti qu'à plusieurs reprises, elle s'est attachée à obtenir de cette nation des traités reconnaissant ses droits sur ces pays. Une autre raison, c'est qu'en vertu du principe admis au moins implicitement en Europe, celle-ci ne permettra jamais aux Turcs de recouvrer une nation chrétienne une fois échappée à leur domination. Malgré toutes les clauses et même si par impossible la Sublime Porte se trouvait jamais en état de rembourser les dépenses effectuées en Bosnie et en Herzégovine depuis le traité de Berlin, l'étendard du Sultan ne flotterait plus sur les murs de Serajewo. La Serbie de par sa situation géographique et ses affinités de races serait appelée à rattacher à elle les populations qui sont de son sang. C'est naturellement ce que l'Autriche veut éviter. C'est, au contraire, ce que rêve l'armée serbe, ces soldats auxquels Pierre Ier, dès son avènement, adressait cette comparaison imagée : « Vous êtes les faucons du peuple serbe ».

II

La situation juridique des deux provinces présente une grande importance au point de vue du droit international public. Si la Bosnie et l'Herzégovine font partie intégrante de l'empire austro-hongrois, elles ne forment avec lui qu'un seul Etat. Si, au contraire, il en est autrement, les rapports juridiques entre la Turquie et les autres puissances resteraient, en principe, applicables à la Bosnie-Herzégovine et à cet égard le traité de Berlin n'aurait rien modifié. Un des traits caractéristiques de la souveraineté dans les rapports internationaux, c'est le droit pour les Etats de régler ces rapports par des traités ayant force de loi pour les contractants et pour leurs sujets. Les écrivains, dont l'origine serbe explique les sentiments patriotiques, refusent sur ce point toute force obligatoire, en ce qui concerne les deux provinces, aux traités que l'Autriche-Hongrie passerait avec des états étrangers.

M. Jivoin Peritch (1) dénie même à l'Empire tout droit d'administration extérieure, il estime que l'Europe n'a pas voulu aller aussi loin et a entendu se borner à lui conférer une mission d'administration intérieure. Les droits de la Turquie restant entiers en ce qui concerne la souveraineté extérieure, M. Bluntschli (2), au contraire, dans son étude sur le Congrès de Berlin estime que c'est tout simplement pour la forme que la Bosnie et l'Herzégovine appartiennent à l'empire turc.

(1) Jivoin Peritch, *Revue de droit international et de législation comparée : Condition juridique des Bosniaques et des Herzégoviniens en pays étranger*, p. 57.

(2) *Revue de droit international*, 1879. (Le *Congrès de Berlin*.)

Si nous examinons les faits, nous constatons qu'ils confirment tout-à-fait cette appréciation. Rien de plus typique que la situation faite à la Serbie par la convention consulaire, conclue en 1896, entre ce pays et la Turquie. Cette convention destinée à déterminer la condition des sujets turcs en Serbie et des sujets serbes en Turquie devrait être aussi applicable aux Bosniaques et Herzégoviniens qui habitent la Serbie, si l'on admet que c'est à la Turquie qu'il appartienne encore de régler leur condition juridique à l'étranger. Or il n'en est rien, car l'Autriche-Hongrie a passé des traités où elle s'attribue de façon évidente le caractère de puissance souveraine relativement à la Bosnie et à l'Herzégovine. Nous faisons surtout allusion au *traité de commerce* conclu le 24 avril-6 mai 1881 avec la Serbie, qu'il faut rapprocher de la convention passée le même jour entre les deux Etats à l'effet de régler *les successions laissées par les sujets de l'une des parties contractantes dans le territoire de l'autre.*

Avant de passer à l'étude du traité, en lui-même, il est nécessaire d'établir la condition juridique des étrangers en Serbie telle qu'elle est fixée par l'article 47 du Code civil national. Il admet le système de *réciprocité législative* (1), c'est-à-dire que la Serbie traite sur son territoire les étrangers de la même façon que ses propres nationaux sont traités sur le territoire de ces étrangers. Cette disposition est corroborée par l'article 423 du même code qui s'occupe des successions des étrangers en Serbie et qui prévoit la conclusion possi-

---

(1) G. Pavlowitch, « De la condition juridique des étrangers en Serbie ». (*Journal du Droit international privé*, 1884, p. 5 et suiv., p. 140 et suiv.).

ble de traités diplomatiques consacrés à cette question, entre la Serbie et un état étranger.

Deux des articles du traité de commerce que nous venons de mentionner, à savoir l'article II et l'article XVI offrent au point de vue de la question que nous traitons un intérêt trop réel pour que nous ne pensions pas devoir les citer textuellement.

L'article II s'exprime ainsi : « *Les sujets de chacune des parties contractantes auront réciproquement, dans les territoires de l'autre, la même faculté que les nationaux et les sujets de la nation la plus favorisée de......, s'établir dans les lieux quelconques ou d'y séjourner temporairement, d'acquérir des terres de toute sorte et des maisons ou de les louer et de les posséder en tout ou en partie, en général d'acquérir des biens, meubles et immeubles, de les aliéner ou transmettre par des actes quelconques et surtout par la vente, le testament ou par la succession* ab intestat : *le tout sans autorisation ou approbation des autorités du pays, etc..* ».

L'article XVI est conçu dans les termes suivants : « *Le présent traité s'étend à tous les pays qui appartiennent à présent ou appartiendront à l'avenir au* Territoire Douanier *austro-hongrois* ».

Disons immédiatement que toutes ces dispositions ont été maintenues dans le nouveau traité de commerce de 1892 qui du reste reproduit à peu près l'ancien, et rappelons qu'en vertu de la loi du 20 décembre 1879, les deux provinces ont été incorporées dans le système douanier austro-hongrois.

En 1891 (1), une application de l'article relatif aux

____

(1) Jivoen Peritch, *op. cit.*, p. 403 et suiv.

successions se présenta en Serbie. Un Herzégovinien, nommé Bochko, était mort en y laissant des biens ; ses parents, appelés à recueillir sa succession, habitaient à Trébigné, en Herzégovine. Le tribunal de première instance serbe, dans le ressort duquel les biens du *de cujus* étaient situés, se basant sur l'article 47 du code civil, invita les héritiers à prouver que les autorités de l'Etat dont ils relevaient, reconnaissaient aux Serbes le droit de succession.

La décision du tribunal serbe fut envoyée au ministère commun d'Autriche-Hongrie pour être communiquée aux héritiers de Bochko.

Le ministère commun austro-hongrois, chargé comme nous le savons de l'administration des deux provinces, n'obtempéra pas à la demande des autorités serbes, en basant son refus sur les articles II et XVI du traité de commerce dont nous avons parlé. Le tribunal serbe, saisi de l'affaire, n'entra pas dans les vues du ministère austro-hongrois. Il déclarait que cette convention faite pour les sujets austro-hongrois et serbes n'avait aucune valeur pour les Bosniaques et les Herzégoviniens qui étaient sujets de la Porte ottomane, et en particulier pour les héritiers de Bochko, ceux-ci étant Herzégoviniens. Le tribunal persistait dans sa première décision et enjoignait de nouveau aux héritiers de remplir la formalité exigée par l'article 47.

L'affaire vint devant la Cour de cassation de Belgrade. Celle-ci donna gain de cause au ministère austro-hongrois par un arrêt du 19 novembre 1894. Elle admettait sans doute que les Bosniaques et les Herzégoviniens ont conservé leur nationalité turque, mais elle considérait leur situation légale au point de vue successoral comme réglé non par l'article 47 du code civil serbe mais par le traité de commerce de 1881.

Une divergence restait donc entre la Cour de cassation serbe et le ministère austro-hongrois. La première, tout en reconnaissant à l'article XVI du traité de commerce, force obligatoire parce que la Bosnie et l'Herzégovine faisaient partie de l'union douanière austro-hongroise, déclarait néanmoins que les Bosniaques et les Herzégoviniens étaient sujets ottomans.

Le ministère commun, au contraire, prétendait que l'Autriche-Hongrie avait le droit de régler la condition juridique des Bosniaques et des Herzégoviniens en Serbie par une convention passée avec cet Etat et il basait son droit sur cette considération que les Bosniaques et les Herzégoviniens étaient sujets austro-hongrois. Au mois d'octobre 1892, ce ministère adressait au gouvernement serbe une note dont nous citerons deux passages : « Selon les dispositions du traité de commerce, la capacité de succéder *des sujets des parties contractantes* est égale à celle des nationaux, ce qui exclut la nécessité de prouver la réciprocité dans chaque cas spécial ». Et plus loin : « Le tribunal civil serbe considère la question relative au droit de succéder *des héritiers herzégoviniens* de Bochko comme ouverte bien que, aux termes de l'article 4 du traité de commerce, *les sujets des deux Etats intéressés* jouissent du droit réciproque de succéder ». Ces deux phrases, la répétition certainement voulue du mot *sujet* surtout dans un acte international, indiqueraient à elles seules la volonté bien arrêtée de l'Autriche de considérer les deux provinces comme parties intégrantes de l'empire. Nous ne saurions attribuer à la manifestation de la Cour de cassation serbe qu'un caractère platonique ; le sentiment pénible que lui inspirait la situation de compatriotes unis à l'Autriche, l'a certainement entraînée en dehors des limites de son mandat. S'il appartient souvent à des magistrats de se prononcer sur la nationalité de tel ou tel justiciable, ce n'est plus à un tribunal quel qu'il soit, qu'incombe la mission d'émettre un avis sur une question d'ordre essentiellement politique comme celle de la Bosnie et de l'Herzégovine. En pareil cas, c'était le pouvoir législatif, c'était *la Skouptchina* qui aurait été en droit de prendre la parole. Elle ne l'a pas fait et ce silence prend une signification plus grande encore si on le compare avec les termes nets et précis qui ont été employés par le ministère austro-hongrois. Elle aurait déjà dû le faire au moment de la signature du traité de commerce passé par le pouvoir exécutif avec l'Autriche-Hongrie. C'est alors qu'il était facile de rectifier le point en question et de le mettre d'accord avec le traité de Berlin en admettant qu'il ne le soit pas.

Nous n'ignorons pas que M. Peritch reproche aux diplomates hongrois d'avoir, en cette occasion, abusé de la bonne foi des Serbes vu que dans l'intention de ces derniers l'article XVI ne pouvait et ne peut encore s'appliquer qu'aux questions d'ordre commercial. Si, en effet, les Serbes s'étaient laissé duper au traité de 1881, il n'est pas admissible qu'ils auraient passé onze années sans se rendre compte de leur erreur et qu'ils l'auraient renouvelée, voir même corroborée, en signant le traité à peu près identique de 1892. La supposition que, même en 1881, les plénipotentiaires serbes auraient ignoré la loi du 20 décembre 1879, c'est-à-dire la situation douanière d'un pays limitrophe du leur et avec lequel ils entretiennent de continuelles relations, ne supporte pas un instant l'examen.

Nous comprenons trop bien pour la blâmer l'idée patriotique qui entraîne les Serbes à dénier avec énergie à l'Autriche-Hongrie le droit de souveraineté sur la Bosnie et l'Herzégovine. D'autant plus que depuis la convention consulaire conclue en 1896 entre la Serbie et l'Empire ottoman, une nouvelle source de difficultés diplomatiques est apparue à tous les yeux. Considérerat-on la situation des Bosniaques et des Herzégoviniens, en Serbie, comme réglée par le traité de commerce de 1892 ou par cette convention ?

L'auteur avec lequel nous avons eu le regret de nous trouver parfois en contradiction ne s'est d'ailleurs pas fait d'illusions excessives, car nous trouvons dans son travail des lignes d'un pessimisme éclairé qu'il convient de reproduire textuellement :

« Bien que le congrès de Berlin n'annexât pas ces pays à l'Autriche-Hongrie, mais donnât simplement à celle-ci mandat de les occuper et administrer, les Serbes y voyaient, et avec raison, un premier pas vers l'annexion, laquelle était depuis longtemps et reste le but de la politique de cet Etat. Les Serbes comprirent bien que l'Autriche-Hongrie, quelle que fût sa situation envers les provinces occupées aux termes du traité de Berlin, ne les quittera jamais que par la force (1). »

III

La question de savoir de quelle nationalité dépendent les Bosniaques et les Herzégoviniens présente aussi une

(1) J. Peritch, *op. cit.*, p. 414.

grande importance au point de vue du droit international privé, puisque la situation juridique d'une personne fixée à l'étranger dépend souvent de sa nationalité. En vertu de traités particuliers, en vertu aussi de la réciprocité législative, les nationaux de tel Etat peuvent être plus favorisés que ceux de tel autre. Même dans le cas où les Bosniaques et les Herzégoviniens habiteraient un Etat où la situation légale de tous les étrangers serait la même quant à la jouissance des droits civils, il n'en faudrait pas moins au préalable être fixé sur leur nationalité. Il convient, en effet, de prévoir le *conflit des lois*. Qu'un étranger engage un procès, il faut évidemment qu'il possède dans l'Etat où le procès doit être jugé le droit auquel il prétend ; mais cela ne suffit pas, on ne peut donner au litige une solution valable sans déterminer la loi qui régit le droit invoqué par l'étranger plaideur ; donc si cette loi est sa loi nationale, il est indispensable d'être fixé sur la nationalité. Toute difficulté disparaît au sujet de la situation juridique des Bosniaques et des Herzégoviniens à l'étranger, si l'on admet avec nous que, sans avoir été annexées formellement à l'Autriche-Hongrie, les deux provinces sont néanmoins soumises, *en fait*, à la souveraineté de l'empereur d'Autriche et que, par conséquent, les habitants établis au dehors doivent être mis sur le même pied que l'ensemble des sujets austro-hongrois. C'est, du reste, ainsi que nous l'avons vu plus haut, le régime qui a été établi par le traité de commerce passé entre la Serbie et l'Autriche-Hongrie.

Constatons que les habitants n'ont qu'à y gagner, puisque les droits concédés aux sujets autrichiens à l'étranger sont en général supérieurs à ceux que l'on a mesurés aux sujets ottomans. La Sublime Porte n'a jamais été regardée par les gouvernements européens tout-à-fait comme une égale et les capitulations même démontrent la défiance que l'on professe à son égard. Avec notre système, la condition juridique des Bosniaques et des Herzégoviniens à l'étranger doit donc être complètement assimilée à celle des autres sujets de l'empire.

Si l'Autriche-Hongrie passe avec les puissances étrangères de nouvelles conventions à l'effet de régler la condition légale de ses nationaux, ces conventions auront leur effet non seulement sur les originaires des vieilles provinces, mais aussi sur les habitants des deux provinces occupées en vertu du traité de Berlin. Enfin, si un Bosniaque, un Herzégovinien se prévaut à l'étranger de droits qui soient régis par sa loi nationale, c'est la loi austro-hongroise qu'on lui appliquera.

Combien plus compliqué le système admis par certains auteurs tels que MM. Peritch, Spalaikowitch (1), Schneller, d'après lesquels l'occupation des provinces n'en aurait pas fait passer les habitants sous la domination autrichienne, mais les aurait laissés sous celle de la loi turque, qui continuerait à les régir à l'étranger. M. Peritch, lui-même, en est réduit à confesser que sa propre théorie peut engendrer dans son application des difficultés inextricables (2). Elle a, de plus, l'inconvénient grave de mettre les intéressés en plus mauvaise posture que s'ils étaient considérés comme sujets autrichiens.

Tout le monde est d'accord, même les partisans

---

(1) V. Spalaikowitch. *La Bosnie et l'Herzégovine* (thèse pour le doctorat, Paris, 1897).

(2) J. Peritch, *op. cit*, p. 62 *in fine*.

acharnés de la souveraineté turque, pour reconnaître qu'à l'intérieur les habitants sont soumis aux autorités de l'Autriche-Hongrie, absolument comme si le traité de Berlin les avait fait passer sans aucune réserve sous la domination de cet Etat.

Mais pour nous, qui admettons les deux provinces comme soumises à la domination austro-hongroise, nous nous efforcerons de prouver que la théorie adverse est impraticable et que ceux-là mêmes qui insistent en faveur de la souveraineté ottomane sont obligés d'avouer qu'*en fait*, les Bosno-Herzégoviniens sont souvent traités par la force des choses comme s'ils étaient sujets austro-hongrois. En examinant la situation juridique des Bosniaques et des Herzégoviniens à l'étranger, nous constatons que l'on se trouve en présence de trois systèmes (1) que nous allons exposer brièvement.

Avec le *premier système*, celui de la réciprocité conventionnelle ou diplomatique, qui a été adopté par la France (art. II [2] du code civil) et la Belgique, l'étranger se trouve dans un état d'infériorité marqué par rapport aux nationaux. Pour qu'il soit admis à invoquer en sa faveur un droit privé, il doit produire une convention internationale par laquelle l'Etat où il a sa résidence, la France, par exemple, se soit engagé à accorder la jouissance du droit en question aux nationaux de l'Etat auquel appartient l'impétrant.

Si l'on admet, avec certains auteurs, que les Bosniaques et les Herzégoviniens continuent à être, de *fait*

____

(1) Weiss. *Traité théorique et pratique de Droit international privé*, t. II, p. 483.

(2) « L'étranger jouira en France des mêmes droits civils que ceux qui sont ou seront accordés aux Français par les traités de la nation à laquelle cet étranger appartiendra. »

et de droit, sous la souveraineté de la Porte ottomane, ce serait à cette dernière qu'il appartiendrait de passer avec les Etats étrangers les traités concernant la condition des Bosniaques et des Herzégoviniens au dehors. Or, le gouvernement austro-hongrois a toujours agi comme s'il possédait le droit incontesté de traiter les deux provinces comme faisant partie de son territoire et, par conséquent, de passer avec les puissances étrangères des traités lui conférant devant elles la représentation des Bosniaques et des Herzégoviniens (1). Nous avons cité un de ces traités qui prend précisément une importance particulière en raison de la nation avec laquelle il a été conclu ; nous voulons parler du traité de commerce austro-serbe.

Deuxième système. — D'autres Etats subordonnent la concession aux étrangers des droits civils à la réciprocité législative ; ils font à l'étranger une situation équivalente à celle dont jouissent leurs nationaux dans le pays de cet étranger. Si un Bosniaque ou un Herzégovinien se trouve dans un Etat soumis à ce système, il ne pourra réclamer tel ou tel droit civil qu'en prouvant que la législation de son pays l'accorderait aux nationaux de l'Etat auquel lui-même le réclame.

De là, la nécessité de rechercher quelle est la législation nationale des Bosniaques et des Herzégoviniens. Est-ce la législation turque ? Est-ce la législation austro-hongroise concernant la condition des étrangers dans les pays faisant partie de l'Autriche-Hongrie ? Est-ce enfin la législation bosno-herzégovinienne, en supposant que les deux provinces possèdent une législation

(1) Schneller, *op. cit.*, p. 133.

différente de celle de l'Autriche-Hongrie et de la Turquie ?

Pour nous, et l'on a déjà pu dégager notre pensée, il ne subsiste aucun doute ; c'est, en pareil cas, la législation austro-hongroise qui sera et qui est *effectivement* appliquée.

Les auteurs mêmes qui sont partisans de la souveraineté effective de la Turquie en sont réduits à en rejeter l'application en ce qui concerne la situation des Bosniaques et des Herzégoviniens au dehors. En effet, comment pourraient-ils entrer en rapports suivis avec d'autres pays s'ils ne trouvaient dans ces pays qu'une condition juridique aussi mauvaise que la condition des étrangers en Turquie ? Il serait singulier de voir les étrangers jouir en Bosnie et en Herzégovine des avantages à eux généralement conférés par les états civilisés, tandis qu'au dehors les Bosniaques et les Herzégoviniens seraient condamnés à la condition difficile que les lois turques font aux étrangers. Il est bien entendu, et la question n'est même pas contestée, que tous les étrangers fixés en Bosnie et en Herzégovine y jouissent du bénéfice des lois austro-hongroises. Cela est, du reste, absolument conforme à l'esprit du traité de Berlin, puisque son premier but a été précisément de les soustraire aux vexations et aux abus de l'administration turque. Ce qui le prouve, ainsi que nous l'avons dit, c'est que toutes les puissances ont immédiatement renoncé aux bénéfices que leur conféraient les capitulations.

Ces auteurs, tels que M. Peritch, concluent donc à l'application de la législation bosno-herzégovinienne en ce qui concerne la condition juridique des Bosniaques et des Herzégoviniens à l'étranger. Ils considèrent, en effet, les deux provinces comme constituant en quelque sorte un état autonome pour lequel l'Europe aurait donné mandat à l'Autriche-Hongrie de légiférer dans le mieux de ses intérêts. Avec ce système, la condition juridique des Bosniaques et des Herzégoviniens dépendrait donc de celle qu'ont en Bosnie et en Herzégovine les sujets de l'Etat où ils ont leur résidence ; mais, qu'on le remarque, cette condition des étrangers établis dans les provinces est aujourd'hui réglée par des lois qui ont été édictées par le gouvernement austro-hongrois. N'en ressort-il pas que c'est ce dernier qui exerce ainsi le droit de souveraineté extérieure ? N'est-ce pas reconnaître aux lois bosno-herzégoviniennes, un effet extra-territorial, ce qui est en contradiction flagrante avec la thèse de ces auteurs qui n'accordent à l'Autriche-Hongrie que le droit d'administration intérieure ?

Du reste, M. Peritch, lui-même, est obligé, tout en ne l'admettant pas, de reconnaître que c'est *en fait* l'Autriche-Hongrie qui exerce la souveraineté extérieure. Nous ne pouvons mieux faire que de reproduire un passage caractéristique de son étude, déjà cité par nous, sur la condition juridique des Bosniaques et des Herzégoviniens à l'étranger (1) :

« Nous avons dit, écrit-il, que depuis l'occupation la condition des étrangers en Bosnie et en Herzégovine a été l'objet de nouvelles dispositions législatives. Il faut observer que ces nouvelles dispositions ne sont autres que les prescriptions des codes civils autrichien et hongrois que les autorités austro-hongroises ont tout

(1) Peritch, *op. cit.*, p. 73.

simplement étendues aux étrangers habitant la Bosnie et l'Herzégovine, de telle sorte qu'au point de vue de la condition des étrangers, la Bosnie et l'Herzégovine sont dans la même situation que si elles faisaient partie de l'empire austro-hongrois. Il est incontestable qu'il n'y a là rien qui soit contraire à l'article 25 du traité de Berlin... »

Après avoir lu ce passage, on se demande, en vérité, si nous ne savions que M. Peritch est un Serbe, quel serait l'intérêt d'une pareille discussion ? Rien, en effet, ne serait changé si l'on adoptait soit la législation austro-hongroise, soit la législation bosno-herzégovinienne, puisqu'elles sont identiques.

Le troisième système, le plus simple, assimile l'étranger aux nationaux en ce qui concerne la jouissance des droits privés : quant aux droits politiques, ils ne lui sont accordés dans aucun Etat. Il est nécessaire, néanmoins, de connaître dans ce cas la loi nationale de l'étranger, car, dans divers pays, en Italie par exemple, où l'on applique ce système, certains droits, les droits de famille, en particulier, ne lui seront pas concédés si sa propre loi nationale les lui refuse. Sa loi nationale est donc indispensable à connaître. Pour nous, il n'y a pas de doute possible : le Bosno-Herzégovinien est régi dans son propre pays par la loi bosno-herzégovinienne, identique elle-même à la loi austro-hongroise ; on ne peut donc admettre qu'en sortant de son pays il tombe sous le coup des lois turques qui ont complètement cessé d'y être appliquées.

Dans le bref exposé que nous venons de faire, nous nous sommes limités à l'étude de la jouissance des droits privés pour le Bosno-Herzégovinien fixé à l'étran-

ger. Mais ce ne sont pas seulement ces droits privés
qu'il importe de connaître, il convient aussi de préciser
quelle loi il devra invoquer en cas de contestation.
Sera-ce la loi austro-hongroise, la loi ottomane, ou,
comme certains auteurs le prétendent, la loi bosno-
herzégovinienne ? Nous arrivons ainsi à la question du
conflit de lois, dont nous avons déjà parlé plus haut ;
conflit qui ne peut naturellement se produire que dans
le cas où ces lois différeraient entre elles. Pour nous,
pas de doute, c'est la loi austro-hongroise étendue aux
deux provinces qu'il faudra appliquer.

Les adversaires de notre système, M Peritch (1),
entre autres, n'en sont pas moins entraînés à l'accepter
dans la pratique ; ne voulant pas admettre la souveraineté austro-hongroise, ils ont cherché un moyen
terme et, pour s'en tirer, se sont prononcés en faveur
de la législation spéciale aux deux provinces.

Mais, comme nous l'avons dit, les lois promulguées
en Bosnie et en Herzégovine depuis le traité de Berlin
ne sont autres que les lois austro-hongroises elles-
mêmes. Supposons maintenant qu'il n'existe pas, en
cette matière, de loi générale à tout l'empire et que ce
soit la loi faite spécialement pour la Bosnie et l'Herzégovine qu'il y ait lieu d'appliquer, le principe de la
souveraineté *effective* de l'Autriche-Hongrie n'en serait
pas atteint. C'est d'elle, en effet, qu'émanent les lois
spéciales à la Bosnie et à l'Herzégovine, et si ces lois
sont appelées à régir la situation juridique des Bosniaques et des Herzégoviniens au dehors, il est visible que

(1) Peritch, *op. cit.*, p. 245.
   Schneller, *op. cit.*, p. 135.

l'Autriche-Hongrie fait à l'égard d'eux acte de souveraineté extérieure.

Les auteurs (1) qui combattent notre doctrine l'ont si bien compris qu'ils ont cherché à s'en tirer par un artifice qui n'a rien de commun avec les règles générales du droit des gens. Pour eux, les Bosno-Herzégoviniens seraient les premiers à plaindre si on leur appliquait à l'étranger les lois arriériées et nuisibles de la Turquie. Mais c'est oublier que la solution des conflits de lois ne doit pas être cherchée et en fait n'est pas cherchée dans la considération de l'intérêt privé des parties en cause. Et puis, pourquoi la loi turque serait-elle toujours plus défectueuse que les lois européennes? Une loi bonne doit être adaptée à la civilisation des populations qu'elle régit. Si nos lois sont meilleures pour nous que la loi ottomane, celle-ci est meilleure pour les Musulmans que le Code civil. Il n'y a pas en législation de vérité et de bien absolus ; une législation adéquate à un degré de civilisation donné est bonne, par cela seul qu'elle y est adéquate, aussi bonne qu'une autre législation qui serait également adéquate à un degré de civilisation inférieur. La raison que nous avons donnée est donc la bonne ; il est naturel qu'au dehors — et il serait inadmissible qu'il en fût autrement — les Bosno-Herzégoviniens fussent régis par une autre loi que celle qui est en vigueur à l'intérieur de leur pays, que celle, en un mot, qui émane de l'Autriche-Hongrie appelée en outre, ainsi que nous l'avons vu, à régler par traité la condition juridique à l'étranger des nationaux des deux provinces.

(1) Peritch, *op. cit.*, p. 243 et suiv.
Ibid. V. Schneller, *op. cit.*, passim ; Spalaikowitch, *op. cit.*, passim.

Par la logique même des choses on appliquera le même système aux questions de droit pénal international qui peuvent et doivent se présenter : peines applicables, crimes commis à l'étranger, application des traités d'extradition, etc... (1)

Tant il est vrai — et c'est ce que nous avons voulu prouver — que par la force des choses, la cession déguisée entraîne des conséquences identiques à celle d'une pure et simple annexion.

(1) Voir *Sammlung der für Bosnien und die Herzegowina erlassenen Gesetze, Verordnungen und Normalreisgungen*, Vienne, 1882.

CHAPITRE VII

L'opinion des auteurs.

I. La situation des deux provinces et l'opinion. Divergences de vue chez les auteurs. — II. Auteurs partisans du maintien intégral de la souveraineté du sultan. — III. Auteurs qui considèrent les deux provinces comme annexées à l'empire austro-hongrois. — IV. Ceux qui voient dans la situation faite à la Bosnie-Herzégovine un état de choses nouveau au point de vue du droit des gens.

I

Ce que deviendront dans l'avenir la Bosnie et l'Herzégovine, nul ne saurait le prédire, il semble qu'à Vienne même, au début de l'occupation, l'opinion publique n'ait montré qu'un enthousiasme très limité, qu'une confiance très restreinte. Une chanson en dialecte viennois qui devint rapidement populaire avait le refrain suivant : « *Mir* (1) *kultivirens provisorisch; s'ahort* (pour *das gehort*) *uns not definitiv…*». « Cela ne restera pas définitivement notre propriété ». On peut s'expliquer cette défiance des premiers instants par la situation anormale qu'a faite aux deux provinces le Congrès de Berlin ; situation préparée par le complot politique dont nous avons déjà parlé et qui avait été ourdi entre l'Allemagne, l'Angleterre et l'Autriche-Hongrie.

Quel avait été le but primitif de ce complot ? Les auteurs avaient évidemment voulu mettre un obstacle au *panslavisme*, du moins en apparence. En réalité, le

(1) Vicomte Caix de Saint-Aymour, *op. cit.*, p. 552.

panslavisme est surtout un épouvantail dont M. de Bismarck a souvent joué avec habileté. On ne rencontre de panslavistes, c'est-à-dire de partisans de la réunion de tous les Slaves en une seule nation, ni à Prague, ni à Laybach, ni à Agram, ni à Belgrade. Bien mieux, certains Slaves du Danube tiennent si peu à être unis au grand Etat slave, la Russie, que le dicton suivant est fort répandu parmi eux : « Le joug turc est de bois, le joug russe est de fer ». Avec de telles idées, les petits peuples slaves consentiraient à s'unir entre eux pour former une nouvelle grande Serbie, mais non pas à devenir des dépendances de la Russie. Hier (1) encore, Georges Karageorgewitch, le nouvel héritier du trône de Serbie, actuellement élève dans une école militaire de Pétersbourg, déclarait à une députation des étudiants de l'Université de Belgrade, qu'il tiendrait haut et ferme le drapeau de la délivrance et de la réunion de tous les Serbes.

Quelle différence avec le pangermanisme devenu si envahissant depuis les victoires de la Prusse ! C'est de ce côté-là surtout que se révèlent les tendances à tout absorber dont certains exemples ont été caractéristiques. La prétention du germanisme est de représenter la marche de la civilisation vers l'Orient ; c'est sur cette théorie qu'il s'appuie pour justifier la menaçante formule : « *Drang nach Osten* ». On dirait qu'en confiant à l'Autriche sa mission administrative en Bosnie et en Herzégovine, les chefs du complot aient voulu faciliter cette tâche germanisatrice, et, en réalité, l'Autriche semble résolue à la remplir et à préparer ainsi la trans-

(1) *Le Temps*, n° du 5 juillet 1903.

formation de tout le sud-est de l'Europe. Qui sait si une fois l'œuvre accomplie, une fois l'infiltration des Germains dans la vallée du Danube devenue plus importante, qui sait s'il ne faudra pas nous attendre à des modifications nouvelles et graves, si nous ne verrons pas apparaître tout à coup les diplomates de l'Allemagne du Nord ?

Le traité de Berlin, s'il a préparé la germanisation des deux provinces, les a aussi placées dans une situation exceptionnelle. Les deux provinces sont à peu près dans la situation de ces contrées coloniales dont la métropole se sert au mieux de ses intérêts politiques et économiques. De là, les désaccords que l'on signale à chaque instant et qui se sont encore accrus par suite de la résistance des Slaves qui n'entendent se laisser germaniser à aucun prix: *Nolumus germanisari* (1), comme le répètent les Slaves partout où ils sont opprimés.

Au point de vue du droit international, la situation créée par l'article 25 du traité de Berlin est également singulière, car on lui trouve peu d'équivalents même parmi les formes ordinairement usitées en matière coloniale. Il était tout naturel qu'un tel phénomène attirât, non seulement l'attention des hommes d'Etat et des publicistes, mais aussi celle des théoriciens et des jurisconsultes internationaux. Le point sur lequel tous les auteurs se sont trouvés d'accord, c'est l'anomalie juridique qui ressort du phénomène en question. Aussi Bluntschli (2) dit, avec raison, qu'on ne saurait le ranger sous une des catégories juridiques rationnelles ou traditionnelles connues. Pour donner à la question

(1) A. d'Avril, *Négociations relatives au traité de Berlin.*
(2) *Le Congrès de Berlin*, art. 5 (R. D. I.) p. 585.

une solution conforme aux principes généraux du droit
international, il fallait donc trouver, en théorie, une
formule pouvant s'adapter au nouvel état de choses, en
définissant exactement son caractère juridique. Pour
nous, d'accord avec Rivier (1), nous y voyons une
« *cession déguisée de territoire* », ce que M. Chrétien (2)
appelle un *condominium inégal*.

II

Mais c'est précisément sur ce point que se sont pro-
duites entre les auteurs des divergences d'opinions
qu'il convient d'étudier rapidement. On peut diviser ces
derniers en trois groupes, dont deux sont diamètrale-
ment opposés. Les premiers, s'appuyant sur *la lettre* des
traités, considèrent les deux provinces comme faisant
toujours partie de l'Etat turc et reconnaissent, par
conséquent, à la Porte, le droit de souveraineté sur
elles. Tels sont *F. de Martens, Ulrich* (3), *Dantscher von
Kollesberg* (4), *Brunswick* (5), *Schneller* (6), *Despagnet* (7),
Engelhardt (8), *Geffcken*, etc.

C'est dans cette catégorie, et l'on n'en sera pas surpris, qu'il faut ranger la plupart des jurisconsultes

(1) Rivier, *Lehrbuch des Vœlkerrechtes*, p. 175.
(2) Chrétien, *Principes de droit international public*, t. I, p. 282.
(3) Ulrich, *OEsterreichisches Staatsrecht*, p. 792.
(4) Dantscher von Kollesberg, *Der monarchische Bundesstaat
Œsterreich-Ungarn und der Berliner Vertrag nebst der bosnischen
Vertrag*, 1881, p. 287.
(5) Brunswick, *Le Traité de Berlin*, p. 103.
(6) Schneller, *op. cit.*, p. 213, § 40.
(7) Despagnet, *Essai sur les protectorats*, n° 93 et suiv.
(8) Engelhardt, *Le droit d'intervention et la Turquie* (R. D. I.,
t. XII, p. 384).

serbes, dont nous avons donné à maintes reprises l'opinion, J. Peritch, N. J. Spalaikovitch, Guertchich (1). Cela s'explique aisément, puisque la théorie soutenue par eux est la seule qui leur permette de voir un jour se constituer leurs rêves unitaires.

C'est une théorie dont nous croyons avoir fait suffisamment justice au courant de cette étude. Nous nous bornons ici à citer l'opinion du savant russe F. de Martens (2), qui résume les vues de toute cette école. Il considère le droit du sultan comme réduit à un *nudum jus*, mais qui ne saurait être contesté sans que l'on dénature le sens littéral des traités conclus. Il regarde l'Autriche comme chargée par l'Europe d'un simple mandat d'occupation et d'administration pour un temps illimité. Pour lui, l'introduction du service militaire austro-hongrois dans un pays que les traités ont laissé sujet de la Turquie est un acte qui viole la conscience des populations et leurs obligations directes envers le sultan, leur souverain légitime. Enfin, M. de Martens qui admet que dans leur pays, les habitants dépendent de l'autorité austro-hongroise, estime que s'ils en sortent, ils rentrent dans la situation légale des sujets turcs et sont obligés de se soumettre aux règlements et aux lois de l'empire ottoman. Cet examen se termine par une conclusion qui manque d'enthousiasme : « La Bosnie et l'Herzégovine sont, au point de vue juridique, dans une *situation absurde* et peu faite pour pacifier ces régions. *Il est au moins étrange d'appeler cela une occupation* ».

(1) Guertchich, *Situation de la Bosnie et de l'Herzégovine et de l'île de Chypre en droit international et public* (en serbe), p. 72.

(2) F. de Martens, *Traité de droit international*, t. I, p. 475.

III

Les auteurs du second groupe, tels que MM. *de Neumann* et *Lingg*, refusent à la Turquie tout droit de souveraineté ; ils soutiennent que la Bosnie et l'Herzégovine font partie intégrante du territoire de la monarchie austro-hongroise, que les habitants doivent être considérés comme des sujets austro-hongrois.

On ne saurait s'étonner que la nationalité d'un auteur influe parfois sur son jugement. Ce sentiment, à la fois naturel et respectable, nous le constations tout-à-l'heure chez les jurisconsultes d'origine serbe. C'est lui qui, en partie du moins, entraîne sans doute à des conclusions opposées M. de Neumann, un des plus savants jurisconsultes de l'école autrichienne. Il ne pouvait admettre que l'Autriche eût dépensé en pure perte des millions de florins et des milliers d'hommes pour l'occupation de ces provinces.

M. de Neumann a exposé ses idées dans deux lettres consacrées à la situation actuelle en droit public et en droit international des *nouvelles provinces autrichiennes* de la Bosnie et de l'Herzégovine. Nous tirons de ces lettres le passage suivant où il a tenté d'expliquer la situation toute particulière de l'Autriche avant le traité de Berlin :

« L'occupation (1) de ces deux provinces était, pour nous, à la fois un droit et un devoir. Droit et devoir de défense personnelle et de conservation personnelle, droit indépendant, pour l'exercice duquel nous n'avions nul besoin d'un mandat.

(1) De Neumann, *op. cit.*, p. 39.

« Toutefois, comme ici l'intérêt de l'Autriche est en même temps l'intérêt de l'Europe, laquelle ne peut tolérer que Russes et Anglais soient seuls maîtres en Orient, il était sage et opportun de faire corroborer et renforcer notre droit avant de l'exercer, par l'autorité de l'Europe entière, qui maintenant, est solidaire avec nous.

« Le traité même de Berlin n'a voulu, n'a pu vouloir autre chose que de *transférer à l'Autriche la pleine souveraineté de la Bosnie et de l'Herzégovine......* ».

Comme nous le voyons, cette argumentation est basée, ce qui en fait la faiblesse, sur des motifs d'ordre purement politique. Le point de vue adopté par M. Neumann, celui de défense et de conservation personnelle frapperait plutôt des diplomates que de vrais jurisconsultes. Cette question, aussi bien que celle de savoir qui sera maître en Orient, conduit inévitablement dans le domaine des intérêts politiques les plus opposés. Par conséquent, ces considérations ne peuvent guère servir de criterium d'une appréciation juridique du nouveau rapport international créé par l'occupation. Dans le droit des gens modernes, le *droit de conservation* est exactement déterminé et les cas où un Etat commence à avoir le droit et le devoir d'entreprendre les mesures pour sa défense sont strictement limités.

Lingg (1) a écrit une étude spéciale sur la situation des deux provinces, en droit public, en prenant pour point de départ de son argumentation, cette définition de l'Etat : « L'Etat consiste dans le fait de la domination sur un groupe d'individus habitant un territoire déter-

(1) Lingg. *Die staatsrechtliche Stellung Bosniens und der Herzegowina, ein Betrag und Kritik der Lehre von der Staatenverbindungen* (dans *Archiv für offentliches Recht*, 1889, IV, p. 480-525).

miné ; la puissance dominante, investie de la *suprema potestas*, possède la souveraineté territoriale dans les limites de sa domination effective sur le territoire ». En résumé, il identifie complètement la souveraineté avec l'exercice réel du pouvoir, avec la *vis cogendi*, c'est-à-dire avec la faculté, pour un Etat, d'édicter des ordres ayant le caractère obligatoire pour ceux qui les reçoivent. Avec la méthode de Lingg, comme le fait remarquer Schneller, on pourrait aussi bien démontrer que les provinces françaises occupées pendant la guerre de 1870-71, étaient devenues par cela seul une partie du territoire allemand, puisque l'empereur d'Allemagne y commandait et que ses ordres avaient sur le territoire français une *potestas* coercitive incontestable.

IV

Le troisième groupe d'auteurs ne s'est pas laissé entraîner par des considérations nationales comme les Autrichiens et les Serbes étaient tentés de le faire ; il s'est arrêté à une autre solution. Pour eux, le traité de Berlin a inauguré une *forme toute nouvelle* en matière de formation d'Etat. C'est, en effet, la seule façon d'expliquer la véritable situation internationale des deux provinces et c'est celle qui se rapproche le plus de notre façon de voir. Parmi ces auteurs, citons en premier lieu le savant jurisconsulte allemand F. de Holtzendorff ; il étudie cette question dans *un chapitre sur les limitations apportées aux droits de souveraineté*.

Après avoir envisagé la convention anglo-turque et la situation de l'île de Chypre, il dit : (1)

« Le même cas se présente par suite de l'arrangement

(1) Holtzendorff, *Handbuch des Vœlkerrechts*, p. 245.

conclu entre l'Autriche-Hongrie et la Turquie, le 21 avril 1879, concernant la Bosnie et l'Herzégovine, dans lequel on stipule d'ailleurs que la souveraineté du Sultan ne sera nullement atteinte par le fait de l'occupation ; mais, en réalité, on n'a laissé au Sultan que certains droits honorifiques, d'un caractère religieux et symbolique. *En fait*, — et ceci est le point décisif et le plus important en droit international — l'Autriche-Hongrie exerce le pouvoir souverain en Bosnie et en Herzégovine. A Chypre, de même qu'en Bosnie et en Herzégovine, le Sultan a renoncé volontairement, en vertu des conventions conclues à cet effet, à son droit de souveraineté territoriale, dans des proportions telles qu'*il ne peut plus être considéré, ni* de facto, *ni* de jure, *comme le souverain de ces provinces ;* quoique la renonciation définitive à la souveraineté ne résulte pas de dispositions conventionnelles, ce fait ne change rien à l'état de choses. *Des concessions aussi larges faites, sinon pour toujours, du moins pour un temps indéterminé, sont incompatibles avec la nature de la souveraineté territoriale.* Par suite de cela, le Sultan a aussi perdu la possibilité de faire des traités concernant les territoires occupés ou administrés avec son consentement. Si on cherchait pour ces rapports anormaux des temps nouveaux, des analogies dans le droit public, il faudrait penser, en premier lieu, à l'idée d'une administration territoriale internationale, ou à une *régence internationale* dans laquelle une puissance étrangère règne et administre par suite d'une autorisation du droit des gens. »

M. de Holtzendorff ayant sans doute reconnu que cette explication manquait de précision juridique a fait remarquer dans une note complémentaire, qu'il est très compréhensible que les opinions des publicistes — vu la particularité de ces rapports — soient très divisées en ce qui concerne leurs caractères juridiques. Il est donc amené à conclure que l'analyse juridique de ces rapports ne pouvant aboutir qu'à des résultats négatifs, nous nous trouvons en réalité devant un état politique intermédiaire qu'il appelle un *politisches Interimistikum* (1) qui, sous un autre nom, n'est en somme guère autre chose que ce que nous appelons la cession déguisée de territoire.

Dans sa note additionnelle aux lettres de M. Neumann sur la Bosnie et l'Herzégovine (2), M. Rivier fait remarquer que les lettres de Neumann étaient déjà imprimées lorsque la convention austro-turque a été livrée à la publicité. « Cette convention, dit-il ensuite, a sanctionné solennellement *la fiction du maintien dans leur intégrité des droits de souveraineté du Sultan* sur la Bosnie et l'Herzégovine...... ». Dans un autre ouvrage relatif au droit des gens (3), il considère les dispositions conventionnelles relatives à l'île de Chypre, à la Bosnie et l'Herzégovine comme de *véritables cessions territoriales* (*Wahre Gebietsabtretungen*) *déguisées* pour des raisons politiques pendant quelque temps.

Selon *Calvo* (4), « la Bosnie et l'Herzégovine sont devenues en quelque sorte, un *état nouveau d'un caractère particulier*, occupées qu'elles sont désormais par l'Autriche-Hongrie qui a accepté de les administrer. »

(1) Holtzendorff, *op. cit.*, note 4 *in fine*.
(2) Rivier, *Revue de droit international*, 1879, t. XI, p. 144.
(3) Rivier, *Principes du droit des gens*, 1896, t. I, p. 201 et 302.
(4) Calvo, *Le droit international*, 1880, t. I, p. 278.

Nous ne saurions mieux terminer cette étude sur la Bosnie et l'Herzégovine qu'en donnant l'opinion de M. Bluntschli (1), le savant professeur de l'Université de Heidelberg, qui, au moment où la mort vint le surprendre, publiait encore une importante étude sur le Congrès de Berlin, travail qui fait autorité en la matière :

« L'acte du congrès de Berlin ne prescrit point à la Porte une cession formelle de ses droits de souveraineté à l'Autriche-Hongrie, et semblable cession n'a été opérée dans aucun traité spécial. En droit public, la Bosnie et l'Herzégovine continuent donc, *pour la forme*, d'appartenir à l'empire turc ; le sultan en est le souverain légitime. Mais cette souveraineté formelle est aujourd'hui sans effet aucun, elle ne saurait être exercée réellement.

« Le gouvernement et l'administration véritables sont, pour toute la durée de l'occupation, entre les mains de l'Autriche-Hongrie, dont la domination existe non seulement de fait, mais encore de droit et est reconnue par l'Europe et par la Turquie. L'Autriche-Hongrie ne régit pas le pays comme la mandataire du sultan et au nom de celui-ci ; elle le gouverne en son nom propre ; elle administre le pays, non pour le compte de la Sublime Porte, mais dans l'intérêt des populations. Elle est *en possession* de la souveraineté, laquelle, en théorie, continue d'appartenir au sultan. Le droit du sultan est un *nudun jus*, sans efficacité, une simple apparence de droit.

« Il ne faut cependant pas voir dans l'empereur

(1) Bluntschli, *Le Congrès de Berlin* (R. D. I., t. XIII, p. 585).

d'Autriche le vassal, dans le sultan le suzerain. L'empereur d'Autriche est, en Bosnie et dans l'Herzégovine, un souverain indépendant, qui exerce le pouvoir suprême en vertu de la mission que l'Europe lui a confiée, et non pas en suite de l'investiture du sultan. Ce dernier ne fait rien. L'empereur d'Autriche décide tout : la législation, le gouvernement politique, les impôts, l'administration de la justice, l'économie nationale.

« La Bosnie et l'Herzégovine ne font cependant pas encore partie intégrante de l'empire austro-hongrois ; elles sont unies à celui-ci, ou pour mieux employer une vieille expression suisse, elles constituent un pays « zugewandt », une dépendance d'un caractère particulier. Elles ne rentrent ni parmi les provinces ou les pays de l'Autriche, ni parmi les pays de la couronne de Hongrie : elles sont soumises au gouvernement commun de la monarchie. »

L'ILE DE CHYPRE

I. Importance et fonction historique de l'île de Chypre. — II. La
Convention du 4 juin 1878. Ses causes. La protection des chrétiens en Arménie. — III. Ses effets. Suppression des capitulations.
— IV. Organisation administrative de l'île de Chypre. Les aspirations grecques. Empiètements des magistrats et fonctionnaires anglais. — V. L'ordonnance du 21 décembre 1878. La Haute-Cour
de justice. Les lois anglaises en vigueur. Progrès de l'influence
anglaise.

I

Avant de nous occuper du traité de Constantinople
qui a donné à l'Angleterre la puissance effective dont
elle jouit aujourd'hui dans l'île de Chypre, il est nécessaire de donner un court aperçu du passé de cette
grande île, la troisième de la Méditerranée. Ces annales
ne sauraient manquer d'intéresser des Français, puisqu'à
chaque pas, le voyageur y rencontre, comme à Rhodes
et à Malte, les traces de nos aïeux qui l'occupèrent de
1191 à 1489, soit pendant près de trois siècles. Bien
avant l'arrivée des Français, Chypre avait déjà joué
dans l'histoire de la civilisation européenne, un rôle
égal à celui de la Sicile et bien supérieur à celui de la
Sardaigne (1). Il est déjà question d'elle dans les écrits
de Cicéron, qui, en sa qualité de prêteur de Cilicie,
eut les Cypriotes sous sa magistrature et s'efforça de
réparer les exactions de son prédécesseur Appius.

(1) V. E. Fournier de Flaix, *L'Ile de Chypre, Economiste français*,
n° du 27 août 1892.

Quels sont les éléments dont se compose la population
cypriote ? Ils sont très divers assurément, certains his-
toriens croient que les premiers y sont arrivés par la
Lycie ; en tout cas d'autres sont venus de Syrie : Phé-
niciens, Egyptiens, Assyriens, Perses. C'était l'élément
phénicien, c'est-à-dire sémite qui prédominait lorsqu'il
se trouva en contact avec une race non moins énergique,
la race grecque ou race arienne. De là, lutte entre les
deux éléments, absolument comme en Sicile où les Grecs
avaient rencontré les Carthaginois. Sans entrer dans les
détails, disons simplement que l'influence grecque finit
par prédominer. Les divinités d'Athènes s'élevaient à côté
des divinités phéniciennes, lorsque le christianisme
pénétra dans l'île. On vit alors le spectacle qui tient une
si grande place dans la pièce de Polyencte : les mar-
teaux, sans s'occuper d'art, brisèrent les idoles, cas-
sant bras, jambes et têtes à tout le monde divin.
Chypre devait connaître sinon la liberté, du moins la
tranquillité sous la paternelle gestion du Sénat romain.
Elle ne connut point d'inquiétude jusqu'au jour où la
nouvelle des invasions sarrazines se répandit dans la
chrétienté. Toutefois, les Sarrazins n'y purent prendre
pied et les empereurs de Constantinople y régnaient
encore lorsque débarqua Richard Cœur-de-Lion. Le
nouveau venu s'empressa d'expulser de l'île Isaac Com-
nène et ses soldats et il la céda à Guy de Lusignan, che-
valier français du Poitou, moyennant quarante mille
besants d'or qui furent avancés par les Templiers.
Comme nous l'avons dit plus haut, cette dynastie française conserva jusqu'en 1489 l'île dont elle avait fait
une splendide colonie.

C'était, en réalité, un pays qui avait revêtu le caraçtère français de l'époque de la féodalité avec ses châteaux reconstruits, ses forteresses, ses églises, ses maisons et sa population de plus de cinq cent mille âmes au lieu des deux cent mille auxquels Chypre est réduite aujourd'hui. Sous l'influence française, Chypre était devenue un foyer commercial d'une haute importance et attirait les Génois, les Vénitiens et même les Seldjoussides du Caire. L'île entière, mise en culture, jouissait d'une réputation européenne pour ses blés et ses vins. Au bout de trois siècles, cette prospérité alla diminuant; dès 1453 les Ottomans avaient pris Constantinople, et, en 1489, la veuve de Jacques II de Lusignan voulant quitter Chypre, la céda à Venise qui voulait en faire un comptoir commercial.

Mais ce changement coïncidait avec l'époque où Christophe Colomb, comptant trouver une nouvelle route pour aller en Extrême-Orient, s'était vu arrêter par un continent dont il ne soupçonnait pas l'importance ni même l'existence. Du jour où l'Amérique s'ouvrait aux tentatives des Européens, les courants commerciaux étaient forcément déplacés. Les désavantages s'accentuèrent en raison de la découverte du cap de Bonne-Espérance.

Dès lors, grand mouvement de la civilisation vers l'Ouest ; l'Europe se désintéresse de l'Orient, Venise est bientôt obligée de payer tribut, d'abord à l'Egypte, puis aux Ottomans. Ceux-ci profitent rapidement de leurs succès et Selim II cherche un prétexte pour conquérir l'île.

Les puissances chrétiennes ne voulurent pas laisser prendre aux infidèles plus de prépondérance, et en septembre 1570, le Saint-Siège et l'Espagne frétaient

192 galères montées par 13.700 hommes, qui vinrent
mouiller sur les côtes septentrionales de l'île de Crète,
dans la baie de Sude ; mais les assaillants apprirent que
Nicodie était tombée, le 9 septembre, et les Espagnols
se retirèrent. Famagouste, qui fut toujours le centre
important de Chypre pour ses relations extérieures,
résista pendant onze mois dans l'espoir des secours de
la chrétienté. Il fallut capituler, le 1er août 1571, sous
promesse que la garnison aurait la vie sauve. C'était mal
connaître les Turcs, car elle fut massacrée tout entière.
On connaît le vers de Victor-Hugo :

> Les Turcs ont passé là, tout est ruine et deuil.

Ce que le grand poète a écrit pour Chio n'est pas
moins vrai pour Chypre ; l'œuvre de spoliation, commencée sous la domination vénitienne, s'aggrava sous le
régime ottoman. Ce fut là, comme partout, une période
de complète décadence ; pendant plus de deux siècles,
Chypre fut soumise au régime inique des baux à ferme ;
le gouverneur payait d'avance au grand-vizir la somme
de 2.500.000 piastres (625.000 fr.), sauf à s'indemniser
ensuite sur le pays. On comprend aisément à quels abus
pouvait entraîner un système aussi arbitraire, et il n'est
pas surprenant que la conquête ottomane ait donné le
signal d'une déchéance lamentable.

Des 300.000 habitants que l'on comptait encore à la
fin du xve siècle, M. de Mas-Latrie n'en retrouve plus
que 110.000 en 1890. Comment s'étonner qu'une révolte
ait éclaté en 1764 et comment s'étonner aussi qu'elle ait
été étouffée dans le sang ? Vers le commencement du
siècle dernier, Chypre devint moins malheureuse, par
suite de la création du vilayet des îles, dont elle forma

l'un des sandjacks, et dont le gouverneur s'établit à Gallipoli. Bien que les Cypriotes n'aient pas souvent manifesté l'ardent patriotisme des Grecs continentaux, et en particulier celui des Crétois, ils se révoltèrent encore en 1825, à l'exemple de leurs frères de la Grèce continentale. Mais l'insurrection fut écrasée. En 1832, Mehemet-Ali, vice-roi d'Egypte, fit occuper militairement l'île pour étouffer les derniers vestiges de la révolte de 1825. Cette occupation ne dura que huit années et, en 1840, l'île fit retour à la Sublime Porte. Elle y gagna sans doute quelques avantages, par suite de l'abolition du système des baux à ferme, et de la création de lois administratives dépendant d'un pacha à revenus fixes.

II

S'ensuit-il que la situation fût devenue propice ? Chypre regrettait évidemment l'époque où elle s'était trouvée sous la domination d'une puissance chrétienne et, par conséquent, elle ne put qu'accueillir avec satisfaction la convention de Constantinople du 4 juin 1878 qui la plaçait désormais sous la direction de l'Angleterre.

Voici d'ailleurs le texte même de cette convention (1) :

Art. 1. — Dans le cas où Batoum, Ardahan, Kars ou une quelconque de ces places seraient retenues par la Russie, et si la Russie faisait quelque tentative, à une époque quelconque, pour se rendre maîtresse de quelqu'autre position des territoires du Sultan en Asie fixés par le traité définitif de paix, l'Angleterre s'oblige à s'unir au Sultan pour la défense des territoires en question par la force des armes.

(1) Samver, *Nouveau recueil de traités, etc.*, série II, t. III, p. 273.

En échange, le Sultan promet à l'Angleterre d'introduire les réformes nécessaires (qui seront concertées plus tard entre les deux Puissances) ayant trait à la protection des sujets chrétiens et autres de la Sublime Porte qui se trouvent sur les territoires en question et, dans le but de mettre l'Angleterre en état d'assurer les moyens nécessaires pour l'exécution de son engagement, le Sultan consent, en outre, à désigner l'île de Chypre pour *être occupée et administrée* par elle.

Art. II. — La présente convention sera ratifiée et l'échange des ratifications aura lieu dans l'espace d'un mois et plus tôt si faire se peut.

ANNEXE (conclue à Constantinople, le 1er juillet 1878).

Il reste entendu entre les deux Hautes parties contractantes que l'Angleterre consent aux conditions suivantes, qui se rapportent à l'occupation et à l'administration de l'île de Chypre :

I. — Un Tribunal religieux continuera d'exister dans l'île, lequel connaîtra exclusivement des affaires religieuses, mais non d'autres concernant la population musulmane de l'île.

II. — Un résident musulman de l'île sera désigné par le département des Fondations pieuses de la Turquie pour diriger, de concert avec un délégué nommé par les autorités britanniques, l'administration des fonds, propriétés et terres appartenant aux mosquées, cimetières, écoles musulmanes et autres établissements religieux existants dans l'île de Chypre.

III. — L'Angleterre paiera annuellement à la Sublime Porte tout ce qu'est l'excédent annuel du revenu en sus des frais d'administration de l'île, lequel excédent sera calculé et déterminé par la moyenne des dernières cinq années, fixée à 22.936 bourses. Moyenne qui sera dûment vérifiée plus tard, à l'exclusion du produit réalisé par la vente ou l'affermage des propriétés et biens immeubles appartenant à l'Etat et à la couronne ottomane pendant cette période.

IV. — La Sublime Porte pourra vendre librement et affermer les terres, terrains et autres propriétés qu'elle possède à Chypre, dont le produit de vente ou l'affermage ne forme pas partie des revenus de l'île mentionnés dans l'article III.

V. — Que le Gouvernement britannique pourra exercer, par le canal de ses autorités compétentes, le droit d'expropriation pour l'acquisition, à des prix convenables, des terres incultes et des terrains nécessaires devant servir aux améliorations publiques, ainsi qu'à d'autres buts d'utilité publique.

VI. — Que, dans le cas où la Russie restituerait à la Turquie Kars et les autres conquêtes faites par elle en Arménie pendant cette dernière guerre, l'île de Chypre sera évacuée par l'Angleterre, et la Convention en date du 4 juin 1878 cessera d'être en vigueur.

Comme on le voit, à certains égards, la Convention du 4 juin 1878, renforcée le 1er juillet suivant, a créé une situation qui se rapporte à celle qui fut faite à la Bosnie et à l'Herzégovine par le traité de Berlin et par la Convention austro-turque. Disons simplement en passant qu'elle fut moins favorablement accueillie par l'Europe, et, signée avant le traité de Berlin, elle ne fut publiée qu'après et provoqua une véritable stupéfaction parmi les diplomates qui ne se doutaient pas d'un arrangement qui modifiait profondément la situation créée par un acte international. Mais il n'en fut pas de même à Chypre, et l'opération exécutée par lord Beaconfield y fut plutôt la bienvenue. Ce qui le prouve encore, c'est que pour maintenir l'ordre, l'Angleterre n'a besoin que d'une force de 600 hommes, c'est-à-dire plutôt une force de police qu'une force militaire. Suivant son habitude, elle a su, à la fois, assurer la puissance de son hégémonie, et maintenir entre les populations une division qui lui en facilitât l'exercice. Grâce aux six membres du Conseil, nommés par elle, sa puissance pourrait déjà être assurée, en raison des désaccords qui subsistent entre les neuf membres chrétiens et les trois musulmans, alors même que le gouverneur anglais n'aurait pas le droit, lorsqu'il lui plaît, de tout décider par lui-même.

Comment a-t-il pu advenir qu'à l'insu de la diplomatie européenne, la Turquie, amoindrie déjà par le traité de Berlin, ait fait à l'Angleterre des concessions qui la frappaient encore dans son droit de souveraineté ? C'est que la Turquie d'abord avait compris que le traité de Berlin l'aurait atteinte plus durement si elle n'avait eu la chance de contracter avec l'Angleterre une alliance défensive, de voir la flotte britannique arriver devant Constantinople à l'heure où les régiments russes en étaient à quelques kilomètres à peine. L'Angleterre ne s'en était pas tenue là ; avant et après la signature du traité de Berlin, elle était parvenue à décider l'Allemagne à intervenir en faveur de la Sublime Porte, comme nous l'avons dit, en parlant au sujet de la Bosnie et de l'Herzégovine du véritable complot tramé entre ces deux nations et l'Austro-Hongrie. C'est cette espèce de triple alliance anticipée qui obligea le gouvernement de Pétersbourg à accepter de nombreuses modifications au traité de San Stefano. Il est donc visible que les Turcs, en accordant à l'Angleterre dans l'île de Chypre des concessions inattendues, tenait à paralyser l'influence que voulait conquérir la Russie. Cette influence était même plus grande qu'il ne semblerait ressortir des renseignements que nous venons de donner. Le tzar, en effet, fidèle à la politique qui avait jadis inspiré en 1774 le traité de Koutchouk-Kaïnardji, s'était posé en défenseur des chrétiens indigènes établis non seulement dans la

Turquie d'Europe, mais aussi dans la Turquie d'Asie. Son idéal, dicté par des considérations à la fois d'ordre politique et d'ordre religieux, était de forcer le Sultan à améliorer la condition des Chrétiens d'Arménie. Cette intention ressortait nettement de l'article 16 du traité conclu à San Stefano. Si légitime que fût cette prétention, elle conférait aux Russes des droits que l'Angleterre ne dénia point, mais qu'elle n'accepta pas sans compensations. Telle est, politiquement, l'origine de la Convention du 4 juin qui laissa aux Anglais le droit d'administrer Chypre.

Hélas ! force nous est de reconnaître que l'espèce de protectorat réclamé et obtenu par la Russie en faveur des Chrétiens d'Arménie est loin d'avoir réalisé les progrès qu'on espérait de la philanthropie européenne. La férocité notoire des Kurdes et des Circassiens n'avait jamais laissé le moindre répit à la population arménienne renommée pour son caractère commerçant et paisible. C'était donc contre ces deux peuplades que la Russie avait voulu, par l'article 16 du traité de San Stefano du 19 février-3 mars 1878, garantir les habitants chrétiens. Suivant son usage, la Sublime Porte s'était immédiatement déclarée prête à opérer des modifications nécessitées par les besoins locaux. Tel était aussi l'avis des diplomates qui l'affirmèrent au Congrès de Berlin, sur la motion de lord Beaconsfield lui-même. C'est ainsi que la clause du traité de San Stefano devint l'article 61 du traité de 1878 qui l'a reproduite mot pour mot en ajoutant : « Elle (la Sublime Porte) donnera connaissance périodiquement des mesures prises dans ce but aux personnes qui en surveilleront l'exécution. » Malgré le traité de San Stefano, malgré celui de Berlin, la Turquie n'a cessé de montrer une invincible inertie et n'a pris aucune mesure depuis la Constitution de 1862, octroyée aux Arméniens pour assurer les prérogatives de leur patriarche sous le contrôle d'une assemblée élue par le peuple. Les massacres se sont succédé : à Van (le 4 juillet 1886), à Sassun (août 1894). D'autres, beaucoup plus récents, ont profondément ému l'opinion publique en prouvant à quel point la situation des Chrétiens est encore précaire sous le drapeau rouge orné du croissant blanc. La situation devint assez tendue pour qu'une commission dût être nommée par le sultan et qu'à ses membres on adjoignit les consuls français, anglais et russe à Erzeroum.

L'enquête entraîna, le 15 août 1893, à la Chambre des Communes une déclaration sévère de lord Salisbury sur les agissements de la Turquie.

Mais le souci commun de la situation des Chrétiens d'Arménie n'avait jamais atténué la lutte d'influence entre l'Angleterre et la Russie qui s'était manifestée dès l'époque de la convention. Celle-ci, qui assurait à l'Angleterre la possession de l'île de Chypre, perle de la mer Egée, clef du canal de Suez et du Bosphore, permettait, d'après ses termes mêmes « de mettre l'Angleterre en mesure d'assurer les moyens nécessaires pour l'exécution de son engagement ». Aussi, désormais, l'Angleterre devait — dans le but d'annihiler ou d'affaiblir l'influence que donnait à la Russie la protection des Arméniens — s'unir à la Porte pour la défense des territoires asiatiques du sultan par la force des armes. Cette défense, elle ne pouvait l'assurer auparavant, puisque la dernière station britannique dans la Méditerranée était Malte, île située beaucoup trop loin à l'occident des territoires où les Anglais pouvaient être appelés à secourir éventuellement la Turquie. C'étaient les raisons qui furent données par les Turcs. Pour les nations mieux accoutumées à étudier la politique anglaise, une autre saute aux yeux : la Grande-Bretagne a établi son influence dans le monde, grâce surtout à son expansion maritime. Il est donc logique que possédant déjà, sur la route de l'Extrême-Orient, Gibraltar et Malte, elle se soit empressée de profiter de l'occasion qu'elle avait su faire naître et qui lui permettait de mettre la main sur une île habitée par une population d'humeur essentiellement paisible. Le chiffre infime de la garnison, que nous avons donné plus haut, le prouve surabondamment.

<h2 style="text-align:center">III</h2>

Une des premières modifications, résultant de l'occupation britannique, fut la disparition des capitulations, disparition qui fut favorablement accueillie dans l'île. En effet, les capitulations, qui sont pour les étrangers, en Orient, une source de privilèges exorbitants, finissent toujours par devenir une cause d'abus préjudiciables aux indigènes. Il est donc logique qu'elles soient mal vues de ceux-ci et qu'ils en acceptent toujours avec joie la suppression. Les capitulations avaient d'ailleurs d'autant moins de raison d'être que l'élément chrétien constitue l'immense majorité de la population ; par conséquent les Européens, fixés dans le pays, n'avaient à redouter aucune tracasserie du jour où l'Islan cessait d'y régner en maître. Une phrase de Charles de Martens est caractéristique et montre nettement dans quel but les capitulations avaient été établies (1) : « Abandonner, écrit-il à la législation turque, les Chrétiens que des spéculations commerciales, l'intérêt de la science ou l'attrait des voyages attirent dans les Etats musulmans, c'eût été exposer à la rapacité et à l'arbitraire des pachas, leurs biens, leur liberté, leur vie même. »

Le 17 janvier 1879, une ordonnance du haut commissaire anglais créait dans l'île de Chypre une Haute-Cour de justice, fixait sa juridiction, réglait sa procédure. D'après l'article 10 (2) : « Toute juridiction civile et criminelle *sur toutes personnes*, et, dans tous les cas autres que ceux qui, à défaut de la convention du 4 juin 1878, seraient tombés sous la seule juridiction et autorité des tribunaux ottomans, sera confiée à la Haute-Cour et exercée par celle-ci, conformément aux dispositions de la présente ordonnance ». Donc, le gouvernement anglais trouva un acte unilatéral suffisant pour supprimer les capitulations et soumettre les nationaux étrangers à la compétence de la justice anglaise. Il notifia cette décision aux gouvernements intéressés, en ajoutant que l'administration anglaise établie et fonctionnant dans l'île assurerait aux sujets étrangers toutes les garanties désirables (3). Cette notification ne souleva aucune protestation de la part des puissances intéressées Ces dernières, après tant d'années, seraient donc mal venues à prétendre que la juridiction consulaire subsiste sous le fallacieux prétexte que les capitula-

(1) Charles de Martens, *Le Guide diplomatique*, § 35.
(2) *Revue de droit international et de législation comparée*, t. XIV, p. 205.
(3) *Journal de droit international privé*, 1882. p. 457.

tions ne peuvent pas être abolies *ipso facto* du fait de l'occupation, mais seulement en vertu d'une renonciation expresse des bénéficiaires. D'ailleurs et à juste raison, le gouvernement anglais ne tolérerait pas une telle prétention. Comme la juridiction consulaire ne subsiste plus *en fait* dans l'île, nous ne saurions approuver un jugement rendu, le 20 janvier 1890, par le tribunal de Tunis, et qui considère le régime capitulaire comme existant toujours *en droit*. Une dette avait été contractée dans l'île de Chypre, pays administré et gouverné par l'Angleterre ; le débiteur poursuivi devant le tribunal de Tunis prétendait que la prescription libératoire de six ans de la loi anglaise lui était applicable. Le tribunal n'a pas admis cette fin de non-recevoir « attendu que la présomption dépend de la loi applicable au contrat ; attendu que le débiteur et le créancier sont tous deux de nationalité française ; attendu que dans les deux pays d'Orient, aux termes d'anciennes coutumes, les Européens contractent entre eux, non d'après la loi du lieu, mais d'après les lois de leur pays ; attendu que l'occupation de Chypre, par l'Angleterre, n'a pas modifié cet état de choses » (1).

M. F. de Martens (2), comme du reste la majorité des auteurs, a soutenu une thèse opposée à la nôtre. Pour lui, l'île n'est occupée que conditionnellement par les Anglais qui font l'office de gérant, *negotiorum gestor*. Il en conclut que l'Angleterre devrait admettre la juridiction des consuls étrangers.

Mais où lui-même affaiblit sa thèse, c'est lorsqu'il

____

(1) *Revue pratique de droit international privé*, mars-avril 1892, p. 102.

(2) F. de Martens, *Traité de droit international*, t. I, p. 476.

reconnaît que les puissances intéressées ont consenti à restreindre l'effet de cette juridiction dans l'île, tant que l'Angleterre y régnera. Or, il est impossible de prédire à quelle époque la domination britannique est appelée à prendre fin, ni même si elle doit se terminer un jour. Du reste, sa durée est fixée par les termes mêmes du traité d'après lequel elle n'abandonnera pas l'île tant que la Russie n'aura pas restitué à l'Empire ottoman Kars et Batoum. En admettant même que les Anglais quittent l'île quelque jour, les capitulations n'y ressusciteraient pas pour cela, puisqu'il est de principe, comme nous l'avons dit plusieurs fois, que toute portion de territoire séparée une fois de la Turquie, ne doit plus jamais retomber sous le joug ottoman.

Loin de nous la prétention de vouloir critiquer un jurisconsulte aussi éminent que M. F. de Martens ! Il nous est pourtant impossible de n'être point frappé des conséquences juridiques déplorables qu'entraînait une théorie qui consiste à séparer éternellement le *droit* du *fait*. N'en a-t-on pas un exemple par le jugement du tribunal de Tunis cité plus haut ? Supposons, en effet, que le procès ait eu lieu à Chypre ; il serait certainement venu devant la nouvelle juridiction, installée par l'Angleterre, et aurait été jugé d'après la loi du pays et non d'après la loi nationale des deux parties en cause. On a soulevé une autre objection : avec votre système, dit-on, qu'adviendra-il de contrées occupées en temps de guerre par une armée ennemie ? Elles seront donc, du fait de cette occupation, considérées comme annexées à l'Etat occupant. Il est facile de trouver tout ce qu'a d'excessif un pareil argument ; en effet, en temps de guerre se crée un état de choses appelé à ne pas durer et qui n'est maintenu que *par la force*, puisqu'une défaite de l'occupant a pour conséquence de rendre les pays à leur condition première.

L'occupant, en temps de guerre, n'est ni souverain même intérimaire des territoires occupés, ni mandataire tacite du souverain légitime. Il n'a dans ces territoires que les droits dont l'exercice est nécessaire pour les fins de la guerre et pour assurer la sécurité de l'armée d'occupation. Du reste, la justice continue à être rendue au nom et suivant les lois de l'Etat à qui appartiennent les provinces occupées. Eh bien ! voyez-vous les occupants établissant de nouveaux impôts d'après une loi faite par eux, recrutant dans le pays des contingents, organisant de nouveaux tribunaux d'après leur système national, rendant la justice au nom de leur souverain et d'après leurs lois propres. Entre un pareil état de choses et une véritable annexion, où nos contradicteurs verront-ils une différence ?

Nous n'irons pas aussi loin que M. Kiatibian (1) pour lequel la règle de la suppression *ipso facto* des capitulations doit être appliquée, non seulement lorsqu'un territoire musulman passe sous la souveraineté, mais aussi sous l'administration d'une puissance européenne. Mais encore moins, partagerons-nous l'avis de M. Esperson (2) qui, lui, ne veut pas admettre que les capitulations n'aient plus de raison d'être dans l'île de Chypre, que les circonstances qui leur avaient donné naissance aient été changées, ni enfin qu'on ne puisse

(1) Kiatibian, *Conséquences juridiques de la transformation des Etats sur les traités* (Thèse pour le doctorat, Paris, 1892, p. 182).

(2) Esperson, *L'Angleterre et les capitulations dans l'île de Chypre,* (R. D. I., 1878, p. 587 et s.).

appliquer l'adage bien connu : *cessante ratione legis, cessat ejus dispositia*. On ne peut, en effet, prétendre que la modification n'ait pas été profonde. Au lieu d'un régime financier dont bénéficiait seul, soit le gouverneur turc, soit le gouvernement ottoman, l'Angleterre a introduit des dispositions tendant à faire appliquer à l'île elle-même le revenu des impôts qu'elle fournit et dont l'excédent seul doit être versé à la Sublime Porte. Cet excédent, d'après la Convention du 4 juin 1878 et son annexe du 1er juillet, est calculé d'après la moyenne du revenu des cinq années consécutives qui avaient précédé l'occupation anglaise, à l'exclusion du produit réalisé par la vente ou l'affermage des terres appartenant à la Turquie. C'est ainsi que le chiffre en a été fixé à 11,468,000 piastres turques ou environ 96,000 livres sterling (2,500,000 fr.). En 1895, les revenus étaient de 4 à 5 millions, et les dépenses ont atteint le chiffre de 7 millions 1/2, y compris l'excédent versé à la Porte. Donc l'Angleterre affecte à l'île elle-même la totalité des sommes qu'elle en retire ; elle va plus loin encore, et les dépenses consacrées à Chypre sont encore augmentées par une participation du budget métropolitain. Aussi, au Parlement de Londres, cette participation n'a-t-elle pas toujours été accueillie avec satisfaction, comme on peut le constater en lisant les discussions auxquelles elle a donné lieu en 1895. On a alors, du reste, exprimé l'espoir que le jour viendra où les revenus de l'île pourront lui suffire ; nous croyons cet espoir fondé, bien que la réalisation semble devoir en être encore lointaine, car les Turcs avaient laissé le pays dans le plus déplorable état d'abandon et, l'Angleterre a été obligée d'y établir les moyens de commu nications indispensables au développement d'une société moderne. Les protestations contre la consécration de sommes versées par les contribuables anglais au profit de l'île de Chypre auraient été particulièrement justifiées si la métropole était vraiment dans la nécessité de quitter ce pays d'un jour à l'autre en admettant que la Russie elle-même se décidât à rendre ses possessions arméniennes. Mais les représentants du gouvernement firent alors entendre que l'occupation n'avait pas le caractère précaire que lui prêtaient des critiques économes et mal fondées.

De plus, ajoutaient-ils, l'Angleterre n'évacuerait jamais avant d'avoir été remboursée par les Turcs de toutes les sommes dépensées par elle pour l'amélioration de Chypre. Eventualité absolument invraisemblable pour qui connaît l'état désolant des finances ottomanes.

Certains auteurs, en parlant de la somme versée annuellement à Constantinople, la considèrent comme une reconnaissance des droits de souveraineté du sultan sur Chypre. Mais ces droits de souveraineté, nous ne les avons jamais contestés, tout en constatant qu'ils sont purement platoniques et de nul effet. C'est un *nudum jus* que la fiction diplomatique maintient au sultan, et, les sommes qu'il reçoit de l'Angleterre le mettent davantage encore à la merci de cette dernière, puisque celles-ci l'empêchent d'intervenir en quoi que ce soit dans l'administration de son ancien domaine. Nous allons voir que l'Angleterre poursuit par tous les moyens son œuvre d'assimilation et qu'elle est arrivée à exercer complètement la souveraineté tant interne qu'externe.

On peut constater que l'état de l'île de Chypre ne

présente rien d'anormal si l'on accepte notre thèse,
c'est-à-dire que l'on considère l'Angleterre comme
véritable maîtresse du pays et qu'on lui reconnaisse le
droit de supprimer les capitulations. Au contraire, nos
adversaires, eux-mêmes, M. W.-J. Saripolos (1), par
exemple, confessent l'anomalie qui découle de leur
propre système. Ainsi, avec M. Esperson, l'auteur grec
estime que les capitulations conservent leurs effets dans
l'île. Et cependant, il doit faire remarquer que l'étude
de l'auteur italien est antérieure à une ordonnance de
sir Gardnet-Wolseley, qui, précisément porte aux
capitulations un coup décisif. D'après l'article 34 de cette
ordonnance, tout *warrant* ou mandant d'arrêt lancé
par une autorité compétente dans toutes les possessions
britanniques reçoit, s'il est apostillé par le haut commissaire, son exécution sur tout le territoire de Chypre
si la personne poursuivie, anglaise ou étrangère, est
présumée se trouver dans l'île. Et pourtant, il n'existe
pas de traité d'extradition entre la Turquie et l'Angleterre. Du moment que celle-ci, malgré les capitulations,
peut faire extrader de Chypre un étranger, il est évident qu'elle agit dans l'île asiatique aussi librement que
dans toute autre de ses possessions.

IV

Le traité du 4 juin, signé par MM. Layard et Savet-
pacha à Constantinople, le lendemain du jour (3 juin)
où M. de Bismarck invitait les puissances au Congrès,
en spécifiant la libre discussion du contenu intégral du

(1) N. J. Saripolos, *La législation anglaise dans l'île de Chypre*,
t. XII (1880), p. 390.

traité de San Stefano avait modifié l'attitude de l'Angleterre. Jusque là, elle avait frappé d'une hostilité absolue ce traité ; munie désormais de garanties, sentant ses intérêts particuliers sauvegardés par des arrangements latéraux à sa convenance, elle devenait moins intraitable et offrait de transiger sur les clauses principales. Le 7 juillet, dans sa dépêche explicative de la Convention anglo-turque, le marquis de Salisbury disait à M. Waddington (1) : « Votre Excellence n'ignore pas que le gouvernement de la Reine a reçu de différents côtés et à différentes reprises, le conseil pressant d'occuper l'Égypte ou tout au moins de s'emparer des bords du canal de Suez...... Il a été également engagé à occuper quelques ports de la Syrie, Alexandrette par exemple. » Selon toute vraisemblance, le diplomate anglais sentant que l'occupation de Chypre risquait d'être accueillie en France avec défaveur, tenait à ménager les susceptibilités de notre pays en montrant que le sien avait été incité à prendre d'autres mesures qui pouvaient nous être plus désagréables encore. Les nations ne pouvaient manquer de comprendre, et l'Angleterre s'en rendait bien compte, que la Convention signée avec la Turquie entraînerait logiquement plus qu'une occupation, une véritable prise de possession, en un mot une annexion sous quelque titre qu'on la déguisât.

Et pour commencer, le haut commissaire anglais envoyé à Chypre fut muni de pleins pouvoirs ; nous allons voir que de *lui-même*, il a réformé toute la législation insulaire. Sans doute, il est assisté d'un conseil

_____

(1) V. Reinach, *La Question d'Orient dans l'histoire* (*Revue bleue*, t. XXIV, 1878, p. 289).

composé de dix-huit membres, dont six sont nommés par le gouvernement et douze, neuf chrétiens et trois musulmans, élus par les suffrages restreints de leurs coreligionnaires. La présence du Conseil ne diminue en rien l'autorité prépondérante du haut commissaire et il tient si peu compte de la prétendue souveraineté ottomane que l'anglais et le grec sont désormais les seules langues officielles du pays ; le turc n'en fait pas partie.

Les délégués sont nommés par les habitants mâles, âgés de 21 ans, inscrits au rôle du verghis ou taxe sur le revenu. Des conseils municipaux sont constitués dans les villes et élus par les contribuables, parmi ceux d'entre eux payant par an de 10 à 20 livres sterling. Les impôts sont les mêmes que dans l'empire ottoman : 1° Impôt du revenu ou verghis sur les biens fonds et les profits du commerce ; 2° dîme sur les produits agricoles et les animaux ; 3° monopole du sel ; 4° taxe du timbre ; 5° droits de douane ; 6° amendes.

La Convention a laissé à la Sublime Porte les terres vagues et les forêts qui, par suite de la mauvaise administration ottomane en sont venues à occuper les 3/4 d'une île si prospère sous le gouvernement des Lusignans. Mais le gouvernement anglais prévoyant pour son compte, comme nous l'avons dit plus haut, une occupation d'une durée indéfinie, s'est réservé le droit d'achat sur les terrains à sa convenance. Il gère même les biens *vakouf*, appartenant aux mosquées ou aux écoles musulmanes, avec le concours d'un résident mahométan nommé par le bureau des *vakouf* de Constantinople. Les affaires musulmanes sont soumises à un tribunal spécial composé de coreligionnaires. Mais, comme la composition du conseil l'indique, le nombre des Orthodoxes est trois fois plus considérable que celui des Mahométans. Leur situation présente donc encore plus d'intérêt ; leur archevêque est indépendant du patriarche de Constantinople. Pas plus que l'Autriche en Bosnie et Herzégovine, l'Angleterre à Chypre ne tient à voir le chef de la religion dominante, sous les ordres directs d'un Phanariote qui n'aurait pas, à l'égard du gouvernement turc, l'indépendance désirable.

L'Archevêque de Chypre est un riche personnage ; par contre, les prêtres des villages sont, la plupart du temps, de pauvres paysans réduits à ravauder eux-mêmes leurs vêtements et à conduire leurs chèvres à la pâture.

Rendons cette justice aux Anglais que leur arrivée dans l'île antique, célèbre par le culte de Vénus, eut pour première conséquence l'élévation immédiate du taux des salaires. Du jour au lendemain, ceux-ci montaient de trois à cinq shillings, la valeur des terres doubla rapidement de prix (1).

L'occupation anglaise excita, en Grèce, la même mauvaise humeur que l'occupation de la Bosnie et de l'Herzégovine avait provoquée en Serbie.

La Grèce, redevenue libre, n'a cessé de jeter les yeux sur les contrées qui, ses sœurs par la race et par l'idiome, ne font pas encore partie du royaume reconstitué grâce à l'intervention de la France, de l'Angleterre et de la Russie. Les irrédentistes helléniques auraient même préféré que Chypre demeurât sous la domination immédiate de Constantinople, car ils

(1) *L'Ile de Chypre en 1879*, Leo Quesnel, *Revue bleue*, 1880.

Ibid., Cyprus as I sow et in 1879, by sir Baker, Londres 1879.

n'ignorent pas que l'on se débarrasse plus facilement
du croissant islamique que du léopard britannique.
D'ardents patriotes n'ont pas ménagé, dans l'île, leurs
efforts en faveur de la grande idée hellénique. Une
société secrète, la *Fraternité cypriote*, ne nourrit qu'un
rêve : l'annexion au royaume de Grèce. On rappelle
volontiers que Corfou et les îles Ioniennes occupées
pendant plus d'un demi-siècle par l'Angleterre, depuis la
capitulation du général Dozon, furent rendues à la Grèce
bénévolement et sans aucune pression de l'Europe.
Cette propagande, quoique s'adressant à un peuple
assez difficile à émouvoir, n'est pas restée sans effet.
On peut en juger par les déclarations d'un auteur que
nous avons déjà eu l'occasion de citer au cours de cette
étude. M. Saripolos, pour avoir jugé avec une grande
rigueur la domination anglaise et en particulier l'auto-
ritarisme du général Wolseley, s'était attiré les critiques
d'un éminent jurisconsulte anglais, M. Reilly.

Voici en quels termes l'auteur grec a riposté :

« Quand même nous aurions apprécié un peu sévèrement la domination anglaise dans notre pays natal,
M. Reilly aurait pu se montrer tant soit peu charitable
en se mettant à notre place. Cypriote, et par conséquent Grec, nous ne pouvons que souhaiter que Cypre
soit réunie à la mère patrie et, par conséquent, nous
ne pouvons que sentir tout le poids d'une domination
étrangère quelconque, sans en excepter celle de l'Angleterre, fût-elle plus douce qu'elle ne l'est en effet (1). »

La critique de M. Saripolos était vive, avons-nous

(1) N. J. Saripolos, *Réponse à M. Reilly*, R. D. I., t. XIV (1882), p.
332.

Ibid., F. S. Reilly, *La Haute Cour de justice dans l'île de Chypre*,
R. D. I., t. XIV, p. 205.

écrit, il la basait sur le vieux principe romain, *cedant arma togæ*, d'après lequel c'est aux hommes de loi, et non aux hommes de guerre, à gouverner les Etats. Aussi manifeste-t-il tout son regret de trouver, en tête de l'ordonnance promulguée par sir Gardnet Wolseley, que cet acte législatif a été rédigé par lui, après avoir pris l'avis du Conseil législatif de l'île. Cet avis, du reste, en cette circonstance, n'a eu aucune influence sur le haut-commissaire.

Cette ordonnance, datée du 21 décembre 1878, bien que n'ayant été promulguée qu'un an après, vers la fin de 1879, est due à la plume de M. Reilly, jurisconsulte anglais, rédacteur de plusieurs ordonnances relatives à l'administration coloniale. Elle reproduit, dans son esprit, la procédure et la législation anglaise ; c'est ainsi, comme on l'a vu, que la législation nouvelle introduite en Bosnie et en Herzégovine s'inspirait des règles adoptées par la jurisprudence austro-hongroise. Avec l'habileté et la compétence de M. Reilly, il est bon de remarquer tel détail qui, à première vue, semblerait être l'effet du hasard. Evidemment, c'est bien à dessein que le nom du sultan a été omis en tête de l'ordonnance, car M. Reilly est un partisan décidé du système dans lequel on considère Chypre comme virtuellement annexée à l'Angleterre. Ce qui est également caractéristique, c'est que, d'après les indications de M. Reilly, le nom de sir Gardnet Wolseley a été placé, non en signature, mais en tête de l'ordonnance, comme s'il se fut agi d'un véritable souverain. Cette façon d'agir était destinée à frapper les esprits et à leur démontrer que l'Angleterre se regardait désormais comme jouissant de tous les droits de souveraineté.

D'après l'article 10 de l'ordonnance, la juridiction
civile et criminelle de la Haute-Cour porte uniquement
sur les cas qui, avant la cession, étaient exempts de la
juridiction ottomane, c'est-à-dire sur les personnes,
sujets anglais compris, qui jouissaient du bénéfice des
capitulations. M. Saripolos, trompé par le texte grec,
avait attribué à la Haute-Cour, une compétence générale ; pour lui, elle comprenait toutes les matières
civiles et pénales, et s'étendait à toutes les personnes
qui, avant la promulgation de l'ordonnance, étaient
justiciables des tribunaux ottomans.

Cette erreur, chose singulière, s'explique d'autant
plus aisément que M. Saripolos est un écrivain hellé-
niste fort distingué, accoutumé à toutes les finesses
d'un idiome qui tend à se régénérer et à se purifier de
jour en jour; il n'a pu saisir les incohérences d'un texte
rédigé en anglais et qui avait été traduit en grec par
des Levantins dépourvus de connaissances juridiques.
Ces derniers, du reste, n'avaient suivi que d'assez loin
le texte primitif. Néanmoins, la juridiction du tribunal
suprème est beaucoup moins restreinte qu'il ne ressort
des textes. En effet, si les cadis restent encore en fonctions, les membres du tribunal suprème empiètent sur
des terrains divers réservés à la juridiction ottomane
et même sur des affaires qui auparavant ressortissaient
exclusivement des cours ecclésiastiques. C'est ainsi que
peu de temps après la promulgation de l'ordonnance,
le juge anglais de Famagouste fit raser la barbe à
deux prêtres grecs pour les punir d'une contraven-
tion forestière. Ces divers empiètements ont suscité des
scandales dont le Parlement anglais à dû s'occuper. Du
reste, d'après l'article 108 de l'ordonnance, le haut

commissaire peut, en matière pénale, évoquer toute cause pendante ou instruite par un tribunal ottoman pour la déférer au tribunal suprême.

Une autre disposition plus étonnante milite encore en faveur de la thèse que nous avons soutenue ; c'est celle que contient l'art. 14, d'après lequel la juridiction civile ou criminelle du tribunal suprême s'exerce, autant que les circonstances le permettent, conformément aux principes actuellement en vigueur en Angleterre. En ce qui concerne les délits, seront réputés tels tous les actes auxquels la loi anglaise attribue cette qualification et par contre, tout ce qui en Angleterre n'est pas qualifié délit sera considéré comme non punissable à Chypre. Ces dispositions étendent arbitrairement la procédure et la législation pénale anglaise à un pays où elles sont totalement inconnues et sans même que l'on ait respecté la formalité traditionnelle de la promulgation ! En vérité, l'Angleterre agit absolument comme en pays conquis et annexé. Qu'on aille donc lui parler des prétendus droits réservés au sultan, la réponse est facile à prévoir si tant est même qu'elle daigne en donner une.

V

L'ordonnance du 21 décembre 1878, qui comprend 252 articles, débute par des préliminaires qui contiennent trois articles donnant aux habitants des définitions et des explications sur les termes employés dans l'ensemble du document (1). Disons en passant que ce lexique

(1) V. Saripolos, *op. cit.*, p. 302 et suiv.

d'un nouveau genre a soulevé quelque ironie parmi les
critiques helléniques. Ils ont fait remarquer, non sans
raison, que c'est une singulière idée que de vouloir expliquer le sens de mots grecs à des gens qui ne parlent
que cette langue, alors qu'au contraire, elle est incon-
nue des auteurs même de l'ordonnance. Aussi bien, ces
préliminaires ne donnent-ils la définition que de treize
mots, alors que tant d'autres termes juridiques et plus
difficiles que ceux-là, auraient au moins besoin d'explications.

La Haute Cour ou tribunal suprême se compose du
haut commissaire, d'un juge ou officier judiciaire
(chief justice), de substituts du haut commissaire et
d'assesseurs.

Le juge sera nommé *par intervalles* par le haut commissaire au nom de la reine et sera soumis à l'approbation du secrétaire d'Etat. Le haut commissaire peut, en
cas d'empêchement du juge, lui substituer provisoirement, avec la même étendue de pouvoirs, une autre
personne réunissant les mêmes qualités. Le nombre des
substituts ou lieutenants du haut commissaire est illimité. D'après l'ordonnance, il y en a autant que le
secrétaire d'Etat le juge nécessaire ; mais, si celui-ci en
fixe le nombre, c'est le haut commissaire qui les choisit
et leur donne l'investiture.

Les assesseurs, au nombre de un ou deux, pour chaque cause traitée devant le tribunal suprême n'ont ni
voix consultative, ni voix délibérative. Leur droit se
borne à faire mentionner dans le procès-verbal leur
avis contraire et à s'en faire délivrer gratis une copie
dûment légalisée. Evidemment ce système entraîne une
véritable confusion des pouvoirs, le haut commissaire

tenant à la fois dans ses mains le pouvoir législatif et le pouvoir judiciaire.

Ce qui constitue une analogie avec l'Angleterre, c'est que chaque juge peut être censé considéré comme le tribunal lui-même ; les douze juges de l'Angleterre parcourent séparément le pays, jugent seuls le point de droit, tandis que la loi laisse aux jurés qui les assistent l'appréciation souveraine du point de fait.

A Chypre, en établissant le système anglais, on a supprimé le jury, mettant ainsi les habitants de l'île davantage encore sous la domination de la métropole.

La législation pénale de l'île comprend vingt-et-un articles. L'art. 15 accorde pleins pouvoirs au juge ou officier judiciaire en lui donnant la faculté d'appliquer toute peine — même la peine capitale — que les cours d'assises d'Angleterre peuvent prononcer. C'est encore là une application du système qui tend à introduire à Chypre les lois et les coutumes d'Angleterre.

Le haut commissaire est investi du droit d'abaisser la peine et même de la modifier ; c'est en réalité le droit de grâce, droit considéré comme régalien. L'art. 33 réserve au secrétaire d'Etat le droit de demander d'être renseigné, en tout état de cause, avec obligation expresse pour le haut commissaire de transmettre dans ce cas tout le dossier avec les observations personnelles qu'il croira opportunes.

Le jugement des crimes de haute trahison et d'assassinat est réservé comme attribution exclusive à l'officier judiciaire assisté de deux assesseurs. Comme en Angleterre, la transaction est autorisée sur tout délit non qualifié crime ; il est même enjoint au juge d'engager les parties à un accommodement et de prêter ses bons offices à cet effet.

L'ordonnance n'a pas institué à Chypre de parquet, pas plus qu'il n'en existe en Angleterre ; l'accusation est soutenue par le plaignant et en son absence par la personne que le tribunal aura désignée *ad hoc* pour poursuivre. Si le haut commissaire juge à propos qu'une cause instruite par le tribunal suprême soit renvoyée devant le tribunal ottoman, il peut ordonner ce renvoi après avis préalable de l'officier judiciaire.

Une des mesures les plus généreuses dont les Cypriotes soient redevables à la nouvelle métropole, c'est l'introduction de l'*habeas corpus* dans leur île. D'après.l'art. 17, un mandat d'arrêt une fois lancé, l'instruction doit se faire dans les quarante-huit heures ; en règle générale, l'emprisonnement préventif ne peut excéder sept jours, des cas exceptionnels seulement qui doivent être consignés au procès-verbal, permettront au tribunal de prolonger cette détention jusqu'à quatorze jours, mais en aucun cas au delà de ce terme (art. 21).

L'article 22 établit que la liberté provisoire sous caution est autorisée en tout état de cause, mais dans les affaires de haute trahison ou d'assassinat, l'élargissement provisoire ne peut être accordé que par le haut commissaire ou l'officier judiciaire.

La publicité n'est pas de rigueur pour l'instruction préliminaire (art. 166) ; toutefois l'accusé y assiste toujours avec un avocat au conseil ami. Il a pleine faculté d'adresser au témoin déposant toute question pertinente à l'accusation. L'accusé, comme en Angleterre, ne subit ni serment, ni torture physique ou morale. En vertu de l'art. 159, toute promesse fallacieuse, toute question captieuse, et toute menace sont rigousement interdites au juge instructeur. Si telle question que l'accusé adresse au témoin, si telle réponse qu'il fait au juge était de nature à aggraver sa situation, cette question ou cette réponse serait considérée comme non avenue.

L'audience est toujours publique ; d'après le procédé anglais, le tribunal demande à l'accusé si c'est comme coupable ou non coupable qu'il entend être jugé. La procédure diffère selon la réponse : dans le premier cas, le tribunal peut déclarer l'accusé coupable sans autre forme de procès, dans le second on procède à l'audition de l'accusateur et des témoins.

Ces détails montrent avec quels soins le législateur anglais s'est efforcé d'assurer la libre défense de l'accusé ; c'est un exemple qui mérite de nombreux imitateurs parmi les peuples et notre nation elle-même n'aurait qu'à gagner à s'inspirer de l'esprit généreux qui a guidé nos voisins d'Outre-Manche. Ce n'est pas seulement dans la métropole que nous nous sommes laissé devancer, mais surtout dans les colonies sur lesquèlles trop d'actes répréhensibles et attentatoires à la liberté ont attiré, encore ces temps derniers, une fâcheuse attention.

Les plus acharnés adversaires de la domination anglaise à Chypre n'ont cependant pas voulu être les derniers à rendre à la métropole un hommage mérité pour l'introduction de ces mesures de liberté qui, sans doute, subsisteront à jamais, alors même que l'île devrait supporter de nouvelles vissisitudes.

L'appel en matière pénale ne demandera pas de longues considérations. D'après l'art. 35 de l'ordonnance, il ne s'applique qu'aux sentences prononcées par les substituts ou lieutenants du haut commissaire dans la mesure suivante : « Dans tous les cas où le substitut du haut commissaire jugeant sans l'assistance d'assesseurs, a condamné à plus d'un mois de prison ou à plus de 10 livres sterling d'amende. » Le coupable est, du reste, seul reçu à appeler. L'appel est suspensif et le condamné peut être élargi sous caution.

L'art. 37 est particulièrement caractéristique, car l'affirmation de l'assimilation actuelle et progressive, n'est posée nulle part d'une façon plus explicite. Il porte, en effet, que *non seulement la législation actuellement en vigueur dans la Grande-Bretagne, mais encore tout acte nouveau au fur et à mesure qu'il sera voté par le Parlement, auront force de loi dans l'île de Chypre.* La hiérarchie judiciaire que nous avons vue pour les matières pénales fonctionne pour les jugements en matière civile et de commerce. Les assesseurs n'assistent au jugement que si l'acte introductif de l'instance porte sur 200 livres au minimum.

La contrainte par corps est admise pour le paiement de toute somme d'argent si le débiteur est insolvable ; on pourrait en être surpris après avoir vu combien la législation anglaise est, en matière pénale, hautement protectrice de la liberté individuelle ; mais elle procède tout autrement, même en Angleterre, lorsqu'il s'agit d'obtenir le paiement d'une somme pécuniaire.

L'officier judiciaire est *investi pour l'île des mêmes pouvoirs que le lord chancelier en Angleterre.* Il est le protecteur légal de toute personne n'ayant pas la libre administration de sa fortune (art. 70) L'art. 71 l'investit de la compétence de la Haute Cour d'Angleterre pour

toute question matrimoniale, à l'exception de celle
relative aux nullités de mariage et de divorce et l'art. 72
y ajoute celles qui se rapportent à la validité des testa-
ments.

Le tribunal peut accorder l'assistance judiciaire,
disons le mot, une fois l'indigence du requérant cons-
tatée et la présomption que le droit milite en sa faveur,
admise.

L'appel est recevable en matière civile et de commerce
lorsque le taux du différend dépasse 50 livres et d'après
l'art. 80, il est porté devant l'officier judiciaire. Le
délai d'appel est de deux mois, mais l'officier judiciaire peut accorder licence pour interjeter appel pour
toute cause et aux conditions qu'il jugera à propos,
même après ce délai. (art. 80, 81, 82).

Les degrés de juridiction ne constituent pas, dans la
législation anglaise, un principe rigoureux, aussi
l'ordonnance porte-t-elle que, du tribunal de l'officier
judiciaire, on peut en appeler à la Reine en son Conseil,
si le différend dépasse 500 livres. La reine, sans être
astreinte à aucun délai, peut accorder à celui qui a
perdu son procès, sur sa demande, la permission de
porter son appel devant Sa Majesté en son Conseil.

En somme, l'ensemble de la législation, en ce qui
concerne les Anglais eux-mêmes et les étrangers, n'est
autre chose que la loi anglaise elle-même, ou, tout au
moins, un ensemble de lois spéciales qui s'en rapproche
profondément. Et, comme on l'a vu, la législation
britannique y est introduite, du fait même de sa promulgation en Angleterre. Quant aux tribunaux turcs
qui ont été conservés, leur pouvoir est singulièrement
restreint par le droit d'évocation que l'ordonnance de

sir Gardnet Wolseley a réservé à la juridiction nouvelle. De plus, même dans ces tribunaux, ce n'est pas au nom du sultan qu'est rendue la justice. D'autre part, l'Angleterre n'a pas concédé une autonomie absolue aux insulaires, puisqu'elle ne les a pas dotés d'une législation formant un tout complet. La faculté de porter en appel certaines questions devant le Conseil de la Reine (1), constitue un lien de plus entre les deux pays, comme, du reste, le droit acquis à la Couronne de faire exécuter des mandats d'arrêt, aussi bien dans cette île que dans la première venue des possessions britanniques.

Si nous ne nous sommes pas longtemps étendu sur la condition juridique des Cypriotes à l'étranger, c'est que ce sujet nous a beaucoup retenu lorsque nous parlions de la situation faite, par le traité de Berlin, aux Bosniaques et aux Herzégoviniens (2). Nos conclusions seraient les mêmes lorsqu'il s'agit de l'île de Chypre, et cette solution est évidemment de beaucoup la meilleure pour les Cypriotes ; d'une part, la loi anglaise est la plus libérale dont ils puissent actuellement bénéficier, et, d'un autre côté, on sait avec quelle énergie la Grande-Bretagne soutient, à l'étranger, les intérêts de ses nationaux et de ses protégés.

Que, malgré ces avantages, les Grecs aient témoigné un certain mécontentement de voir l'Angleterre s'installer en maîtresse à Chypre, nous ne saurions nous en étonner. Ils ont éprouvé le même mécompte que les Serbes quand l'Autriche s'est installée à Serajewo. Dans l'un et l'autre cas, les espérances séculaires ont été

(1) Nous employons ici les termes propres de l'ordonnance.
(2) Voir plus haut : La condition juridique des Bosniaques et des Herzégoviniens en pays étranger.

brusquement déçues ; car, à Athènes ou à Belgrade, on n'ignore pas que la domination anglaise ou celle de l'Autriche-Hongrie sera autrement difficile à évincer que celle de la Sublime Porte.

Nous ne saurions mieux faire pour caractériser la situation faite à l'île de Chypre que de citer cette phrase d'un rédacteur du *Nouveau Cithium*, journal qui se publie à Chypre, — les Anglais ayant donné à l'île la liberté de la presse aussitôt leur prise de possession : — « L'île vient d'être mise au régime d'une législation *sui generis* : c'est un Anglais en babouches, en caftan et en turban. »

LA QUESTION CRÉTOISE

I. La Crète antique. Attachement des Crétois à la Grèce. La lutte contre la domination turque. — II. Intervention de la Grèce. Le principe des nationalités et le traité de Berlin. — Négociations des puissances. Blocus de l'île. La guerre gréco-turque. — IV. Organisation provisoire. La commission internationale de police. — V. Les difficultés pour le choix d'un gouverneur. — VI. Le règlement provisoire du 23 août 1898. Organisation administrative et judiciaire. — VII. Nomination du prince Georges comme gouverneur. Ses pouvoirs. — VIII. La constitution du 16 avril 1899. Cession préparée de la Crète à la Grèce.

I

Avant de commencer l'étude de la question crétoise, nous devons faire remarquer qu'ici, il ne s'agit pas précisément d'une véritable cession déguisée de souveraineté. L'état dans lequel se trouve encore aujourd'hui la Crète ne permet pas de soutenir, juridiquement, que la Grèce ait un droit quelconque — fût-ce d'administration — sur l'île. Assurément, le nouveau régime a préparé une cession future de souveraineté ; toutefois, la Crète, à l'heure actuelle, est encore, incontestablement, une province de l'empire ottoman, mais une province jouissant d'une autonomie large, comme la Roumélie orientale après 1878, comme Samos aujourd'hui encore. Pour expliquer cette auto nomie d'un caractère si spécial qui n'est, comme nous le disions, qu'une *cession préparée* de l'île à la Grèce ; pour bien montrer les aspirations de ses habitants, il est nécessaire de retracer l'historique de cette île qui fut un des premiers berceaux de l'hellénisme. Nous en comprendrons d'autant mieux les sentiments d'un peuple qui, à toute époque, depuis la disparition de l'empire byzantin, garda constamment les yeux tournés vers Athènes, et ne cessa de combattre, les armes à la main, l'invasion de l'élément étranger dans lequel il ne put jamais se fondre.

Dès les temps les plus lointains, l'île de Crète, grâce à sa situation au centre de la Méditerranée, avait attiré toutes les migrations et était devenue un but recherché des colonisateurs qui, pour la plupart, appartenaient à la race hellène. Aussi n'est-il pas étonnant que Zeus soit représenté comme y ayant été élevé sur le mont Ida.

Du reste, le premier Etat grec, dont l'histoire fasse mention, est celui de Minos, dont les lois sont restées légendaires. A la suite de l'invasion dorienne, c'est en Crète sans doute, que fut établie d'abord l'organisation sociale que les Doriens instituèrent ensuite dans le Péloponèse. En effet, à en croire Aristote, les institutions de Sparte provenaient de la Crète.

Quoi qu'il en soit de cette assertion, celles-ci comportaient le communisme dans la société dorienne et la juxtaposition de cet organisme parasite exclusivement voué à la vie militaire et à la défense de l'Etat, à toutes les autres classes sociales seules productrices. Il est à remarquer que la classe militaire ne paraît jamais avoir revendiqué la direction politique. L'histoire de la Crète à cette époque est, d'ailleurs, très imparfaitement connue.

A la longue, l'île devint un repaire de brigands; elle

fut conquise en 67 avant Jésus-Christ par les Romains que commandait Metellus.

C'est sous Titus que les Crétois s'étaient convertis au christianisme. Jusqu'en 395, époque du partage de l'empire romain, l'île de Crète appartint à l'empire d'Orient. Dés 673, les Arabes venaient ravager les côtes de l'île où ils s'établirent définitivement en 824 ; en vain les Grecs cherchèrent-ils à repousser les envahisseurs. Il fallut céder le terrain et pendant plus d'un siècle, la Crète, resta un nid de pirates qui écumèrent la Méditerranée. Elle fut rendue à l'empire d'Orient en 961. Lors de la proclamation de l'empire latin (1204), l'île de Candie échut en partage à Boniface, marquis de Montferrat ; celui-ci, moyennant une somme de mille marks et quelques parcelles de territoires, céda ses droits à la République de Venise qui éprouva de grandes difficultés à établir son autorité. Les Crétois ayant obtenu le concours de Gènes luttèrent contre leurs nouveaux maîtres qui, sauf peut-être de 1293 à 1332, ne jouirent jamais paisiblement de l'île qu'ils avaient achetée.

En 1645, le sultan Ibrahim, sous prétexte que les Vénitiens avaient donné asile à la flotte des Chevaliers de Malte, résolut de s'emparer de la Crète, débarqua une armée de cent mille hommes à la Canée dont il s'empara et alla investir Candie, qui ne tomba dans ses mains que vingt-quatre ans après, le 27 septembre 1664. Venise dut alors céder toute l'île aux Turcs, à l'exception de quelques ports qui leur revinrent plus tard.

Les Crétois qui avaient subi, malgré eux, le joug des Vénitiens, ne s'accommodèrent pas davantage de celui des Turcs. Presque toujours en armes, ils tentèrent sans cesse de reconquérir leur indépendance et ils étaient sur le point de réussir, lorsqu'en 1821, une armée égyptienne débarqua chez eux et les fit rentrer sous la domination ottomane. De 1824 à 1840, le sultan abandonna la Crète aux Egyptiens, mais à cette dernière date, elle fit définitivement retour à la Porte.

De toutes les dominations que les Crétois avaient subies au cours de leur histoire, on peut dire que celle des Turcs leur a toujours semblé la plus intolérable et rarement ils laissèrent passer un long temps sans tenter de secouer le joug. De là, par exemple, le mouvement insurrectionnel de 1866 qui provoqua, en Europe, une émotion considérable et eut pour conséquence un règlement particulier promulgué pour l'île en 1868. Comment cet engagement fut tenu, qui connaît les Turcs le devinera aisément ; aussi les puissances réunies, en 1878, à Berlin, revinrent sur cette question. Elles obligèrent, par l'article 23 du traité, la Turquie à s'engager à une observation scrupuleuse de ses promesses et même à y apporter les modifications qui seraient jugées nécessaires.

La Turquie promit ; elle tint si bien, qu'en juillet 1889, le mouvement insurrectionnel recommençait.

Cet attachement inaltérable des Crétois à la Grèce est d'autant moins surprenant qu'aujourd'hui encore, d'après le recensement de 1881, le seul officiel, l'élément grec catholique orthodoxe fournit l'immense majorité de la population ; il comprend 205,000 habitants sur un total de 279,000 ; quant aux Musulmans, ils sont seulement au nombre de 73,000.

L'état précaire de la Crète n'avait cessé d'attirer l'attention des puissances qui avaient espéré par le traité de Berlin, prévenir pour un temps assez long tout conflit sérieux en Orient. A maintes reprises, les ambassadeurs avaient dû intervenir auprès du Sultan et des navires de guerre avaient été envoyés dans les eaux crétoises (1). Les choses allèrent assez loin en 1896, pour que l'Europe résolût d'établir autour de l'île, un blocus pacifique, projet qui fut, du reste, abandonné avant d'être mis à exécution. C'est de cette année que date la Charte qui fut accordée à l'île sous la garantie des puissances ; mais elle ne pouvait être qu'un palliatif et personne ne pensait qu'elle dût durer des siècles. Ce ne fut en effet, qu'un arrêt momentané dans la voie du développement national et même cet arrêt fut très court.

La Porte montra dans l'application de la Charte une mauvaise volonté qui augmenta l'embarras que les puissances éprouvaient déjà à mener à bien l'acte concédé par le Sultan, le 26 août 1896. La situation financière restait déplorable, M. Cambon constatait, en janvier 1897,, dans un rapport adressé au ministre des affaires étrangères, l'absence de gendarmerie, la continuité des troubles, les tergiversations systématiques de la Porte. Dans l'île, les relations entre les Chrétiens et les Musulmans ne pouvaient que s'aigrir, les uns les autres étant travaillés par des excitations venues de l'extérieur.

D'un côté, les Comités d'Athènes annonçaient à leurs correspondants crétois la probabilité d'un soulèvement en Macédoine, et d'autre part, les beys recevaient de Constantinople des encouragements clandestins à résister à l'application des réformes. Ainsi, tandis que l'Islam

(1) V. O. Streit, *La question crétoise au point de vue du droit international. Revue générale de droit international public*, t. IV (1897), p. 61 et suiv. et p. 446 et suiv.

rêvait de reconquérir ses positions, la société secrète *l'Ethniki Ethairia* redoublait d'ardeur et multipliait le nombre de ses adhérents (1).

Ce furent les musulmans qui commencèrent les troubles par leur soulèvement du 29 janvier 1897, à Candie. Ces désordres gagnèrent rapidement toute l'île et surtout les villes où l'élément musulman était particulièrement représenté.

Les puissances sont, jusqu'à un certain point, responsables de ce qui s'est produit. Elles avaient été informées du péril par leurs consuls (2) dans l'île; l'humanité seule leur donnait plus que le droit, le devoir d'intervenir d'autant plus qu'elles avaient assumé expressément l'obligation de protéger les Chrétiens, lorsque ceux-ci, se fiant à la garantie de l'Europe, avaient accepté l'arrangement de 1896.

II

C'est alors que le gouvernement grec, poussé par l'opinion publique, se décida à intervenir isolément. Le 13 février, le corps d'occupation, commandé par le colonel Vassos, débarqua en Crète.

(1) Voir S. G. (R. D. I., 1897, t. XXX, p. 25-39).
Ibid., M. Politis, R. G. D. I., 1897, p. 509.
(2) Voir les publications officielles des différentes puissances, ce sont :
a) Trois livres bleus anglais, *Turkey*, n°ˢ 9, 10, 11 (1897).
b) Deux livres jaunes français, *Documents diplomatiques, affaires d'Orient*: I. Affaire de Crète, juin 1894, février 1897; II. Affaire de Crète, conflit gréco-turc, etc., février-mai 1897.
c) Un livre vert italien : Documenti diplomatici presentati al Parlemento italiano, Creta e conflitto turco-ellenico, 1897.
d) Un livre blanc grec : conflit gréco-turc, avril-septembre 1897.

La résolution du gouvernement hellénique avait été généreuse, mais imprudente. Il est vrai qu'il ne pouvait guère demeurer impassible devant la nouvelle phase que les événements prenaient en Crète : les agitations de l'opinion publique, le danger d'une révolution que l'on annonçait ouvertement à la Chambre comme imminente l'en auraient empêché (1).

Au surplus, l'arrangement de septembre 1896 entre les grandes puissances, la Turquie et la Crète, n'était pas pour le gouvernement hellénique une *res inter alios acta*. La Grèce de tout temps a été officiellement reconnue comme le représentant naturel de l'hellénisme. C'est à ce titre qu'au Congrès de Berlin, elle fut admise, sur l'initiative de l'Angleterre à plaider la cause hellénique et à participer aux délibérations relatives aux intérêts des populations grecques de la Turquie. C'est au même titre qu'elle a coopéré à l'établissement du régime de 1896.

Le traité de Berlin avait eu le tort d'exaspérer au plus haut point le principe des nationalités sans pouvoir lui donner une solution définitive. Aussi, est-il loin d'avoir établi cette situation pacifique sur laquelle on comptait pour longtemps. Depuis ce traité (2) aussi bien qu'avant, la question d'Orient est toujours la source tristement féconde d'où l'on craint, à chaque instant, de voir sortir les causes d'une conflagration universelle. Si grave que soit la question d'Alsace-Lorraine, la paix générale de l'Europe est peut-être encore plus menacée par la question d'Orient.

(1) V. Streit, *La question crétoise au point de vue du droit international. Revue gén. de dr. int.*, t. VII, 1900, p. 1-53.
(2) V. Choublier, *La question d'Orient depuis le traité de Berlin.*

Le traité de Berlin a créé de nouvelles nationalités autonomes que la diplomatie est sans cesse obligée de surveiller afin que, restant assez fortes pour s'équilibrer réciproquement, elles demeurent assez faibles pour ne pouvoir s'étendre. Aussi, tandis que les diplomaties sont occupées à un véritable jeu de bascules, l'Europe, l'arme au pied, est obligée de monter la garde moins pour surveiller la Turquie que pour surveiller les états balkaniques, moins pour surveiller les états balkaniques que pour se surveiller elle-même. Elle a créé, en effet, des appétits qu'elle est impuissante à satisfaire.

N'est-il pas évident qu'en ouvrant la carrière aux sentiments nationalistes, le traité de Berlin avait encouragé la Grèce à construire une plus grande Hellade ? Appelée par le Congrès à faire connaître ses vœux, la Grèce avait désigné la Thessalie, l'Epire et Candie, (protocole nᵒ 9, 19 juin 1878). Elle n'obtint que le principe d'une rectification de frontières à négocier directement avec la Turquie. Les négociations échouèrent naturellement et les puissances durent intervenir. Le 15 juillet 1880, les ambassadeurs, à Constantinople, notifiaient au gouvernement ottoman le tracé Arta-Volo.

La Turquie protesta et alors les puissances proposent un nouveau tracé moins libéral que la Grèce abandonnée dût accepter le 2 juillet 1881. De là, un mécontentement qui se manifesta en 1886, quand s'éleva la question rouméliote. La Grèce ayant menacé la Turquie, reçut de l'Europe un ultimatum qu'elle accepta le 19 avril 1886. Tout n'était pas fini, car les puissances ordonnèrent encore de remettre sur pied de paix dans le plus bref délai, les troupes mobilisées. La Grèce ayant résisté, un blocus pacifique fut décidé, le

8 mai, et notifié par toutes les puissances, sauf la France. Il fallut céder.

En empêchant la guerre d'éclater en 1886, l'Europe n'avait fait, suivant l'expression vulgaire, que reculer pour mieux sauter. On a reproché au gouvernement hellénique son imprudence. Il faut bien dire qu'à certaines époques, le sentiment populaire, la pression de l'opinion publique mal informée, peuvent prendre une force irrésistible. Le gouvernement grec, pas plus que celui de Victor-Emmanuel en 1859, n'aurait pu tenir tête aux tendances générales de tout un peuple. La résistance aurait, selon toute vraisemblance, entraîné sa chute immédiate. L'enthousiasme des Grecs s'expliquait d'autant plus que depuis trente ans, l'idée avait prévalu en Europe que l'union de la Crète à la Grèce était la seule solution de la question crétoise. En 1866, le prince de Gortchakoff (1) avait déclaré qu'il n'y avait d'autre issue que l'annexion de Candie au royaume. Et il avait obtenu l'appui de l'Autriche, de la France, de l'Italie et de l'Angleterre. Les Grecs savaient aussi que depuis lors, la Grande-Bretagne avait cessé de s'opposer à cette union : en 1885, à propos du régime introduit dans la Roumélie orientale par le traité de Berlin, lord Salisbury déclarait qu'à son avis tout édifice élevé en contradiction flagrante avec les vœux des populations auxquelles il devait servir, ne saurait avoir une bien longue durée. Plus tard, il allait jusqu'à dire que la Crète devait, en fin de compte, échapper à la Turquie (2).

Après de telles déclarations, il est logique que la

(1) Streit, *op. cit.*, R. G. D. I., t. VII, 1900, p. 23.
(2) Choublier, *op. cit.*, p. 359.

Crète et la Grèce aient cru sonné l'heure de réaliser leurs vœux séculaires, que la première ait proclamé l'union, que la seconde, se rendant à cette invitation, ait occupé un territoire qui, de l'opinion commune, devait, tôt ou tard, lui appartenir. Quant aux Crétois musulmans, il était à présumer qu'ils trouveraient pour eux, l'union plus avantageuse qu'une large autonomie et que la Sublime-Porte lasse de rebellions constantes qui lui coûtaient beaucoup d'hommes et d'argent, s'arrangerait, sans trop de difficultés, du nouvel état de choses. Tel était déjà l'avis exprimé par M. Beulé en 1867 (1).

Ainsi, si la Grèce manqua, à cette époque, de réflexion, la logique ne lui fit pas défaut, et nous ne saurions mieux, pour apprécier sa politique, que reproduire l'extrait suivant d'un article remarquable, publié dans la *Revue de droit international et de législation comparée :* « Etourdie, légère, mais non criminelle, la Grèce fut poussée, comme la France en 1870, dans le redoutable conflit, par les clameurs inconscientes de la nation surexcitée par la presse, ignorante de l'insuffisance des ressources, ignorante aussi de l'état d'esprit de la diplomatie européenne, clameurs auxquelles s'ajoutèrent les agissements téméraires, l'on pourrait dire criminels, de l'*Ethniki Ethairia*, assumant, par les incursions à main armée sur les territoires voisins, une effrayante responsabilité (2). »

(1) *Revue des Deux-Mondes,* du 15 janvier 1867.
(2) *La question d'Orient et le droit international,* R. D. I., t. XXIX (1897), p. 368.

III

Après ces considérations générales, indiquons rapidement les événements survenus en Crète dès l'instant où les forces grecques furent en présence des forces turques et des escadres internationales.

A la nouvelle du débarquement, la Turquie avait manifesté l'intention d'envoyer de nouvelles troupes dans l'île ; elle s'en abstint sur la demande des puissances.

La Grèce, du reste, malgré sa brusquerie en cette occurence, avait conservé les sympathies de la France, de l'Angleterre et de l'Italie. Par contre, l'Allemagne, qui préparait déjà avec le sultan des accords dont l'effet se fait encore sentir aujourd'hui, prit, à l'égard de la Grèce, une attitude menaçante, et entraîna à sa suite l'Autriche et la Russie.

Le mécontentement des puissances s'accrut lorsqu'elles apprirent que la Grèce avait proclamé l'annexion de l'île ; elles furent unanimes à protester.

« L'unanimité des puissances, écrivait M. Hanotaux, à la date du 20 février 1897, reste plus que jamais la plus sure, sinon la seule garantie du maintien de la paix (1). » *Pas de partage, pas d'action isolée*, telle fut la préoccupation de la France.

Elles s'accordèrent sur la nécessité de procéder immédiatement au blocus de la Crète, de proclamer solennellement l'autonomie et d'envoyer des contingents pour l'occupation mixte des villes. Les *desiderata* du gouvernement hellénique à cette époque, ont été expli-

(1) Livre jaune français (II), n° 171.

qués, le **15 mars**, devant la Chambre des Députés, par M. Hanotaux, ministre des Affaires Étrangères (1). Il rappela que le gouvernement grec, après sa réponse à la note des Puissances, « s'était, par certaines démarches officieuses, montré disposé à accepter d'autres solutions que celles préconisées dans cette réponse, et même à reconnaître la suzeraineté du sultan, à la condition qu'on accordât à l'île *soit un régime analogue à celui de la Bosnie et de l'Herzégovine,* c'est-à-dire une occupation grecque de la Crète ne portant pas atteinte à l'intégrité de la Turquie, *soit une administration confiée au prince Georges de Grèce* ». Avant même que l'entente ne fût complète, les mesures résolues par les Puissances avaient reçu un commencement d'exécution.

Le 18 mars, en effet, les Amiraux annonçaient, par télégramme aux ambassades à Constantinople, que la Crète serait mise en état de blocus, le **21**, à 8 heures du matin, et que le blocus serait général pour tous les navires sous pavillon grec. Une notification dans ce sens fut faite aux gouvernements grec et turc, en même temps que le blocus était notifié aux Etats neutres.

Sans en discuter la légitimité, nous pouvons dire que ce blocus se faisait remarquer par les particularités suivantes : il était dirigé contre la Grèce et, notamment, contre les troupes régulières qui occupaient l'intérieur de l'île ; il était aussi dirigé contre la Turquie, c'est-à-dire contre la puissance suzeraine elle-même.

En attendant, la France proposa, le 26 mars, de laisser aux Conseils des amiraux le soin de pourvoir, à

____

(1) *Journal officiel.* Chambre des députés, séance du 15 mars 1897.

titre collectif, par les moyens dont ils disposaient, aux mesures d'administration de première nécessité, dans le périmètre de la protection exercée par les forces internationales

Les troubles cependant persistaient, et si l'attitude des insurgés montrait le mécontentement des Chrétiens, celui des Musulmans n'était pas moins apparent; car, à la proclamation de l'autonomie, ils s'étaient empressés de répondre par des protestations. Jamais le désaccord entre les deux éléments n'avait été plus grand, puisqu'à la même époque, les Chrétiens affirmaient, à plusieurs reprises, aux amiraux, leur désir immuable d'union à la Grèce : « *Rien que l'annexion pour nous* », répondaient-ils toujours. « *Union ou mort* », disaient-ils le 11 avril, au consul de Russie (1). Les revers subis plus tard, en Thessalie, par l'armée grecque, ne modifièrent pas l'attitude intransigeante des Crétois.

Sous la pression des esprits et malgré les mesures prises par l'Europe qui avait mis le blocus devant le golfe d'Athènes, la Grèce déclarait, le 6/18 avril, aux Turcs, une guerre qui devait lui être funeste. Cette déclaration de guerre eut un caractère de véritable imprudence si l'on tient compte des notes qui avaient été adressées par les puissances à la Turquie et à la Grèce. D'après ces notes, les puissances étaient décidées à n'admettre, dans aucun cas, que l'agresseur retirât le moindre avantage de son agression. Ainsi, même victorieuse, la Grèce n'aurait rien gagné à cette effusion de sang.

Bien que la déclaration de guerre adressée par la

(1) Livre bleu anglais, n° 9, 1897, p. 27, 28 et suiv. et n° 10, 1897, p. 301, 403, 456.

Grèce à la Turquie eût régularisé l'état de choses, les puissances ne levèrent pas le blocus pacifique. Elles prétextèrent qu'il se rapportait à une situation antérieure au début des hostilités et que d'ailleurs la Crète se trouvait dans des conditions toutes spéciales. Sans doute l'île restait toujours une parcelle du territoire ottoman, mais les puissances la considéraient comme un dépôt confié à leurs mains par la Sublime Porte.

En cette occurence, comme l'écrivait le *Journal des Débats*, le 12 août 1897, les puissances sont sorties de la neutralité, elles ont agi comme alliées de l'un des belligérants, car de sa nature, la neutralité ne saurait être partielle. Cette constatation du grand organe parisien est la condamnation de la politique qui fut suivie à cette époque, elle était bien faite pour enlever aux Crétois toute confiance et aussi pour inspirer une hardiesse nouvelle aux Turcs qui étaient fondés à se considérer comme les protégés de l'Europe. C'est bien ainsi que la Sublime Porte comprit les choses et, à mainte reprise, elle chargea ses ambassadeurs de présenter aux puissances des remerciments malheureusement trop mérités.

Ce fut l'intervention des puissances qui arrêta la guerre turco-hellénique, bien qu'elles eussent donné à leur démarche la forme d'une médiation. Les succès remportés par les Ottomans avaient bientôt rendu la Grèce plus accommodante. L'Europe avait subordonné son immixtion à une double condition : le rappel du colonel Vassos et des troupes grecques de l'île de Crète, et la reconnaissance de l'autonomie crétoise par le gouvernement hellénique.

La Grèce, après quelques jours d'hésitation consentit à

la première de ces mesures, et le 8 mai, la note suivante était adressée aux ministres des grandes puissances à Athènes : Après le rappel du colonel Vassos, le gouvernement a pris la décision de rappeler dans un court délai les troupes helléniques actuellement en Crète.

L'évacuation était terminée, le 26 mai, grâce au concours donné par les amiraux. Le blocus fut immédiatement levé pour les vivres et les subsistances. Le départ des troupes grecques ne provoqua pas d'incidents sérieux, mais la population déclara qu'elle garderait les armes tant que les troupes turques ne se seraient pas également retirées et qu'une autonomie n'aurait pas été établie par la nomination d'un gouverneur européen non sujet ottoman.

Ici, nous sommes arrivé à la fin d'une véritable période de l'histoire de la Crète. Peut-être trouvera-t-on que nous sommes entré dans de biens longs détails. Il n'y avait pas d'autre moyen d'expliquer et de montrer l'ardeur des sentiments qui attiraient invinciblement les Crétois vers leur antique métropole et leur inspirèrent souvent un admirable héroïsme. Un pareil exemple leur avait valu de chaudes sympathies non seulement en Grèce, mais sur tout le continent européen. Sans doute, on ne pouvait s'attendre à une explosion d'enthousiasme comme celle qui avait éclaté pendant la guerre de l'indépendance. Cependant, aussitôt les hostilités ouvertes entre la Grèce et la Turquie, de nombreux volontaires accoururent de tous côtés, en particulier d'Italie et de France et même un député, M. Antide Boyer, quitta momentanément son fauteuil du Palais-Bourbon pour aller défendre, les armes à la main, la cause hellénique.

Désormais, plus d'espoir, sinon lointain, d'une union entre la Crète et la Grèce. Comme Chypre, la Crète est délivrée du joug ottoman ; pas plus que Chypre, elle n'est adjointe aux états du roi Georges. Tant que se poursuivront les pourparlers au sujet de la forme à donner à l'autonomie, c'est aux puissances qu'il appartiendra d'organiser et de maintenir un état de choses supportable, en un mot de faciliter une transition. Ce sont là des complications qui ne se seraient pas prolongées si la Grèce était entrée en possession de l'île, ce qui était la seule solution rationnelle. Mais, comme on l'a vu, les puissances n'ont guère montré d'indulgence envers une nation intéressante et dont les turbulences mêmes sont un signe de vitalité. L'influence de l'Allemagne s'est particulièrement fait sentir de la façon la plus hostile aux Grecs.

IV

Après le départ de l'armée grecque, ce furent les indigènes eux-mêmes, c'est-à-dire les chefs et les notables chrétiens, qui reconnurent la nécessité d'organiser une assemblée qui prendrait en main la direction des affaires. Ils rendaient ainsi un service même aux amiraux plus accoutumés à conduire des flottes qu'à organiser du jour au lendemain une région difficilement pacifiée. Cette assemblée réunie, le 26 juin 1897, à Arméni, prit le nom « d'assemblée insurrectionnelle crétoise ». A sa tête, un directoire de 20 membres avec les pouvoirs les plus étendus. Les amiraux ne voulurent attribuer à l'assemblée aucun caractère officiel, mais déclarèrent qu'ils seraient heureux de l'utiliser comme un moyen d'entente avec la population chrétienne.

Les débuts de cette assemblée furent très raisonnables ; elle demanda dans l'intérêt de l'apaisement de l'île, le départ de l'armée turque et invita les Chrétiens à s'abstenir de toute violence vis-à-vis de la minorité musulmane. La grosse affaire, c'était l'attitude à prendre vis-à-vis de l'autonomie. Bien que demeurés immuablement fidèles à la mère patrie, les Crétois commençaient à s'habituer à cette idée de l'autonomie tout au moins comme *solution provisoire*. Nous soulignons ces deux mots, car ils éclairent la situation actuelle de l'île. *En fait*, il n'y a pas eu une cession complète explicite, il n'en est pas moins vrai que la Turquie a consenti à un abandon qui, lui, n'a rien de provisoire. Les droits du sultan ont disparu de l'île, aussi bien que de Chypre, de la Bosnie et de l'Herzégovine. Ici, sans doute, les termes de cession déguisée que nous avons appliqués à ces dernières régions ne sont pas de mise, mais ceux de *cession préparée*, employés par nous au commencement de ce chapitre, précisent à merveille la nouvelle situation faite à la Crète.

L'idée d'accepter provisoirement l'autonomie l'emporta d'autant plus facilement que l'amiral Canevaro, le doyen des amiraux, avait assuré aux Chrétiens que la question crétoise ne serait entamée par les puissances, qu'après la signature du traité de paix gréco-turc. Cette question de l'autonomie faillit un instant diviser complètement l'assemblée ; mais le 16 octobre, s'étant réunie sous la présidence du Dr Sphakianakis, mandé spécialement d'Athènes, elle résolut d'adopter un drapeau crétois et d'adresser aux amiraux une pétition dont nous croyons nécessaire de publier la teneur (1) :

L'Assemblée crétoise, réunie en séance plénière à Mélidoni (Mylopotamo), le 16/28 octobre 1897 ; prenant en considération : Que le conflit gréco-turc étant terminé par la signature des Préliminaires de paix, le temps du règlement définitif de la question crétoise, conformément aux déclarations réitérées de Messieurs les amiraux, est venu ; — Que, d'après les déclarations des grandes puissances, la *réalisation de l'invariable vœu national des Crétois est, sous les conjonctions, actuelle, impossible* ; — Que, d'après les proclamations des représentants des grandes puissances, elles ont promis d'assurer à l'île *un régime d'autonomie complète et absolument effective*, destinée à doter la Crète d'un gouvernement séparé, *sous la simple suzeraineté du Sultan, sans aucune ingérence turque dans les affaires intérieures de l'île ;* — Déclare de nouveau accepter l'autonomie ainsi proclamée, et s'engager à coopérer sincèrement à la mise en pratique, si son efficacité est assurée par le retrait total des troupes turques, conformément aux déclarations réitérées de Messieurs les amiraux et ministres des grandes puissances. Elle croit, en outre, nécessaire d'ajouter que non seulement tous les représentants, mais tous les Chrétiens de l'île sont unanimes à ce sujet et y persistent fermement. (Suivent les signatures.)

L'attitude des insurgés vis-à-vis des amiraux était devenue plus conciliante, mais l'appel adressé par l'assemblée insurrectionnelle n'avait pas fait cesser entre Chrétiens et Musulmans les combats qui se renouvelaient journellement autour des villes. C'est pourquoi les amiraux résolurent d'établir une sorte de justice sommaire qui serait rendue en leur nom par le commandant militaire de la Canée. Plus tard, fut organisée dans la même ville une *commission internationale de police* pour

(1) Livre bleu anglais, n° 238 incl.
Streit, *op. cit.*, R. G. D. I., n° de mars-avril 1903.

juger sur la base du code militaire italien tous les faits
attentatoires à la sécurité publique et les affaires diri-
gées contre les troupes et la gendarmerie internationale. Nous relevons dans cette ordonnance l'attendu
suivant, curieux et caractéristique (1) : « Attendu qu'en
acceptant le dépôt qui a été fait entre leurs mains par
S. M. I. le Sultan, les grandes puissances ont été par
le fait même, *subrogés à tous droits découlant de la souveraineté impériale*, dont l'exercice est indispensable
pour l'accomplissement de leur mandat ». Il était impossible d'affirmer plus hautement l'extinction complète
des droits du sultan.

Cette affirmation conçue en termes d'une absolue
précision devait provoquer les protestations de Constantinople et des autorités ottomanes en Crète (2). Elles
ne se firent pas attendre, le Vali refusa d'abord de
reconnaître la Cour ainsi constituée. Le ministre turc des
affaires étrangères demanda la révocation immédiate
de l'ordonnance. Il accusait les amiraux d'avoir outrepassé les pouvoirs qui leur étaient dévolus. Il ajoutait
que la formation de cette cour internationale, sa composition, l'absence de tout officier ottoman, enfin l'application des lois martiales étrangères constituaient une
atteinte directe aux droits souverains de l'Empire.

Protestations qui — est-il nécessaire de le dire —
restèrent sans effet. Cette fois encore, la Turquie recou-
rut aux bons offices de la Grande-Bretagne, mais lord
Salisbury se borna à répondre que les lois militaires
étaient nécessairement appliquées partout où il y aurait
une occupation militaire par des troupes étrangères.

(1) Livre jaune français, mai-décembre 1897, p. 16.
(2) Livre bleu anglais, nᵒˢ 176, 185 inclus.

Mais si les amiraux avaient peu de souci de ménager les droits du sultan, ils ne se gênèrent pas plus à l'égard des Capitulations. Les amiraux déclarèrent que devant la nouvelle Cour, celles-ci ne seraient pas applicables. Tout au plus si un consul avait quelque objection à faire contre une sentence rendue, examineraient-ils l'objection avant l'exécution de la sentence. En y réfléchissant, on voit que cet empiètement sur la juridiction consulaire est en même temps un nouveau coup porté au principe de la souveraineté ottomane. En effet, les Capitulations n'existent que dans les pays soumis à cette autorité et par conséquent dès qu'on les supprime, il est permis de supposer que c'est elle-même qui a été atteinte en vertu de l'adage : *Sublata causa, tollitur effectus.* Point n'est besoin d'être grand prophète pour annoncer que cette juridiction exceptionnelle une fois entamée ne recouvrera plus dans l'avenir sa vigueur d'autrefois, surtout lorsque des tribunaux réguliers auront été institués dans toute l'île.

Naturellement, ce n'est pas ce point de vue qui frappa le plus les consuls ; ils se montrèrent naturellement sensibles à la diminution d'autorité qui les atteignait immédiatement et en appelèrent à leur gouvernement. Leurs réclamations n'eurent pas de succès et le gouvernement anglais qui avait à Chypre agi sans autre cérémonie avec les Capitulations, se montra logique en refusant le premier à son consul le droit d'exercer aucun contrôle sur les affaires de la compétence de la Cour. Mêmes instructions furent envoyées aux consulats d'Autriche et de Russie. De ce fait, l'assistance judiciaire des consuls, qui s'exerçait auparavant devant les tribunaux ordinaires ottomans, fut considérée comme n'ayant plus de raison d'être. En fait, la Commission internationale de police ne s'occupa guère d'affaires civiles, se contentant dans quelques cas urgents de prendre des mesures provisoires « *jusqu'à ce qu'en connussent les tribunaux ordinaires à instituer* ». Ce dernier membre de phrase indique bien dans quel état d'esprit est administrée l'île de Crète ; on ne peut pas dire qu'il s'agisse ici comme à Chypre ou en Bosnie d'activer l'assimilation à tel ou tel Etat européen, mais on constate un effort visible pour instituer en Crète une organisation judiciaire de plus en plus semblable à celle des Etats européens pris dans leur ensemble. Il est certain qu'on ne saurait supprimer une institution avant d'avoir songé aux moyens de la remplacer, c'est ce que nous voyons ici, puisqu'il est déjà formellement question de nouveaux tribunaux à créer. C'est-à-dire que l'on a préparé dès aujourd'hui le chemin pour la suppression les Capitulations.

A cet égard, il est à remarquer qu'en matière pénale, l'ordonnance attribuait à la Commission de police, une juridiction plus étendue que celle des tribunaux ottomans ordinaires et que, par conséquent, l'application rigoureuse de cette ordonnance devait amener parfois la Cour à méconnaître les attributions des consuls. La juridiction de la Cour qui, au début, ne devait comprendre que le cercle de la Canée fut étendue par décision du 8 mars 1898 à l'île toute entière. Elle fonctionna plus d'un an, c'est-à-dire jusqu'à l'établissement de tribunaux ordinaires par le prince Georges. Cet établissement fut facilité par l'institution dans les cinq secteurs européens de commissions analogues à celle qui fonctionnait à la Canée et qui, en prenant des attributions réservées antérieurement à la justice consulaire portaient, ainsi que nous l'avons dit, un premier coup au régime des Capitulations.

V

Le lendemain du départ des troupes grecques, les Puissances avaient été naturellement entraînées au sujet de la Crète dans des négociations qui durèrent plus d'un an et demi et aboutirent au mois d'octobre 1898 à l'envoi en Crète du prince Georges de Grèce comme haut commissaire.

Déjà, au mois de mai 1897, la France, par l'intermédiaire de son ministre des affaires étrangères, avait proposé les motions suivantes aux six gouvernements qui s'occupaient de rétablir l'ordre dans l'île (1) : 1º Désignation dans le plus bref délai par les puissances d'un gouverneur provisoire civil appartenant à un état neutre ; 2º Proclamation de l'autonomie et de la neutralisation de l'île ; 3º Constitution de ressources financières par la garantie des puissances donnée à un emprunt d'au moins six millions de francs, selon les besoins ; 4º Recrutement d'une gendarmerie forte et autant que possible homogène, par voie d'enrôlement volontaire, notamment en Suisse ; 5º Rappel des troupes ottomanes ou du moins leur concentration sur un certain nombre de points de l'île ; 6º Réunion aussi prompte que les circonstances le permettront d'une assemblée crétoise qui se mettrait en relation avec le nouveau gouverneur. Nous avons donné *in extenso*, les propositions de la France parce qu'elles sont restées

(1) Livre jaune français, mai-décembre 1897, nº 1.

les bases fondamentales de tous les pourparlers ultérieurs.

Nous n'entrerons pas dans le détail de ces pourparlers, qui parfois prirent un caractère assez vif d'acuité,
principalement en raison du mauvais vouloir de l'Allemagne.

On put croire un moment que l'entente se ferait au
moins sur un point important, à savoir la nomination du
gouverneur. La candidature du colonel luxembourgeois
Schaeffer réunissait toutes les sympathies, mais personne ne voulut prendre l'initiative de la proposer.
D'autres candidats furent également évincés pour différentes raisons. On avait parlé du voïvode Bosco
Pétrovitch, cousin du prince de Montenegro et les
puissances ne le combattaient pas ; mais il déclina toute
nomination, le prince de Montenegro ayant mis opposition à sa candidature. D'après l'organe officiel de la
Principauté, le motif principal de l'opposition du prince
était (1) « le *sentiment d'union des Crétois et des Grecs* ;
et le prince Nicólas, désirant la concorde entre les peuples balkaniques et leur dynastie, ne pouvait permettre
qu'un membre de sa famille devint un obstacle aux
sentiments unionistes ».

Ces sentiments empreints d'une grande générosité
provoquèrent une vive reconnaissance en Crète et en
Grèce et M. Sphakianakis, le président de l'assemblée
crétoise, le remercia officiellement. Il y avait là, en
même temps, une indication politique qui faisait entendre discrètement aux puissances les dangers de tout
choix qui ne serait pas considéré comme un trait d'union
entre la Grèce et l'Ile.

(1) Streit, R. G. D. L., n° de mars-avril, 1903. p. 245.

Le 29 décembre, la Russie reprenant, avec quelques modifications, une proposition qu'elle avait déjà faite plusieurs mois auparavant, fit savoir au marquis de Salisbury, qu'elle accepterait avec sympathie la candidature du prince Georges, dont le choix répondrait aux aspirations des Crétois, et mettrait fin aux agitations en Grèce. La France, l'Italie et l'Angleterre acceptaient la proposition, tandis que l'Allemagne et l'Autriche refusaient leur adhésion. Le comte de Bulow déclara même « que la *nomination du prince Georges équivaudrait à une annexion de la Crète à la Grèce*, ce qui serait de nature à compromettre la paix européenne ». Encouragée par ces exemples, la Turquie, à son tour, déclara que jamais elle ne reconnaîtrait le prince Georges comme gouverneur de la Crète. Elle émettait même la prétention de maintenir ses troupes en Thessalie jusqu'après règlement des affaires crétoises. Elle voyait donc bien que les deux questions étaient liées ; en prolongeant son occupation militaire, elle se ménageait un moyen de pression sur la Grèce 'et, sans doute, espérait obtenir de celle-ci le retrait de la candidature du prince Georges. Mais, sur la protestation des puissances, les troupes ottomanes durent évacuer la Thessalie.

Pendant ce temps, l'Assemblée crétoise votait une motion disant que la candidature du prince Georges donnerait pleine et entière satisfaction aux vœux de la population chrétienne et autorisait son président à porter, en cas de besoin, cette déclaration à la connaissance des Cabinets étrangers.

Mais ceux-ci, qui avaient déjà eu auparavant bien du mal à s'entendre, venaient de voir tout à coup le concert européen, si difficilement maintenu, se rompre par le départ des troupes allemandes et autrichiennes. Détail curieux, l'Allemagne, en retirant la vingtaine de marins qui la représentaient dans l'île, n'avait même pas pris la précaution d'en informer son amie et alliée, l'Italie. On a cherché à ce départ différents prétextes ; au fond, la cause en est probablement la plus simple : le Cabinet de Berlin et celui de Vienne avaient fait, à la candidature du prince Georges, une opposition opiniâtre ; ils se rendaient maintenant compte que la solution combattue par eux était désormais inévitable. En disparaissant, ils évitaient d'avoir à s'infliger à eux-mêmes un démenti et, en même temps, de s'exposer à reconnaître ce qu'ils considéraient comme une annexion déguisée de la Crète à la Grèce.

VI

De son côté, l'Assemblée crétoise ne restait pas inactive ; le 23 août 1898, un comité de douze membres, choisis dans son sein, arrêta un règlement provisoire élaboré avec le concours des amiraux.

D'après le règlement de ce régime provisoire (1), les membres du Comité exécutif sont au nombre de six, dont le président de l'Assemblée, qui est président de droit du Comité exécutif ; chaque membre du Comité a un suppléant élu par l'Assemblée en même temps que les membres ordinaires. Ce Comité peut élaborer des lois et règlements provisoires, soumis à l'examen des consuls et à l'approbation des amiraux. Comme on

____

(1) Livre jaune français, p. 105.
Ibid., Archives diplomatiques, 1898, t. IV.

pourrait le deviner, le Comité exécutif ne devait pas survivre à la nomination du prince Georges comme haut-commissaire ; néanmoins, il n'en a pas été de même de l'organisation administrative, empruntée, dans ses grandes lignes, à la législation française, et dont nous croyons devoir parler, du moins succinctement, puisqu'elle subsiste encore aujourd'hui.

Comme auparavant, la partie de l'île soumise à l'autorité de l'Assemblée crétoise reste divisée en cinq provinces et vingt districts ; chaque province est à peu près assimilée à un de nos départements, et, par conséquent, l'administration en est confiée à un administrateur général qui équivaut au préfet et qui a, à sa disposition, un secrétaire et le nombre d'employés nécessaires. Quant au district, on peut le comparer à notre arrondissement et, de même, assimiler son administrateur à notre sous-préfet. Nous rencontrons plus de différences si nous passons aux communes : l'administration en est confiée, jusqu'à l'élection des autorités municipales, à des commissaires nommés par le Comité exécutif. Un commissaire est nommé dans chaque commune à laquelle le recensement de 1881 attribue plus de deux mille âmes. Les communes d'une population inférieure sont annexées provisoirement aux communes voisines ou réunies par groupes de deux ou trois, sous l'administration d'un même commissaire. Ce système rappelle l'organisation des municipalités cantonales établies sous le Directoire et qui, même sous la troisième République, a rencontré encore des partisans en raison de l'insignifiance de certaines communes. Les attributions du commissaire se rapportent à celles de nos maires. Il est chargé de la publication des lois, des règlements d'administration publique, de la direction des travaux communaux, de la police municipale et rurale, etc., etc.

Au chef-lieu de chaque province, il y a un tribunal de contentieux administratif, et au siège du Comité exécutif fonctionne une Cour supérieure du contentieux administratif, le premier et la seconde étant composés de magistrats et de fonctionnaires. Cette organisation ressemble à la nôtre avec nos Conseils de préfecture et notre Conseil d'Etat.

Le règlement provisoire créait en outre une Cour d'appel, cinq Tribunaux de première instance et des Tribunaux de paix. Il n'y a que deux degrés de juridiction ; l'exercice du droit de grâce est confié au Conseil des amiraux. Il est maintenant dans les attributions du prince Georges, comme, du reste, toutes celles que le règlement provisoire avait laissées à ce Conseil. La Cour d'appel fonctionne comme Cour d'assises, elle est saisie par ordonnance du juge d'instruction, rendue en Chambre du Conseil ou par l'arrêt de la Chambre des mises en accusation. Il y a près de la Cour et de chaque Tribunal un Parquet composé d'un procureur et de substituts. C'est un officier ou sous-officier de gendarmerie qui remplit les fonctions de ministère public auprès du Tribunal de paix fonctionnant comme Tribunal de simple police. Il existe également des greffiers, des huissiers, des notaires et des avocats.

Le règlement provisoire, en instituant un *Conseil de justice*, a décidé qu'aucun magistrat ne pourrait être déplacé, suspendu ou révoqué sans une décision de ce Conseil. C'était instituer, dès ce moment, l'inamovibilité

de la magistrature, principe·qui fut confirmé par la
Constitution du 16 mars 1899 (art. 80). Sur ce point, la
Constitution crétoise se différencie de celle du royaume
hellénique qui soumet les magistrats au pouvoir exécutif,
du moins quant à leur déplacement. L'article 120 du
règlement provisoire maintenait aux capitulations leur
force et leur vigueur. Nous tenons à le constater immédiatement, parce que l'on pourrait supposer que l'institution d'un nouveau régime judiciaire aurait entraîné,
par le fait même, le système essentiellement exceptionnel de la juridiction consulaire. Si l'on y réfléchit
cependant, on reconnaîtra qu'une modification aussi
fondamentale ne pouvait s'opérer, du jour au lendemain, avant que l'on eût apprécié les effets des nouvelles
institutions. On était tellement peu assuré du lendemain
que, pour la mise en vigueur du système judiciaire, il
fut décidé que le procureur général et le président de
la Cour d'appel devraient appartenir aux nationalités
étrangères.

Une des premières nécessités qui s'étaient imposées
avait été la création d'une gendarmerie. Le règlement,
dans sa partie finale, fixe le recrutement et l'organisation de ce corps de troupe dont les cadres sont, en
majeure partie, composés d'étrangers ; il ajoute que,
pour le temps de leur service et les questions s'y rap-
portant, ces étrangers sont soustraits au bénéfice de la
juridiction consulaire.

Le texte de ce règlement, rédigé en langue française,
a été ensuite traduit en grec pour être promulgué.
A titre de simple curiosité, rappelons que, dans l'île de
Chypre, le règlement administratif de l'île, également
promulgué en langue hellénique, avait été primitive-

ment rédigé en anglais. C'est du reste le texte français
en Crète, comme le texte anglais à Chypre, qui fait foi
en cas de divergences avec la traduction grecque.

VII

Si le caractère provisoire du règlement avait indis-
posé les Crétois qui voulaient, avant tout, le rappel des
autorités et des troupes turques, les Musulmans, mus
par d'autres considérations, lui firent un accueil plus
défavorable encore. Ils sentaient bien que c'était un
nouveau coup porté à l'influence ottomane et une nouvelle main-mise des Européens sur l'administration
générale du pays.

Le mécontentement se traduisit par des troubles qui
éclatèrent à Candie et par le mauvais vouloir que mirent
les autorités ottomanes à faire évacuer l'île.

Après bien des tergiversations, il fallut néanmoins
céder ; le drapeau ottoman fut amené le 15 dans toute
l'île, sauf à la Canée, où, grâce à l'intervention de la
Russie, il fut maintenu sous la protection des troupes
internationales, malgré les protestations des Crétois.
C'était une façon de donner un semblant de satisfaction
à la Sublime Porte et de tenir la promesse faite par les
puissances qui s'étaient engagées à maintenir en Crète
un « signe visible » de la souveraineté du Sultan.
Comme le déclarait peut-être avec un peu d'ironie le
comte Lamsdorf (1), « on ne voit guère quel autre signe
visible de la souveraineté du Sultan, il aurait été possible de trouver. »

(1) V. *Archives diplomatiques*, année 1899, t. I, p. 37.

L'évacuation avait écarté une des difficultés principales ; bientôt après, en dépit des récriminations
ottomanes, les puissances finirent par s'entendre sur
le choix du prince Georges, fils du roi des Grecs, comme
Haut-Commissaire. L'Angleterre avait proposé de fixer
à trois ans la durée du mandat à lui confier. Cette proposition ayant été acceptée, le *pro-memoria* suivant fut
remis le 26 novembre 1898 au roi Georges et à son fils,
par les ambassadeurs des quatre puissances à Athènes (1) :

Les Puissances que nous avons l'honneur de représenter,
confiantes dans l'esprit de sagesse de Votre Majesté, nous ont
chargés de la prier de donner à S. A. R. le prince Georges l'autorisation d'accepter le mandat de Haut-Commissaire en Crète
dans les conditions suivantes :

1° Le Haut-Commissaire sera investi d'un mandat temporaire
d'une durée de 3 ans pour la pacification de l'île et l'établissement d'une administration régulière ;

2° Le Haut-Commissaire reconnaîtra la haute suzeraineté du
Sultan et prendra des mesures pour la sauvegarde du drapeau
turc qui, selon la promesse donnée par les quatre Puissances au
Sultan, flottera sur l'un des points fortifiés de l'île ;

3° Son premier soin sera, d'accord avec l'Assemblée nationale
où tous les éléments crétois seront représentés, d'instituer un
système de Gouvernement autonome, capable d'assurer dans une
égale mesure la sécurité des personnes et des biens, ainsi que
le libre exercice des cultes ;

4° Le Haut-Commissaire devra procéder immédiatement à
l'organisation d'une gendarmerie ou milice locale, capable de
garantir l'ordre.

En vue de faciliter l'organisation de la nouvelle administration
et de pourvoir aux charges personnelles de S. A. R. le prince
Georges, chacune des quatre Puissances fera, sauf approbation
des chambres, pour les pays parlementaires, une avance d'un

(1) V. *ibid.*, p. 38.

million de francs qui sera ultérieurement remboursée sur le produit de l'emprunt à réaliser par la Crète sur ses revenus.

Onou, Egerton, D'Ormesson, Nobili.

Personne ne se faisait d'illusion sur l'acceptation qui, d'ailleurs, avait été convenue d'avance. Elle ne se fit pas attendre ; le Roi acceptait en exprimant aux grandes puissances sa sincère gratitude.

Notification fut simplement faite à la Sublime Porte qui, ainsi que nous l'avons vu, n'était pas intervenue dans cette nomination et n'avait même pas été consultée. Nous avons signalé les protestations qu'elle avait émises aussitôt que le nom du prince Georges avait été pour la première fois prononcé.

Quant aux droits du prince Georges, ils sont nettement fixés par une lettre adressée par le comte Lamsdorf au prince Ouroussof, ambassadeur de Russie à Paris et communiquée par celui-ci à M. Delcassé, ministre des affaires étrangères. Voici un télégramme daté du 4/16 novembre 1898 (1) :

La nouvelle de la prochaine nomination du prince Georges de Grèce comme Commissaire des quatre Puissances en Crète ayant provoqué une protestation du Sultan qui dit ne pouvoir y consentir, j'ai télégraphié à notre Ministère à Athènes que les Puissances *n'avaient nullement en vue de solliciter pour cette nomination, l'agrément du Sultan.* Les pouvoirs du Commissaire émanent exclusivement des Puissances et ne sont, concentrés entre ses mains, que la continuation de ceux dont étaient investis jusqu'ici les Amiraux. Aussi longtemps que le prince Georges sera Commissaire des Puissances, *il n'est pas personnellement*, le vassal du Sultan, mais reconnaît ses droits suprêmes au même titre que les reconnaissaient les Amiraux, en vertu des promesses faites par les Puissances.

(1) V. *Archives diplomatiques*, 1899, t. I, p. 37.

Le texte est d'une précision qui ne laisse aucun doute à l'esprit ; ce n'est pas par oubli que les puissances n'ont pas demandé l'agrément de la Turquie ; au contraire, elles voulaient établir explicitement que les droits du prince Georges lui venaient exclusivement d'elles. Ce qui le prouve davantage encore, c'est la précaution d'indiquer que ces droits suprêmes lui ont été donnés au même titre qu'aux amiraux ses prédécesseurs et que, comme ces derniers, il se borne a reconnaître à la Porte un droit honorifique de souveraineté analogue à celui qu'elle conserve soit en Bosnie, soit à Chypre.

Ces négociations terminées, la mission des amiraux l'était aussi, ils remirent leurs pouvoirs entre les mains du prince Georges. Quelques troupes d'occupation laissées à leur départ, à l'effet de prévenir des troubles éventuels, sont encore aujourd'hui les derniers témoins de l'œuvre de pacification à laquelle se consacrèrent les puissances d'Europe et d'une situation qui semble appelée à devenir prospère. Si elle ne l'est pas encore aujourd'hui, il faut tenir compte des bouleversements séculaires qui ont ébranlé la Crète et aussi d'un grand exode des Musulmans qui, en foule après le départ des Turcs, ont quitté une contrée où le croissant avait si longtemps régné en maître. Que ce départ d'une fraction importante ait apporté une dépréciation du sol dans un pays déjà insuffisamment peuplé, les plus optimistes mêmes n'auraient pas manqué de le prévoir. Toutefois, des temps meilleurs semblent s'annoncer et déjà dans les secteurs qui furent occupés par les troupes françaises, une réconciliation s'accentue entre deux éléments autrefois si divisés. A l'éloge de nos officiers, disons qu'ils n'ont pas ménagé leurs efforts pour faciliter ce rapprochement et le texte même des télégrammes (1) qui y font allusion, prouve à quel point cette question humanitaire tenait à cœur aux hommes qui représentaient la France.

VIII

Aussitôt sa prise de possession, le prince Georges rendit, le 25 décembre 1898, un décret nommant une Commission de 16 membres chrétiens et musulmans, en vue de préparer une Constitution pour l'Etat crétois. Il se rendait ainsi au désir formulé par les puissances et démontrait une fois de plus que c'était bien d'elles seules qu'émanaient tous ses pouvoirs. En même temps, il donnait satisfaction au sentiment des Crétois heureux de participer a un grand acte qui donnait au nouvel état de choses une solennelle consécration. L'assemblée nationale vota, le 4 mars 1899, la Constitution préparée par la Commission des seize. Le texte voté fut transmis à Rome aux ambassadeurs qui demandèrent la suppression de l'article 35, d'après lequel le choix du gouverneur appartenait à l'assemblée nationale, ce droit appartenant *provisoirement* aux puissances. Avec cette modification, la loi fut votée, le 14 avril 1899, et promulguée le 16 (2).

Si les Crétois ont copié, en grande partie, la Constitution grecque, ils ont cependant établi plusieurs différences dont l'une au moins est importante. La Grèce

(1) V. *Archives diplomatiques*, 1899, t. I, *Lettres de M. Blanc, consul général de France à la Canée à M. Delcassé ministre des affaires étrangères*, p. 34 et 39.

(2) M. N. Saripolos, *La constitution de l'Etat crétois. Revue de droit public*, janvier-février 1903.

Ibid., *Journal officiel de l'Etat crétois*, n° du 16 avril 1899.

est une véritable république à gouvernement royal, une *démocratie royale*, suivant une vieille expression qui a fait de nos jours place aux termes de « monarchie constitutionnelle ». En Crète, ce n'est pas dans le corps électoral, dans le Parlement, mais aux mains du prince qu'est concentré d'une façon prépondérante l'exercice des pouvoirs publics. Le prince est l'organe central de l'Etat, les membres, même les moins conservateurs de l'assemblée nationale, se sont ralliés immédiatement à un système qui, dans tout autre cas, aurait pu choquer des esprits libéraux. L'explication de ce fait se trouve dans le patriotisme hellénique des insulaires. Ils n'ont pas accordé des pouvoirs aussi étendus au prince Georges parce que les puissances l'ont désigné comme Haut-Commissaire, parce qu'il est gouverneur, mais uniquement parce qu'il est le fils du souverain du pays qu'ils persistent à considérer comme leur métropole, parce qu'ils voient dans sa personnalité et surtout dans sa parenté, un lien de plus entre eux et la Grèce.

M. Benizelos a clairement exprimé cette pensée dans la séance de la commission du 6 janvier 1899 où il disait : « Les dispositions qui sont votées aujourd'hui sont liées indissolublement avec la personne du chef actuel de l'Etat ; le pays ne serait disposé à accorder à aucun autre autant de pouvoirs (1) ».

Quoique le principe de la souveraineté du peuple ne soit pas proclamé dans la Constitution, il en est bien au fond, la base première ; le prince Georges est bien le chef des Crétois « par la grâce des puissances et la volonté nationale ». Quant à la souveraineté du sultan, peut-on dire qu'elle soit vraiment mentionnée dans la

_____

(1) R. D. P., *op. cit.*, p. 176.

Constitution ? Elle l'est pourtant, mais par une allusion assez peu transparente au premier coup d'œil : « l'île de Crète forme un Etat *absolument indépendant, conformément aux conditions établies par les quatre grandes puissances* (1) ». On voit combien ce dernier membre de phrase devient insignifiant, lorsqu'il est précédé d'un correctif aussi énergique que celui qui est contenu dans ces trois mots : « Etat absolument indépendant ».

A nos yeux donc, l'affranchissement des Crétois à l'égard du sultan est un fait accompli, un fait absolument conforme aux vœux de la population ; car, ainsi que nous l'avons dit plus haut, la souveraineté populaire ressort des articles de la Constitution. Cette volonté nationale ayant réalisé son premier rêve en se débarrassant des Ottomans, on aurait tort de s'imaginer qu'elle veuille s'en tenir là. Il est légitime qu'aujourd'hui son idéal le plus rapproché soit de se défaire de la tutelle des puissances qui, d'ailleurs n'ont aucun intérêt à la conserver. Cette tendance se manifestait déjà dans l'article 35 tel qu'il avait été voté à l'assemblée nationale ; si sur les observations des ambassadeurs, à Rome, elle a ensuite consenti à laisser aux puissances la nomination du gouverneur, elle a bien fait entendre qu'il s'agissait seulement pour elle de la nomination du premier gouverneur : « le peuple, disait M. Phoumis (2), a déclaré formellement et clairement que, en sa qualité de peuple indépendant, il a le droit incontestable d'élire son magistrat suprême. Ce n'est que pour la

(1) *Ibid.*, p. 174.

V. également Engelhardt, *Les réformes en Macédoine (statuts crétois)*, R. D. P. 1901, t. II, p. 201 et 204.

(2) V. Saripolos, *op. cit.*, p. 174.

première période qu'il a déclaré consentir à ce que son chef fût nommé par les grandes puissances ».

Cette réserve avait été soulevée au sein de la commission à propos de la vacance possible du poste de gouverneur : « Dans ce cas, avait-il été dit, cette fonction sera exercée par le conseil du prince au nom du peuple et il convoquera, dans le délai de deux mois au plus tard, l'assemblée nationale pour qu'elle décide de l'élection du gouverneur ».

Les puissances qui avaient soulevé à propos de l'article 35 des objections dictées par les difficultés du moment ont en revanche reconnu le principe de la souveraineté du peuple crétois en acceptant, sans rien dire, l'article 100 qui confère à ce peuple crétois le pouvoir constitutionnel le plus étendu puisqu'il lui laisse le droit de procéder à la revision de sa Constitution : « les dispositions de la présente Constitution peuvent être revisées cinq ans après sa promulgation, toutes les fois que la Chambre, dans une cession ordinaire et à la majorité des deux tiers de ses membres électifs, demande la revision par une résolution particulière limitant les dispositions à reviser ».

Donc, la revision est décidée par un acte unilatéral de la Chambre sans qu'il soit besoin d'un accord avec le prince ; de plus, ce dernier qui possède un droit absolu de veto sur toutes les lois émanant de l'initiative parlementaire, n'a absolument aucun droit de sanction sur les lois de revision. Il est bien évident que les puissances ne seraient pas plus que lui fondées à intervenir en pareil cas.

Cette restriction étant la seule qui limite le droit de veto du prince, c'est lui qui nomme ses ministres ou

pour mieux dire ses conseillers. C'est de lui seul qu'ils
dépendent et c'est devant lui seul qu'ils sont politiquement responsables. A cet égard, leur situation est nettement déterminée par ce détail caractéristique qu'une
fois ministres, ils ne peuvent rester députés. Ce système
destiné à maintenir une séparation complète des pouvoirs a en même temps pour but d'assurer la prépondérance au pouvoir exécutif à l'encontre de ce qui se
passe dans les pays démocratiques où il est adopté. Ces
ministres sont au nombre de cinq : intérieur, finances,
justice, instruction publique et police. En ce moment, le
titulaire de ce dernier portefeuille appartient à la religion
musulmane ainsi que plusieurs autres fonctionnaires, en
particulier le préfet de la Canée. En principe, la responsabilité pénale de ces ministres peut être mise en
mouvement par une procédure analogue à celle de
l'inpeachment. Le prince, qui a le droit de grâce dans
tous les autres cas, n'en jouit pourtant pas, à moins
d'avoir l'assentiment de la Chambre, s'il s'agit d'un ministre condamné conformément aux dispositions légales.

Le corps législatif est unique en Crète, mais la
Chambre des députés n'est qu'en partie élective ; elle
ne tient qu'une session de deux mois, tous les deux ans,
après laquelle le *député perd sa qualité et son titre*
(art. 47). Dix députés sont nommés par le prince, mais
dans les cas importants, les décisions sont prises à la
majorité des membres élus seulement. Ceux-ci sont
nommés au suffrage universel direct et égal, par tous
les électeurs mâles âgés de 21 ans et à raison d'un député
par 5,000 habitants (1).

(1) V. M. N. Saripolos, *Le système électoral et les élections législatives de Crète*, R. D. P., 1901, t. I, p. 550.

Au point de vue administratif et judiciaire, l'organisation établie par le règlement provisoire du 23 août 1898 est maintenue dans ses grandes lignes. Quant à leur juridiction, ajoutons que les tribunaux crétois n'ont pas, comme ceux des Etats-Unis, à se prononcer sur la constitutionnalité des lois. En réservant l'interprétation authentique des lois au pouvoir législatif, on a voulu prévenir les arrêts de règlement. En général, la législation crétoise est en voie de formation ; déjà plusieurs lois organiques ont été votées. La plupart des lois en usage, entre autres la loi pénale ont été empruntées à la Grèce.

En résumé, cette Constitution s'inspire d'un esprit peut-être un peu conservateur, mais a le mérite de tenir compte des besoins d'un peuple nouvellement émancipé et qui a encore à compléter son éducation politique. Les législateurs crétois ont profité des leçons puisées dans l'histoire des nations chez lesquelles on a pu voir jusqu'où peuvent aller les excès du parlementarisme. On ne peut qu'admirer à ce point de vue comme à tant d'autres le pays de Minos. Cette restriction des droits du Parlement a été consentie d'autant plus aisément par les Crétois qu'ils étaient particulièrement heureux, comme nous l'avons déjà dit, du choix du Prince Georges comme Haut-Commissaire. Il est le fils du roi des Hellènes et les Hellènes de Crète ont vu dans ce choix un gage certain de la bienveillance des puissances, en même temps que de l'avenir qui est promis à leur pays. A ce double titre, le prince Georges a été chaleureusement accueilli.

L'apaisement qui devait résulter de sa présence a certainement encouragé les quatre grandes puissances,

auxquelles la Crète doit son émancipation, à retirer
successivement le gros de leurs troupes pour ne laisser
chacune qu'un bataillon. Les Crétois leur firent à leur
départ des adieux touchants et, en particulier, un régi-
ment français, commandé par le colonel Spitzer fut,
de la part du prince et de la population, l'objet des
manifestations les plus sympathiques. Ainsi, les quatre
puissances émancipatrices, renonçant à quelques suspi-
cions antérieures, se dessaisirent toutes du pouvoir
militaire qu'elles avaient jusque là exercé. La partie
occidentale de l'île fut remise, le 24 juin 1899, au
gouvernement autonome, et la partie orientale le
24 juillet suivant. Un corps de gendarmerie a été organisé par les Italiens et l'on crée également une garde
civique nationale dont le recrutement présente d'autant
moins de difficultés que l'amour des armes est toujours
resté dans le sang du peuple crétois. La personnalité
du prince a été déclarée inviolable et son subside annuel
fixé à 200.000 francs. L'instruction est libre, mais
l'instruction primaire est gratuite et obligatoire.

Si nous nous sommes un peu longuement étendu sur
l'organisation administrative, judiciaire et constitutionnelle de la Crète ; si nous avons tenu à démontrer
qu'elle s'inspire des véritables principes du droit euro -
péen moderne, c'est qu'il n'était pas de meilleur raisonnement pour établir qu'aujourd'hui la Porte ne possède
plus aucune influence dans l'île. L'autonomie est complète. Si ce n'était la présence sur la citadelle de la
Canée d'un drapeau ottoman, dernier vestige d'une domination disparue après avoir été abhorrée pendant tant
de siècles, rien n'indiquerait plus quels furent jadis les
droits de souveraineté de l'empire ottoman sur la Crète.

Quoi de plus significatif d'ailleurs, que l'envoi en Crète du fils du roi des Grecs à titre de gouverneur, que la désinvolture avec laquelle les puissances ont réglé cette grave question sans faire intervenir la Turquie dans leurs pourparlers et en se bornant à lui notifier des décisions prises sans lui demander en rien son avis? Nous ne dirons pas que nous sommes ici en présence d'une cession ou d'une annexion déguisée proprement dite, puisque la Crète n'a pas été rattachée officiellement à une nouvelle métropole. L'expression qui nous semble rendre avec le plus de justesse la situation actuelle, est bien celle de *cession préparée*. Cession à la Grèce bien entendue, et pour s'en convaincre, il suffit d'examiner la marche des idées et la tendance des esprits en Crète, telles que nous nous sommes efforcé de les décrire au cours de cette trop brève étude. Nous voyons d'abord les Crétois empressés de se débarrasser de la domination trop pesante des Ottomans. Dès qu'ils y ont réussi, ces insulaires poursuivent un second but : ils s'efforcent, par tous les moyens légaux, de se soustraire peu à peu à la tutelle des puissances émancipatrices. C'est vers Athènes que leurs yeux sont en effet tournés. Les jalons plantés, dès à présent, sur la route par laquelle ils vont effectuer leur troisième et dernière étape sont nombreux. Nous avons relevé, chemin faisant, la nomination du prince Georges, de nombreux emprunts à la Constitution hellénique, la mise en vigueur de plusieurs lois grecques, la bonne volonté des Crétois à laisser au gouverneur des droits exceptionnels, uniquement parce qu'il est grec et fils du roi des Grecs. Enfin, n'oublions pas que la langue officielle est la même à Candie et à Athènes. De plus, il a été

formellement déclaré, comme on s'en souvient, que le
prince Georges n'était tenu envers le sultan par aucun
lien de vassalité. Rien de plus logique, puisqu'il ne tient
pas ses pouvoirs de la Sublime Porte ; il les a reçus
directement des représentants des puissances qui se sont
bornés à les notifier à Constantinople. Ces pouvoirs sont
identiques à ceux qu'avaient pris les amiraux constitués
au nom de l'Europe en conseil appelé à assurer la pacification de l'île et à préparer son autonomie complète sous la
souveraineté du sultan, d'ailleurs sans effet (1). En fait, la
cession déguisée existe quand même tacite ; car elle
découle vraiment de l'abandon fait par la Turquie, malgré
ses protestations. Les bénéficiaires de cette cession
sont les quatre grandes puissances qui ont rétabli l'ordre
dans l'île et qui, peu à peu, rétrocéderont leurs pouvoirs
au gouvernement autonome du pays. En raison des
affinités de races, des sympathies des indigènes et des
difficultés que, privé de l'appui des puissances, rencontrerait ce gouvernement, il est à prévoir que l'union
avec la Grèce ne tarderait pas longtemps et se ferait
d'elle-même. En tout cas, l'île est dès à présent complètement autonome et détachée à jamais de l'empire
des Osmanlis qui n'a conservé de sa souverainté en
Crète que ce qu'il en a gardé en Bosnie-Herzégovine et
à Chypre, c'est-à-dire bien peu de chose. Les adjectifs
fictif et *dérisoire* viennent naturellement sous la plume
lorsque l'on se rend un compte exact de la valeur réelle
de cette prétendue souveraineté.

Les Musulmans insulaires ont si bien compris la
situation, le caractère définitif de la séparation de leur

(1) V. *La question crétoise (Chronique politique)*, R. D. P., 1900,
t. II, p. 549.

pays et de l'empire turc que, sur des ordres venus, dit-on, de Constantinople, ils ont en foule quitté l'île. On évalue le nombre de ces émigrants à plus de la moitié du chiffre total de l'élément mahométan, soit 40.000 sur 75.000. Cet exode est d'autant plus caractéristique que la Constitution avait établi la liberté religieuse et pris soin de sauvegarder les droits, les usages, jusqu'aux susceptibilités des Musulmans, puisqu'on a laissé libre l'exercice des religions.

Politiquement parlant, cet amoindrissement de la minorité musulmane comporte un avantage, puisqu'il facilitera tôt ou tard l'accomplissement des aspirations des Crétois, c'est-à-dire l'union avec la Grèce. Ainsi, les Crétois en sont venus à considérer l'état de choses actuel comme une période de transition, un stage provisoire. Comme le dit un journal : « Le quartier rouge ajouté par la volonté des puissances aux couleurs grecques de leur drapeau, leur rappelle le passé sans les effrayer pour l'avenir. Dans l'étoile blanche qui apparaît sur ce quartier rouge, ils aiment à ne voir que l'étoile de Bethleem. Le rayon prolongé qui la distingue de l'étoile turque pointe vers la Grèce et devient à leurs yeux l'étoile de l'espérance. »

P. S. — Ce chapitre était terminé depuis quelques jours, lorsque le *Temps* a publié le télégramme suivant (1) :

Copenhague, 24 août, 8 h. 30.

« Le haut commissaire de l'île de Crète, prince Georges de Grèce, qui séjourne actuellement en Danemark, se propose, dit-on, de faire une tournée auprès des quatre grandes puissances protectrices pour plaider en faveur de la réunion de l'île à la Grèce. »

(1) V. *Le Temps*, n° du 25 août 1903.

Cette démarche nous engage à signaler brièvement le résultat des élections législatives d'avril, dont nous n'aurions point parlé si nous ne pensions qu'elles sont la cause des pourparlers qui seraient engagés en ce moment par le prince Georges. Celui-ci, en effet, a été encouragé par des scrutins qui mettent au grand jour le panhellénisme aigu dont la Crète est atteinte (1). Il n'y existe que deux partis, celui de l'annexion pure et simple et celui de M. Benizelos, dont nous avons cité plusieurs fois le nom au cours de cette étude ; partisan d'une certaine autonomie qu'il motive par des considérations économiques. Or, sur 66 députés, 58 se sont proclamés partisans de l'annexion sans phrase, tandis que le parti Benizelos n'en a fait triompher que 8. On comprend que, muni d'un argument aussi important, le prince Georges n'hésite pas à se mettre en voyage.

(1) V. *Le Temps,* n° du 10 avril.

LE SOUDAN ÉGYPTIEN

I

Pour bien comprendre la situation très particulière
du Soudan, il est nécessaire d'abord d'étudier la condition actuelle de l'Egypte qui, elle aussi, se trouve dans
un état spécial dont on rencontrerait peu de précédents
ou d'équivalents. En raison précisément de ce double
caractère exceptionnel, nous croyons devoir insister
davantage sur la *question de fait*. Il est compréhensible,
en effet, que les principes traditionnels du droit des
gens aient été, sinon violés, tout au moins laissés à
l'écart. Ils ne pouvaient diriger une politique qui, soit
volontairement, soit en raison de la force même des
choses, a créé une situation telle que les diplomates des
temps antérieurs n'en avaient point connu.

Avant d'aborder l'étude de la situation juridique du

Soudan, il est nécessaire d'examiner celle de l'Egypte
et, en particulier, les conséquences qu'a pu entraîner
pour elle l'occupation britannique. La première question qui se pose est celle-ci : l'Egypte est-elle un Etat
vassal de la Porte ou une province autonome privilégiée ? (1) Quoique la majorité des auteurs penche
pour la vassalité, bien des controverses ont été sou-
levées à ce sujet. La question, en effet, est importante,
puisqu'il s'agit de savoir si, oui ou non, l'Angleterre
viole le traité de Paris de 1856.

C'est l'histoire seule du pays qui donnera la solution.
Disons de suite qu'elle ne saurait influencer la situation
actuelle faite au Soudan, car, dans l'un et l'autre cas,
personne n'avait qualité pour disposer des droits de
l'Egypte sans l'assentiment du Sultan.

En 1840, date à laquelle remonte véritablement
l'Egypte moderne, elle est incontestablement une province turque. Le 15 juillet, la Prusse, la Russie, l'Autriche et l'Angleterre signent, avec la Porte, la convention de Londres, d'après laquelle le Pacha d'Egypte
doit retirer ses troupes de l'Asie mineure, Mehemet-
Ali et ses descendants étant chargés d'administrer
l'Egypte. Refus de Mehemet-Ali, intervention anglaise
pour forcer le Pacha d'Egypte à signer la convention,
enfin consentement de celui-ci, le 13 février 1841, et
adhésion de la France à cette convention. Comme ce
firman de 1841 concédait à perpétuité à Mehemet-Ali
et à ses descendants le gouvernement de l'Egypte, il
était logique d'en déduire que ce dernier pays était
devenu un Etat vassal de la Turquie. Certains auteurs

____

(1) V. Chrétien, *Cours de droit international public, les Etats mi-
souverains.*

ont prétendu qu'au contraire, dans l'esprit des signataires, l'Egypte devait rester une province turque, une partie intégrante de l'Etat ottoman. Il est vrai que la convention maintenait en Egypte les lois établies par la Porte, l'obligation de frapper à l'effigie du Sultan la monnaie locale, de garder à son service les forces de terre et de mer, et enfin de conserver le drapeau ottoman. On ajoute qu'un firman du 8 juin 1873 donna au Pacha d'Egypte le titre de Khédive avec le droit de légiférer et même de contracter des traités avec des Etats étrangers. Est-ce bien là une simple délégation de la souveraineté du Sultan au Khédive, ne serait-il pas plus juste d'écrire que nous sommes en présence d'une aliénation ? Du fait même que la question reste controversée, l'occupation par l'Angleterre constitue une violation du traité de Paris (1) dont les diverses clauses ont été maintenues par les traités subséquents.

Faut-il s'étonner que l'Angleterre n'ait pas reculé devant cette violation ? N'oublions pas que depuis long-temps maîtresse des Indes, elle avait grand intérêt à conserver toute prépondérance sur la route la plus directe qui pût relier cet immense empire à la métropole et, dans sa prévoyance nationale, lord Palmerston déclarait déjà que si jamais un canal joignait la Mer

(1) L'article 7 du traité de Paris du 30 mars 1856 disait : « Les Hautes Parties contractantes, déclarent la Sublime Porte admise à participer aux avantages du droit public et du concert européens. Leurs Majestés s'engagent, chacune de leur côté, à respecter l'indépendance et l'intégrité territoriale de l'Empire Ottoman, garantissent en commun la stricte observation de cet engagement et considèrent en conséquence tout acte de nature à y porter atteinte comme une question d'intérêt général. » Cet article a été confirmé par l'art. 8 du traité de Londres du 13 mars 1871 et par l'art. 63 du traité de Berlin du 13 juillet 1878.

Rouge à la Méditerranée, l'Angleterre serait obligée
d'annexer l'Egypte. Ce canal existe depuis 1869 ; l'Angleterre, qui en avait d'abord combattu l'exécution, ne
s'est pas entêtée contre le fait accompli. Au contraire,
elle s'est surtout appliquée à s'emparer elle-même de
l'arme qu'elle avait considérée d'abord comme dirigée
contre elle. Elle commença par acheter les 176,000
actions du khédive Ismail que le duc Decazes avait
laissées échapper en 1875. Puis elle s'introduisit dans la
direction politique, grâce à l'intervention financière et un
rescrit du 28 août 1878, et fit entrer M. Revers Wilson
au ministère des finances. Le 5 avril 1880, l'Angleterre pénètre, ainsi que la France avec deux voix chacune, et trois autres Etats avec une voix seulement, dans
la Commission de liquidation de la Dette.

Ici, nous entrons dans la période d'où va dater la prépondérance anglaise (1). Arabi-Pacha soulève l'armée ;
le 25 juin 1882, M. de Freycinet et lord Grandville
signent un protocole de désintéressement d'après lequel
les gouvernements s'engagent à ne rechercher ni avantage territorial, ni privilège commercial. La nécessité
de l'intervention n'en restait pas moins incontestable ; le
ministre français crut pouvoir en abandonner les charges
à l'Angleterre. Il n'avait sans doute pas prévu les conséquences d'un effacement volontaire que rien ne nous
imposait alors. L'Angleterre, le 10 juillet 1882, fut
seule à bombarder Alexandrie. Le 13 septembre suivant, elle fut encore seule à disperser, à Tell-el-Kébir,
l'armée d'Arabi-Pacha avec tant de facilité que la plus
grande partie de l'armée britannique put entrer au Caire

(1) V. de Lapradelle, *Chronique internationale.* (R. D. P., 1899,
t. I, p. 289.)

en wagons de seconde classe. Ayant ainsi pacifié seule le pays, il était à prévoir que la Grande-Bretagne, selon la prophétie de Gambetta, entendrait être seule à y rester. Il ne fut alors question ni d'annexion, ni même de simple protectorat, le caractère précaire de son établissement n'était pas pour l'inquiéter, car il était évident que, dès lors, la force des choses et le temps lui-même allaient travailler pour elle et lui permettre de le consolider.

La France, évincée d'une situation déjà ancienne, ne fut pas seule à s'inquiéter de la prépondérance qu'elle avait laissé conquérir à sa rivale. L'Europe partagea les mêmes anxiétés ; sa première préoccupation, selon une idée chère à Metternich, fut d'assurer la liberté du canal de Suez ou, suivant des expressions plus précises, sa neutralisation ou son internationalisation. Le 29 octobre 1888, le traité de Constantinople neutralisa les eaux du canal de Suez en temps de paix et en temps de guerre, en subordonnant ces clauses au maintien du régime territorial actuel. Un second moyen de lutter contre la prépondérance anglaise fut l'institution des tribunaux mixtes qui avaient été créés par Nubar-Pacha en 1876 pour les procès entre étrangers de nationalités différentes ou entre étrangers et indigènes. Aussi, les Anglais ne cessèrent-ils, selon les termes mêmes de sir Alfred Milner, de considérer cette institution comme une forteresse au profit de l'influence étrangère, et de lui faire pièce en s'efforçant de réorganiser la juridiction locale.

Une autre arme dans les mains des adversaires de l'hégémonie britannique est la Commission de la Caisse de la Dette créée, le 7 juillet 1880, par la loi de liqui-

dation. Elle peut, à l'occasion, tenir l'Angleterre en
échec, surtout s'il est démontré qu'en principe ses
résolutions doivent être prises à l'unanimité des voix.
Ainsi, quand l'Angleterre voulut trouver, dans la Caisse
de la Dette, 500,000 livres égyptiennes pour l'expédition du Soudan, deux commissaires sur six s'y oppo-
sèrent et les tribunaux mixtes décidèrent qu'il n'était
pas possible de passer outre à cette opposition, bien
qu'elle fût l'œuvre d'une minorité (1).

II

En sens inverse, pour demeurer en Égypte, le grand
moyen de l'Angleterre, c'est le Soudan (2). Elle trouve
là un prétexte pour imposer à l'Egypte non seulement
ses services, mais aussi sa souveraineté. Elle ne désirait pas le Soudan pour l'Egypte, mais pour lui-même
et désormais peut-être est-ce l'Egypte qu'elle désire
pour le Soudan seul. Par le canal de Suez, elle commande la route des Indes, et par le Soudan elle peut
dominer l'Afrique centrale, suspendre une menace sur
le Nil d'une part, sur la France, l'Allemagne et la
Belgique coloniales d'autre part. Par lui, elle prend
accès sur le détroit de Bab-el-Mandeb et peut fermer
Suez par la mer Rouge qui n'est pas neutralisée comme
le canal dont elle forme le prolongement. Bon nombre
d'hommes politiques anglais se sont du reste expliqués
sur cette question avec une entière franchise.

La conquête du Soudan avait été commencée par

(1) Cour d'Alexandrie, 2 décembre 1896.
(2) R. G. D. I. (1899), *Chronique des faits internationaux, Egypte
et Soudan* (communication de M. Despagnet), p. 169 et suiv.

Mehemet-Ali ; Ismail-Pacha la continua et c'est pour
lui qu'en 1870, Becker explora la région des sources et
qu'en 1874, Gordon organisa la province d'Equatoria (1). Mais les exactions fiscales de l'Egypte soule-
vèrent un mécontentement dont en 1882, un homme de
Dongola, Mohammed Achmed, profita pour se faire
reconnaître pour le Mahdi, sorte de messie qui, d'après
les traditions musulmanes, doit venir pour délivrer les
croyants du joug des infidèles. Ce révolté occupa successivement les provinces du Kosdofan, du Darfour,
du Bahr-el-Gazal et de l'Equatoria. Les tentatives de
résistance des Egyptiens furent inutiles et l'expédition
commandée par le général Hicks-Pacha aboutit à un
complet échec ; il fut écrasé à Shekan, le 3 novembre
1883, et, comme à cette époque, l'Angleterre ne voulait pas courir les risques d'une guerre, elle chargea
Gordon de faire évacuer le Soudan (2). Parti dans le
simple but de recueillir et de ramener les garnisons
égyptiennes disséminées dans les provinces soudanaises, il fut enfermé dans Khartoum où il trouva une
mort tragique, le 26 janvier 1885. Lord Wolseley
n'ayant pas été alors autorisé à venger le héros écos-
sais, le mahdisme se trouva de ce fait encouragé et la
mort même de son chef, survenue en 1885, n'arrêta pas
le mouvement qui continua sous le règne du khalife
son successeur. Ses lieutenants, Wad et Négumi dans
le Dongola, Osman Digma sur la mer Rouge, menacè-
rent les frontières égyptiennes. Chose étrange, à cette
époque inquiétante, l'Angleterre n'agita pas le spectre
du mahdisme pour justifier son occupation en Egypte.

(1) Pensa, *L'Egypte et le Soudan égyptien*, p. 214.
(2) Eugène Aubin, *Les Anglais aux Indes et en Egypte*, p. 275.

Elle n'adopta ce procédé qu'en 1896, alors qu'elle savait déjà que le Darfour s'était révolté et que le Bahrel-Gazal secouait le joug du khalife. C'est qu'elle préparait l'expédition qui devait se terminer en 1898 par les victoires de Dongola, Berber, Karthoum et surtout par la sanglante journée d'Ondurman qui, le 2 septembre, rendit la Grande-Bretagne maîtresse absolue du Nil.

L'Angleterre a tiré de ses victoires une conséquencé importante : par la convention du 19 janvier 1899, alors qu'elle n'ose pas encore poser son protectorat sur l'Egypte, elle a posé franchement ses droits sur le Soudan bien qu'en employant des térmes à dessein très vagues et très compliqués elle n'ait pas proclamé son annexion pure et simple de cette province à l'Empire. Qu'on en juge du reste par le texte :

Attendu que certaines provinces du Soudan, qui étaient en rebellion contre l'autorité du khédive, sont maintenant reconquises, grâce aux efforts militaires et financiers joints du gouvernement de sa Majesté britannique et du gouvernement du khédive ; Attendu qu'il est devenu nécessaire de choisir un système d'administration et d'établir des lois pour lesdites provinces reconquises, en tenant compte des conditions rétrogrades et troublées d'une grande partie de ces régions, ainsi que des besoins divers des différentes localités ; Attendu le désir de donner satisfaction aux titres qu'a acquis le gouvernement de Sa Majesté britannique, par droit de conquète, de participer au présent règlement, ainsi qu'à la mise en œuvre et au développement dudit système de législation ; Attendu qu'il est évident que, pour de nombreux motifs, Houady-Halfa et Souakim peuvent être administrés d'une manière plus effective en connexité avec les provinces reconquises auxquelles ces territoires sont adjacents ; il est agréé et déclaré par les présentes, entre les soussignés dûment autorisés pour cet objet ce qui suit :

Dans la convention anglo-égyptienne, le mot Soudan désigne tous les territoires situés au Sud du 22e parallèle de latitude, qui n'ont jamais été évacués par les troupes égyptiennes depuis 1882, et ceux qui, ayant été administrés par le gouvernement du khédive avant la rebellion du Soudan, ont été ou seront ultérieurement reconquis par le gouvernement anglais et le gouvernement égyptien agissant de concert.

Les drapeaux anglais et égyptien seront arborés dans toute l'étendue du Soudan, excepté dans la ville de Souakim où le drapeau égyptien seul devra être hissé.

Le commandement suprême au Soudan sera confié à un officier qui sera désigné sous le nom de gouverneur général du Soudan. Il sera nommé par décret khédivial avec la sanction du gouvernement britannique.

Les lois, décrets et règlements promulgués en vue de la bonne administration du pays, pourront être modifiés ou abrogés par une proclamation du gouverneur général.

Cette proclamation sera notifiée à l'agent britannique au Caire et au Président du Conseil des ministre du khédive. Aucune loi égyptienne, décret ou arrêté ministériel non encore promulgué ne sera applicable au Soudan, à moins que le gouverneur général ne juge à propos de les adopter et d'en faire l'objet d'une proclamation. En ce qui concerne les conditions sous lesquelles les Européens seront admis à résider ou à faire du commerce, ou à acquérir des propriétés au Soudan, aucun privilège spécial ne sera accordé aux sujets d'aucune des puissances.

Les droits d'importation ne frapperont pas les marchandises pénétrant dans le Soudan par la voie des territoires égyptiens, mais ces droits devront être perçus sur les marchandises venant d'ailleurs que des territoires égyptiens; toutefois, les marchandises entrant au Soudan, à Souakim ou dans les autres ports du littoral de la mer Rouge, payeront pour le moment des droits équivalents à ceux perçus sur les marchandises entrant en Egypte de pays étrangers.

Les marchandises quittant le Soudan pourront être soumises

à des droits, et ces droits pourront être modifiés de temps en temps par proclamation.

La juridiction des tribunaux mixtes ne sera étendue, en aucun cas, à aucune portion du Soudan, excepté à la ville du Souakim.

La loi martiale est et restera, jusqu'à nouvel ordre, en vigueur dans tout le Soudan à l'exception de la ville de Souakim.

Ni consuls, ni vice-consuls, ni agents consulaires ne seront accrédités et ne pourront résider au Soudan sans avoir préalablement été reconnus par le gouvernement britannique.

L'importation et l'exportation des esclaves au Soudan sont absolument prohibées.

Les deux gouvernements ont convenu de donner leur attention toute spéciale à l'application de l'Acte de Bruxelles du 2 juillet 1890, en ce qui concerne l'importation, la vente et la fabrication d'armes à feu, de munitions et de boissons distillées ou spiritueuses.

Le Caire, 19 janvier 1899.

BOUTKOS-PACHA ; CROMER.

Assurément de presque tous les articles de cette convention, que nous nous réservons d'examiner plus en détail, ressort une première impression qui ne fait que s'accentuer à une étude plus approfondie : à savoir que la prépondérance anglaise s'affirme déjà sans conteste. En dehors de ce point capital, l'équivoque, l'obscurité sont flagrantes ; alors même que la situation de l'Egypte ne présenterait pas déjà, par elle seule, un caractère exceptionnel, il serait encore bien difficile de dire si nous nous trouvons en présence d'un protectorat, d'un *condominium* ou d'une annexion pure et simple. On voit à quel point le problème est compliqué au point de vue international et il serait peut-être impossible de le résoudre si l'on ne se reportait aux théories posées lors de la conquête du Haut-Nil et surtout de l'incident de Fashoda qui amena entre les cabinets de Londres et de Paris des échanges de vue réitérées et provoqua entre la France et l'Angleterre un refroidissement d'autant plus grand que l'origine de la question était moins connue. Qui, d'ailleurs, aurait pu apprécier d'une façon exacte la situation du Soudan abandonné depuis quinze ans au Mahdi, dire si ce pays devait être considéré comme une terre sans maître, une *res nullius*, ou, s'il était resté une partie intégrante de l'Egypte momentanément occupée par un rebelle victorieux ?

Si l'on admettait le premier système, la conquête par les anglo-égyptiens détruisait l'organisation antérieure au mahdisme. Le droit de conquête, étant le seul titre de propriété à invoquer, donnait aux vainqueurs des droits nouveaux.

Le second système considère l'expédition non plus comme destinée à la conquête d'un pays neuf, mais à la reprise d'un territoire dépendant normalement de l'Egypte. Dans ce cas, la victoire ne peut avoir d'autres conséquences que de ressusciter l'ancien état de choses. Les régions recouvrées redeviennent alors parties intégrantes de l'Egypte et, par contre-coup, de l'empire ottoman.

Les nouveaux occupants du Soudan pouvaient à la rigueur, et ils n'y ont pas manqué, opter entre ces deux thèses, car il était admissible, et c'est notre avis, que les quinze années d'occupation mahdiste dussent suffire à abolir les droits déjà lointains de la Porte sur les Etats du khalife. Le cabinet anglais ne recula pas à cet égard devant les variations. A partir de 1882 et, pendant treize ans environ, le gouvernement britannique traita le Soudan comme une *res nullius* d'où avait disparu toute domination turque.

Ainsi que nous le disions plus haut, le système du Soudan *res nullius* était le seul sur lequel l'Angleterre pût légitimement tabler ses prétentions de conquête. L'introduction du mahdisme avait de fond en comble modifié les conditions de ce pays qui, tant qu'il avait été directement soumis à l'autorité égyptienne, méritait des nations civilisées la même considération que les Etats du khédive eux-mêmes. La prépondérance du mahdisme, c'est-à-dire d'un fanatisme mahométan tel qu'il ne se rencontre nulle part ailleurs, créait un état de choses aussi nouveau que redoutable. L'Angleterre l'avait si bien compris que c'est elle qui, en 1882, chargea Gordon d'organiser un gouvernement sous quelque descendant des anciens rois du pays et de faire évacuer les garnisons égyptiennes. Cette opération de l'Angleterre prouvait bien que, dès lors, elle considérait le Soudan comme un pays devenu, de par le fait du mahdisme *res nullius*, puisque pour remédier à cet inconvénient elle cherchait toutes les solutions possibles, même celles par lesquelles elle risquait de froisser les anciens droits de l'Egypte.

Nous nous écarterions de notre sujet en insistant sur les circonstances douloureuses dans lesquelles Gordon mourut héroïquement comme il avait vécu. Rappelons simplement que s'il ne mit pas d'empressement à obéir aux ordres d'évacuation qu'il avait reçus, s'il s'obstina à rester à Khartoum, ce fut pour ne pas livrer à un massacre général les garnisons égyptiennes éloignées. Lorsqu'on organisa pour aller à son secours l'expédition de lord Wolseley, il était trop tard.

Un autre fait va encore appuyer le raisonnement d'après lequel nous disons que l'Angleterre ne considérait pas le Soudan devenu madhiste comme une ancienne province égyptienne. En effet, en 1889, ce fut elle qui fit ramener à la côte par Stanley, Emin-Pacha, qui jusque-là occupait l'Equatoria au nom du khédive. On n'a pas oublié les bruits singuliers et sinistres qui coururent à cette époque dans toute l'Europe.

Enfin, par le traité du 12 mai 1894, l'Angleterre et l'État indépendant du Congo se cédaient réciproquement à bail certains territoires du Bahr-el-Ghazal et de la province équatoriale. Il serait difficile de trouver une manière plus nette de traiter le Soudan comme une *res nullius*. C'est probablement la thèse à laquelle la Grande-Bretagne n'aurait pas un instant cessé de s'attacher si les imprudentes déclarations faites par M. Hanotaux en 1894 n'étaient venues lui offrir un système beaucoup plus avantageux pour ses revendications. Du moment que la France — et aussi la Turquie — regardaient le Soudan comme n'étant pas libéré de toute attache envers l'empire ottoman, la théorie du Soudan *res nullius* devenait inutile pour le cabinet de Londres; aussi l'abandonna-t-il sans hésiter, pour se réclamer désormais du principe opposé, celui des droits du khédive et du sultan.

Nous comprenons cette volte-face inspirée par des considérations d'ordre diplomatique; mais quant à nous qui tenons à demeurer sur le terrain juridique, nous persistons à soutenir que la théorie du *res nullius* est la seule juridiquement possible. Pour nous, la situation actuelle du Soudan est le résultat d'une conquête faite conjointement par l'Angleterre et par l'Egypte. De cette conquête est résulté l'établissement d'un *condominium inégal*, nous voulons dire que le gouvernement du Caire a opéré en faveur de sa puissante alliée, *une cession déguisée de ses droits*.

Pour que la souveraineté soit acquise, il faut une prise de possession légitime, une préhension matérielle. L'occupation (1) est l'acquisition par un Etat de la souveraineté sur un territoire qui n'appartient à personne grâce à une prise de possession effective. Les territoires susceptibles d'une occupation de ce genre sont les territoires *res nullius* c'est-à-dire, soit ceux qui n'ont jamais eu de maître, soit ceux qui ont été abandonnés par un Etat. Un territoire doit être considéré comme vacant lorsqu'il y a eu perte du *corpus* et de l'*animus dominandi*.

Le Soudan répond bien à ces conditions : la perte du corpus n'est pas contestable. La région avait été complètement abandonnée par l'Egypte qui avait retiré tous ses fonctionnaires et de plus la domination mahdiste avait apporté pendant les treize ans de khalifat, une complète transformation administrative du pays ; elle en avait même changé la capitale pour la transférer de Khartoum à Omdurman.

La perte de l'*animus dominandi* ressort également des faits que nous avons rappelés plus haut, elle laissait l'Angleterre agir en maîtresse souveraine dans le pays. C'est cette dernière puissance en effet qui, sans que l'Egypte intervint et sans protestation de sa part, chargea Gordon de réorganiser le pays, fit ramener Emin-Pacha à la côte et négocia enfin des cessions de territoires avec le Congo.

(1) V. Chrétien, *Cours de droit international public.*

On voit combien la situation faite aux Anglais dans le Soudan égyptien différait de celle des Italiens à Massaouah puisqu'à l'époque de leur installation en 1885, le corps de troupes qui débarqua dut s'installer à côté d'une garnison égyptienne. La présence seule de cette garnison démontrait qu'à Massaouah, l'Egypte n'avait jamais perdu l'*animus dominandi*.

Malgré les réticences facilement explicables à l'égard du khédive, le discours prononcé à la Chambre des Lords (1), le 6 mars 1899, par lord Salisbury, fait ressortir nettement l'intention de l'Angleterre de s'appuyer sur le droit de conquête.

« Il n'y a rien dans les termes dont nous nous sommes servis, disait-il, qui justifie l'allégation que le Soudan est devenu possession de la Reine.

Nous détenons les domaines du khalife à deux titres : d'abord, *comme ayant fait indubitablement partie des possessions de l'Egypte* que nous occupons naturellement, et ensuite à un titre *beaucoup moins compliqué, beaucoup moins ancien et beaucoup plus facile à comprendre qu'on appelle le droit des conquérants.* Les territoires en question ont été conquis par les troupes britanniques et égyptiennes. J'ai eu soin dans la première communication écrite que j'ai adressée au gouvernement français, de baser notre titre sur le droit de conquête, parce que je crois que c'est le plus utile, le plus simple et le plus salutaire des deux. Mais j'ai vigoureusement répudié les conclusions qu'on pourrait être porté à tirer de cela : à savoir que nous ayons l'intention de disputer les titres de notre allié le khédive et de commettre quelque

____

(1) Despagnet, *Egypte et Grande-Bretagne*, R. G. D. I., 1899, p. 193.

injustice à son égard. Nous avons reconnu pleinement la position du khédive. Lord Kimberley a demandé si nous reconnaissions la position d'une autre puissance quelconque, et je réponds : *Nous nous basons sur le titre de conquête, que le Soudan ait fait partie ou non des provinces ottomanes à un moment donné*, ce dont je doute grandement, et en tout cas, il ne s'agirait que d'une très minime partie du Soudan. Celui-ci a été conquis et occupé pendant treize ans par le khalifat, et, jusqu'à notre intervention, cette conquête n'a pas été troublée. Or, prétendre que les efforts de l'armée anglo-égyptienne doivent simplement faire revivre des réclamations que les événements avaient écartées, au profit de tiers n'ayant pas pris part à notre action, c'est une prétention qui ne peut être soutenue en se basant ni sur un précédent historique, ni sur le droit international. Nous tenons le Soudan par la conquête. »

Une objection est à prévoir : on fera ressortir les fluctuations de la diplomatie anglaise passant sans transition du système de *res nullius* à celui du Soudan, ancienne province égyptienne. Mais comment pourrait-on lui en faire un grief? Si elle a ainsi changé, c'est parce qu'elle y trouvait un avantage à la suite des déclarations faites par le gouvernement français au sujet des affaires du Congo. Cependant le Congo ne pouvait sortir — et c'est une question que nous examinerons plus loin — des limites fixées par sa propre déclaration de neutralité, ni agir à l'encontre du droit de préemption qu'il avait reconnu à la France. Ces objections que la France soulevait avec raison suffisaient et ne pouvaient donner aucun argument contre elle. Mais M. Hanotaux, alors ministre des affaires étrangères, crut devoir ajouter, dans un discours prononcé au Sénat, le 5 avril 1895 (1) : « La position prise par la France est la suivante dans ces régions ; elles sont sous la haute souveraineté du sultan. Elles ont un maître légitime, c'est le khédive. » Aussitôt ces paroles prononcées, notre ministère des affaires étrangères avait les mains liées. On se demande comment, après cette déclaration, il put envoyer le commandant Marchand pour occuper un territoire sur lequel il avait affirmé voir toujours planer le droit souverain de l'Egypte et même, moins directement, de la Turquie. L'imprudente déclaration de M. Hanotaux nous interdisait pour l'avenir le cours et le bassin du Nil. Du moment que les drapeaux égyptiens se présentaient à Fashoda nous n'avions qu'à partir (2).

III

Jamais, d'ailleurs, expédition ne fut entreprise dans des conditions plus déplorables. Débarqué, le 23 juillet 1891, à Loango, Marchand mit environ trois ans pour arriver à Fashoda, but précis qui lui avait été indiqué avant son embarquement. Mais, s'il connaissait exactement sa destination, le gouvernement n'avait rien fait savoir aux tierces puissances de ses intentions, tandis que celles de l'Angleterre avaient été annoncées très

(1) V. le discours de M. Hanotaux à la Chambre, le 7 juin 1894, R. G. D. I. (1894), p. 385 et au Sénat, le 5 avril 1895, t. II (1895), p. 356.

(2) V. Robert de Caix, *Fachoda, la France et l'Angleterre.*

Ibid. Premier livre bleu, Fashoda, n° 1 ; deuxième livre bleu, Fashoda, n° 2.

Deloncle, *La question de Fashoda, Revue politique et parlementaire,* 1899.

haut. Ce silence du gouvernement français concorde mal avec la nécessité qui obligeait fatalement le chef de l'expédition à recourir, pour son voyage, aux bons offices du Congo indépendant qui était alors dans les meilleurs rapports avec l'Angleterre et ne pouvait manquer de donner à celle-ci toutes les informations nécessaires. C'est là, peut-être, une des causes qui obligèrent la mission à attendre assez longtemps à Matadi les moyens de transport indispensables. Toutes ces difficultés n'empêchèrent pas Marchand d'arriver, le 10 juillet, à Fashoda tandis qu'Omdurman ne vit entrer le sirdar Kitchener que le 2 septembre. Mais, quinze jours après, Kitchener ayant été informé de l'entrée de troupes européennes à Fashoda et de leur combat victorieux contre les derviches, arrivait à son tour. On sait le reste, Kitchener fut mandé à Londres tandis que le capitaine Barattier était appelé à Paris ; le premier ne se réembarqua que pour assurer définitivement la possession du pays tandis que le second revint avec l'ordre d'évacuation.

S'il est juste de rendre hommage à l'endurance des troupes expéditionnaires, il n'en faut pas moins reconnaître qu'elles avaient opéré dans des conditions qui ne leur permettaient pas de faire une œuvre durable. Nous avions été avertis par sir Grey qui, d'abord, en faisant allusion aux traités conclus avec l'Allemagne et l'Italie, avait constaté l'abandon consenti par ces deux nations de toute prétention sur le Soudan (1) ; il avait fait savoir aussi que la pénétration d'une expédition fran-

____

(1) C. F. de Martens, *Nouveau recueil général de traités*, 2ᵉ série, t. XVI, p. 395.
Ibid., *Archives diplomatiques*, 1891, II, p. 269.

çaise jusqu'à la rive gauche du Nil serait considérée comme un acte inamical (1). D'autre part, aucune puissance européenne n'était en disposition ou en mesure de nous appuyer dans ces revendications. On le vit bien au moment du voyage du capitaine Barattier à Paris puisque, le comte Mouraview vint lui-même dans notre capitale et que les explications fournies par lui exercèrent sans doute une grande influence sur la résolution que prit le gouvernement français. D'ailleurs, même abstraction faite des paroles prononcées par M. Hanotaux en 1895, il serait difficile de soutenir que l'occupation de Fashoda eût constitué, selon les termes de l'article 33 de l'acte de Berlin : «. l'autorité suffisante pour faire respecter les droits acquis ». Si Marchand dirigeait une unité militaire assez forte, cette unité restait isolée, et ce ne sont ni le fort, ni le jardin, ni les légumes dont elle disposait qui auraient pu, à un moment donné, le tirer d'embarras. Marchand le sentait si bien qu'il avait pris soin de passer un traité de protectorat avec le chef des Shilluks. Mais rien n'est plus vague qu'un tel traité. L'a-t-on passé avec le souverain véritable ? Celui-ci en a-t-il exactement compris le sens ? Du reste, le 30 septembre 1898 (2), l'Angleterre communiquait à la France un télégramme d'après lequel : « le Mek des Shilluks nie avoir conclu aucun traité et le sirdar affirme de nouveau que les Shilluks prirent la mission Marchand pour les troupes anglaises ». Comment s'appuyer alors sur un prétendu traité que les protégés désavouaient eux-mêmes ? (3)

(1) Livre jaune, *Affaires du Haut-Nil et du Bahr-el-Ghazal.* n° 7, p. 5.
(2) Livre jaune, *Affaires du Haut-Nil et du Bahr-el-Ghazal,* p. 10.
(3) *Ibid.,* p. 14.

Du jour où l'évacuation de Fashoda était terminée,
la question du Soudan était virtuellement tranchée. Elle
fut confirmée par la déclaration du 21 mars 1899

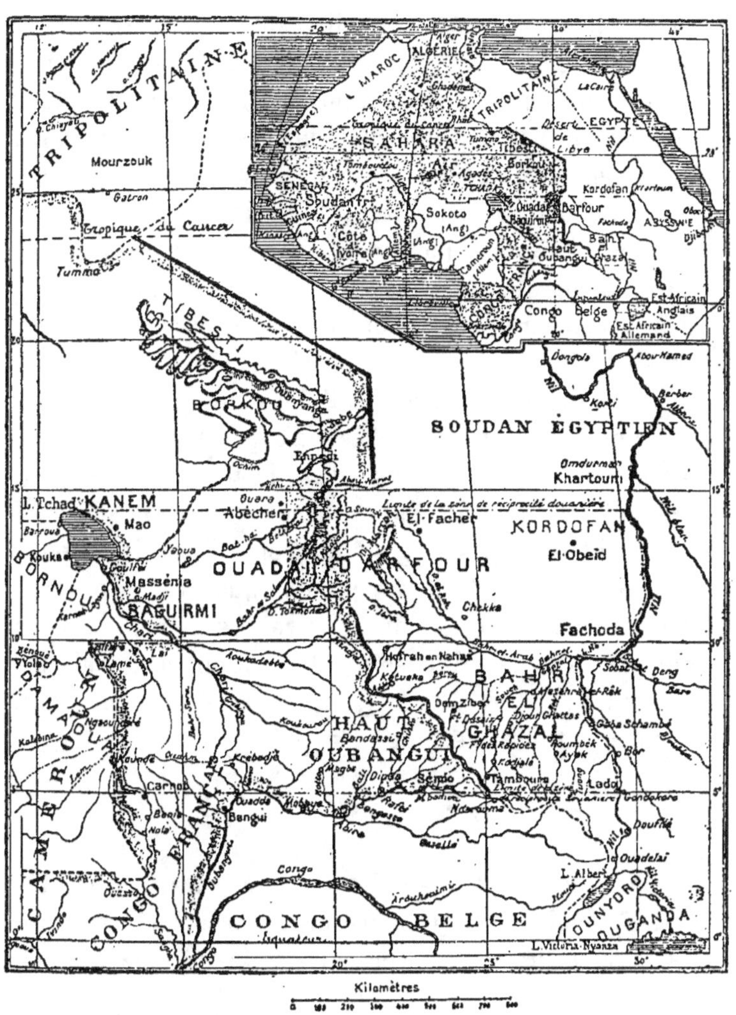

Convention franco-anglaise du 21 mars 1899.

qui délimitait nos possessions de celles de l'Angleterre et nous reconnaissait la possession d'un certain nombre de territoires du Bahr-el-Ghazal.

Si, dans le cours des négociations, toute allusion aux droits de l'Angleterre sur l'Egypte a été évitée, ce silence n'empêcha pas que ces négociations n'aient encore affermi son occupation en Egypte en acceptant comme légitime son intrusion dans le Soudan. Si nous nous sommes un peu longuement étendu sur cette question c'est d'abord en raison du bruit qu'elle a fait, en Europe, mais aussi pour montrer la volte-face complète effectuée par la politique britannique qui ne s'attache pas avec acharnement à des théories qui ne serviraient plus en rien les intérêts nationaux. C'est, en effet, au nom des droits du khédive qu'elle avait exigé le retrait de la mission Marchand. C'est dire qu'elle a abandonné, quant à présent et depuis 1894, la théorie du Soudan *res nullius*. Cette nouvelle attitude s'explique aisément aujourd'hui que les Anglais ont consolidé leur prépondérance en Egypte et, qu'en conséquence, ils peuvent prétendre agir au nom du khédive. Le même motif les entraîne à éviter avec soin de mentionner jamais les droits de l'empire ottoman, encore que ceux-ci soient intimement liés à ceux de l'Egypte.

IV

Mais, de ce que l'Angleterre, pour des motifs intéressés, semble avoir renoncé provisoirement à sa thèse de la *res nullius,* il ne s'en suit pas qu'elle-même ne la

(1) V. Blanchard, *L'affaire de Fashoda et le droit international,* R. G. D. I., 1899, t. VI, p. 380 et suiv.

reprenne de temps en temps et n'hésite pas à la juxta-
poser à celle qui voit dans le Soudan une ancienne
province égyptienne. Pour s'en rendre compte, il n'y a
qu'à relire les passages du discours de lord Salisbury
cités plus haut et les considérants qui précèdent le dis-
positif du traité du 19 janvier 1899. Si cependant, l'on
examine attentivement le fond de ces déclarations, on
verra qu'il est bien nettement en faveur de la théorie
res nullius. Ainsi que nous le disions plus haut, c'est
cette théorie, du reste, qu'il faut toujours prendre
comme point de départ puisque les occupants n'ont pas
rétabli au Soudan le régime antérieur au khalifat, qu'ils
ont créé de leur seule autorité un état de choses tout
nouveau, sans l'assentiment de la Turquie ni des puissances intéressées aux affaires ottomanes. Nous sommes,
depuis le traité du 19 janvier, en présence d'une propriété collective, indivise, en un mot d'un *condominium*.
Mais ce condominium frappe immédiatement par son
caractère d'absolue inégalité. Les deux co-souverains
n'ont pas des droits égaux comme ceux que possédaient
l'Angleterre, l'Allemagne et les Etats-Unis sur Samoa,
comme ceux qu'ont encore aujourd'hui la France et
l'Espagne sur la République du Val d'Andorre.

Ce condominium ne soulèvera certainement jamais
de difficultés entre les deux pays comme cela s'est
parfois présenté dans des cas analogues. Rappelons
seulement celui du Sleswig-Holstein qui amena, en
1866, la guerre entre la Prusse et l'Autriche. Rien de
pareil n'est à craindre sur le Nil puisque l'Angleterre,
si elle s'est réservé au Soudan la part du lion, est en
même temps la maîtresse en Egypte et que sa prépon-

(1) Despagnet, *op. cit.*

dérance n'est pàs moindre au Caire qu'à Khartoum. Une preuve manifeste de cette prépondérance absolue, c'est qu'il lui a suffi de le vouloir, pour rejeter sur l'Egypte seule le fardeau de l'occupation commune et faire inscrire chaque année de ce chef, un crédit important au budget khédivial. Ce caractère d'inégalité dans le condominium est précisément le motif qui permet de considérer la situation actuelle comme une *annexion déguisée* à l'Angleterre, puisque celle-ci possède tous les droits. Elle avait préparé cette annexion, non seulement par la force des armes, mais aussi en soutenant successivement les théories qui devaient la justifier, dont nous avons déjà parlé mais qui ne pouvaient se concilier entre elles.

Aussi, malgré une partie des déclarations antérieures, les signataires du traité de 1899 se sont ralliés à une thèse unique : celle du Soudan *res nullius*. Ils ne considèrent plus le pays comme ayant eu auparavant un maître légitime, le Sultan qui, par l'intermédiaire du khédive aurait fait rentrer dans l'obéissance les provinces rebelles, mais comme un territoire sans maître devant appartenir au premier conquérant. Tous leurs actes et la logique des faits le démontrent surabondamment en dépit de paroles dictées par des circonstances passagères ou basées sur des motifs d'intérêt politique.

Ah ! ceux qui ne croient pas à une annexion déguisée par l'Angleterre auraient bien tort de s'imaginer qu'au cas de la disparition du condominium, l'Angleterre et l'Egypte se partageraient les provinces du Soudan. On a pu formuler cette thèse, elle ne saurait tromper personne. Si lord Salisbury, après avoir indiqué le droit de conquête comme raison de l'occupation par l'Angleterre,

a répudié cette conséquence que le gouvernement eût
« l'intention de disputer les titres de son allié le khédive », qui oserait en conclure qu'il ait jamais eu l'intention d'abandonner à celui-ci une partie quelconque des
possessions soudanaises ? Malgré les déclarations d'après
lesquelles le diplomate anglais reconnaissait pleinement la position du khédive, celui-ci est bien loin
aujourd'hui d'avoir, envers le Soudan, la situation dont
il jouissait avant la conquête mahdiste. Tout ce qu'il a
perdu, c'est l'Angleterre qui l'a gagné et le caractère
déguisé de l'annexion dont elle bénéficie ne saurait plus
tromper personne quant à la réalité des faits.

V

La réalité des faits, disons-nous, et quel autre système
pourrait s'accorder avec elle. Ce n'est assurément pas
celui assez spécieux cependant qui considère le Soudan
comme une province égyptienne placée sous le protectorat de la Grande-Bretagne. Nous ne croyons pas qu'un
pays puisse se soumettre partiellement à un protectorat
attendu que le protectorat s'attaque à la souveraineté
et que la souveraineté est indivisible. Si le Soudan,
considéré comme province égyptienne, était placé sous
le protectorat britannique, c'est l'Egypte toute entière
qui, logiquement, se trouverait dans le même cas.
Comme d'autre part, elle n'a pas cessé, à titre de
vassale, de relever du sultan, elle serait dans une
situation inextricable puisque suzerain et protecteur
ayant souvent les mêmes droits risqueraient à chaque
instant de se trouver en conflit.

Les faits suffiraient d'ailleurs à faire justice de cette

thèse. Or, les faits, et nous le regrettons tout en le constatant, tiennent souvent, en droit international, la première place, surtout lorsqu'il s'agit de questions qui se présentent sous un jour que n'avaient pas connu les diplomates d'autrefois. Ce n'est guère qu'en Orient ou, quoique plus rarement, en Extrême-Orient que se soulèvent ces problèmes d'un ordre particulièrement complexe. Tel est le cas du protectorat moderne qui diffère beaucoup du lien de vassalité tel qu'on l'entendait dans l'ancienne organisation féodale et qui, lui, pouvait se restreindre à certaines portions d'un Etat sans en englober l'ensemble et sans porter atteinte aux droits de souveraineté.

Un des faits qui consacrent le maintien de la vassalité égyptienne à l'égard de la Turquie, c'est la conservation des capitulations et l'organisation des tribunaux mixtes. Une juridiction analogue aurait donc dû surgir au Soudan si celui-ci était une province égyptienne. Le protectorat, en effet, n'a pas pour conséquence d'entraîner par lui-même la chute de cette institution spéciale. Or, nous avons vu qu'elle est absolument écartée du Soudan et si, par exception, elle subsiste à Souakim, c'est en raison d'une circonstance exceptionnelle, les mahdistes n'ayant jamais pu s'emparer de cette ville qui n'a pas cessé un instant d'appartenir à l'Egypte et qui seule aujourd'hui dans ces régions voit flotter les couleurs égyptiennes sans que l'Union-Jack soit arboré à ses côtés. Nous prévoyons une objection. On nous dira : même en Egypte, la suppression des tribunaux mixtes entraînerait par elle-même le rétablissement complet du régime capitulaire. Jusqu'ici, ces tribunaux n'enlèvent aux juridictions consulaires et locales qu'une partie de leurs attributions, c'est-à-dire qu'ils les dessaisissent quand sont aux prises deux étrangers de nationalités différentes ou un étranger et un indigène quant à des questions qui ne touchent pas au statut personnel, matrimonial ou successoral. De plus, ces tribunaux ont toute compétence pour les procès relatifs aux immeubles se débattant entre étrangers, de nationalités différentes ou non, et même entre étrangers et indigènes. Enfin, d'après une stipulation formelle survenue lors de l'établissement des tribunaux mixtes, il est entendu que, le cas échéant, leur disparition replacerait les Européens sous le régime capitulaire tel qu'il était pratiqué en Egypte antérieurement à la création des tribunaux mixtes.

Quelle différence avec la situation faite au Soudan par la Convention de 1899 ! Celle-ci, abstraction faite de Souakim dont nous venons d'indiquer la situation particulière, n'admet la juridiction mixte pour aucune partie du Soudan. Il y a mieux : la Convention qui a établi pour l'Egypte, le retour des capitulations pour le cas où les tribunaux mixtes disparaîtraient, perd toute vigueur quand il s'agit du Soudan. La réserve est tellement formelle que nous tenons à citer textuellement le paragraphe officiel : « En ce qui concerne les conditions sous lesquelles les Européens seront admis à résider, à faire du commerce ou à acquérir des propriétés au Soudan, aucun privilège spécial ne sera accordé aux sujets d'aucune puissance. »

Ainsi, il est entendu que sur le Haut-Nil, les Européens ne jouiront pas du bénéfice des capitulations ; ils relèvent de la justice locale comme les indigènes. En présence de cette grave dérogation aux usages suivis dans toutes les fractions de l'Empire ottoman, la plupart des auteurs ont été amenés forcément à conclure que le Soudan ne saurait être regardé comme une province égyptienne. Nous verrons plus loin que cette manière de voir, qui est également la nôtre, est entièrement confirmée par une convention d'extradition passée en 1902 entre l'Egypte et le Soudan.

VI

Les arguments que nous avons employés contre le système qui représente le Soudan, comme une province égyptienne placée sous protectorat anglais, militent également — quelques-uns du moins — contre la théorie du Soudan, province ottomane autonome: Autonome ou non, une province ottomane, tout aussi bien qu'une province égyptienne sous protectorat étranger, aurait été dans l'impossibilité de supprimer de son propre chef, et sans autorisation de l'Europe, les capitulations qui ne sont autre chose qu'un engagement synallagmatique avec celle-ci. Il est inutile d'insister sur la valeur de cet argument que nous avons suffisamment développé en étudiant la thèse précédente. Pour les partisans du Soudan considéré comme province ottomane autonome, le pays aurait été reconquis pour le compte de la Porte par son représentant le khédive et par l'Angleterre ; puis le Sultan au lieu de la rattacher comme auparavant à l'Egypte, aurait récompensé d'une manière égale les deux gouvernements, unis dans la campagne de 1899, en donnant à tous deux l'administration collective de cette contrée. Ainsi, nous nous trouverions de nouveau en présence d'un état de choses

qui rappelle, par bien des côtés, la situation faite à la
Bosnie-Herzégovine et à l'île de Chypre. Nous-même,
quant aux effets, n'y voyons pas de différence pratique.
Cependant, il convient de faire remarquer que pour le
Soudan, on s'est passé de tout acte formel demandé à
la Sublime Porte et consenti par elle. Nous ne préten-
dons pas qu'il résulte de là pour la solution du problème
soudanais une impossibilité. Toutefois, il est caractéristique, que ce régime nouveau n'ait pas été basé sur
une décision expresse du Sultan qui aurait été d'autant
plus nécessaire, qu'en 1894, la Porte avait protesté
contre le projet, émis par la Grande-Bretagne, de donner à bail à l'Etat du Congo une certaine partie du
Bahr-el-Ghazal. Découragée sans doute par les épreuves
subies depuis le traité de Berlin, elle laissa les deux
vainqueurs du Mahdi disposer de la conquête à leur
gré. D'ailleurs, et cela démontre bien que les Etats
européens ne voyaient pas dans le Soudan une province
ottomane, ils se sont abstenus de toute immixtion ; ils
n'auraient pas agi ainsi dans le cas contraire, tant ils
sont accoutumés depuis des années à intervenir dans
l'administration intérieure de l'Empire turc au point
de n'y permettre, sans leur autorisation, aucun changement de quelque importance.

De plus, détail très caractéristique, la convention qui
a réglé le sort du Soudan ne contient même pas le nom
du Sultan et celui-ci n'a pas protesté malgré toute la
publicité donnée à ce document. N'est-ce pas avouer
qu'à Constantinople même, la théorie du Soudan, province ottomane, a cessé de rencontrer, sinon des partisans théoriques, du moins des défenseurs militants ?
Cette omission, loin d'être l'effet du hasard, est absolu-

ment conforme à l'esprit de la convention. Et que l'on ne nous réponde pas que le khédive a été considéré comme le délégué du Sultan pour la défense de ses droits. La souveraineté du khédive n'a pas tenu plus de place que celle du Sultan, soit qu'il s'agît de la suppression des capitulations, du bérat à accorder aux consuls, soit qu'il fût question d'aborder toutes les mesures d'administration intérieure ou extérieure qui ressortent de l'exercice de la souveraineté. Sans doute, le nom du khédive devait fatalement figurer dans un document anglo-égyptien, mais il n'y figure pas en tant que représentant de la Sublime Porte, mais comme co-conquérant. Nous verrons par l'examen des faits que les droits de la Porte ont été absolument mis à l'écart et qu'en aucun cas, on ne saurait considérer le khédive comme ayant été le mandataire du Sultan. L'acte exprès du Sultan qui aurait été indispensable n'existant pas, il est impossible de dire que l'on ait le moins du monde réservé les droits de ce souverain ; de là, le silence conservé par ce dernier prend l'importance d'une abdication qu'il est inutile de souligner.

VII

De tout ce qui précède, ressort la conclusion que le Soudan n'est ni une province égyptienne sous protectorat anglais, ni une province autonome de la Turquie. Quelle est donc sa situation devant le droit des gens ? Plusieurs auteurs persistent à voir dans le Haut-Nil un Etat indépendant appartenant par indivis au roi d'Angleterre et au khédive d'Egypte.

Cette hypothèse, présente tout d'abord une certaine

vraisemblance puisque les conquérants eux-mêmes,
se sont finalement appuyés malgré certaines contradic-
tions successives de leur part sur la thèse du Soudan
res nullius. Cette thèse, nous l'acceptons aussi, mais
nous n'en concluons pas qu'elle entraîne forcément
l'obligation de considérer aujourd'hui le Soudan comme
un Etat indépendant ; les partisans de cette hypothèse
reconnaissent qu'elle présente de grandes difficultés.
Il est entendu que le Soudan a été conquis par les armées anglo-égyptiennes combinées et il semblait tout
d'abord que ces deux Etats allaient avoir sur le pays des
droits égaux. Aussi, n'est-il pas surprenant que, le
5 janvier 1899, immédiatement après la conquête, lord
Cromer ait pu dire aux notables et cheicks d'Omdurman (1) : « Vous voyez les deux drapeaux anglais et
égyptien qui flottent sur cette maison, *c'est l'indication
qu'à l'avenir vous serez gouvernés par la reine d'Angleterre et le khédive d'Egypte*. Le seul représentant au
Soudan des gouvernements anglais et égyptien sera le
Sirdar en lequel la Reine et le khédive ont la plus
grande confiance. Aucune tentative ne sera faite pour
gouverner le pays du Caire et encore moins de Londres. »

Mais les choses ne s'en sont pas tenues là et, depuis
entre l'Angleterre et l'Egypte dont l'indépendance en
face de sa formidable alliée n'est qu'une fiction, sont in-
tervenus de nouveaux accords qui font qu'en réalité,
l'Angleterre est aujourd'hui au Soudan la souveraine
maîtresse, l'Egypte lui ayant cédé la plus grande partie des droits qui lui revenaient après la conquête
accomplie en commun. C'est là ce qui nous permet de

(1) Blanchard, *op. cit.*, p. 196.

dire que nous nous trouvons en présence d'une annexion déguisée effectuée au profit exclusif de l'Angleterre. L'Egypte ne possède plus aujourd'hui qu'un droit de souveraineté sans aucune valeur, analogue à celui que la politesse diplomatique a laissé en apparence à la Porte, sur la Bosnie-Herzégovine, l'île de Chypre et la Crète.

On nous objectera qu'en sa qualité de vassale de l'empire turc, l'Egypte n'avait pas le droit de faire, même alliée avec l'Angleterre, une guerre de conquête et *a fortiori* de signer la convention de 1899. Mais d'une part, il faut tenir compte de la situation difficile du khédive en face de l'Angleterre qui, elle, n'a pas coutume lorsqu'il s'agit de questions orientales de se préoccuper, outre mesure, de l'assentiment des puissances européennes pas plus que de celui de la Turquie elle-même.

D'un autre côté, la guerre contre le mahdisme a commencé dans des conditions spéciales; l'agression, commencée par Mohamed-Achmed et poursuivie ensuite par Osman Digma mettait vraiment l'Egypte en état de légitime défense. L'explosion d'un fanatisme intense était une menace perpétuelle pour celles des contrées musulmanes qui avaient le plus facilement acceptées les influences européennes. Le massacre des garnisons égyptiennes que Gordon fut impuissant à sauver prouve combien le péril était formidable. N'insistons pas d'ailleurs par trop sur la question de droit proprement dit; comme nous l'avons bien des fois répété, nous sommes dans une de ces situations où les faits prennent la place prépondérante. Or, les traités conclus en 1891, ont établi que l'Allemagne et l'Italie acceptent la situation

dont l'Angleterre s'est emparée dans le bassin du Nil.
La France aussi lui a donné son acquiescement, lorsqu'elle a fait évacuer Fashoda sur l'injonction de l'Angleterre et sans que l'Egypte ne fût intervenue.

Si nous examinons les actes de l'Angleterre au
Soudan, nous verrons que la plupart du temps, elle
agit comme elle le ferait dans une de ses colonies. C'est
ainsi qu'elle s'est réservé à elle seule le droit d'accorder l'*exequatur* aux consuls étrangers, droit inhérent
essentiellement à la souveraineté. Cette clause suffirait
à établir l'indépendance du Soudan vis-à-vis de la Turquie et de l'Egypte elle-même. Ce n'est pas seulement
sur ce point fort important cependant que la Sublime-
Porte et l'Egypte sont considérées comme des quantités
négligeables. On peut s'en rendre compte en étudiant
le Code pénal du Soudan et si, par ci, par là, il fait
mention de l'Egypte, le peu de droits laissé à celle-ci
est insignifiant ; les délits réprimés par ce code ne sont
que des délits d'ordre public dont la perpétration serait
peut-être plus préjudiciable à l'Angleterre qu'à l'Egypte
elle-même; par exemple, la divulgation d'un secret
concernant la défense de ces deux pays et du Soudan et
la contrefaçon des timbres-poste des trois pays. Quant
aux délits de cette espèce qui pourraient être commis
à l'encontre de la Turquie, le Code pénal n'y fait pas
la moindre allusion (1).

Le traité d'extradition dont nous avons parlé plus
haut, conclu le 31 mai 1902, entre l'Egypte et le Soudan sous le nom d' « arrangement » ne modifie pas
l'impression causée par les dispositions relatives aux
consuls et par l'étude du Code pénal ; elle ne fait que la

____

(1) Blanchard, *op. cit.*, p. 195.

renforcer. Elle établit l'indépendance des deux Etats entre eux, mais non l'indépendance du Soudan vis-à-vis de l'Angleterre, puisque celle-ci nomme le gouverneur général, qui est appelé à traiter avec les ministres égyptiens sur un pied d'égalité.

Disons que dans cet arrangement sont prises les précautions d'usage pour éclairer la religion du gouvernement auquel est faite une demande d'extradition ; les différents articles établissent bien l'indépendance réciproque des deux pays ; la justice du Soudan et celle de l'Egypte n'ont rien de commun, elles appartiennent à deux Etats différents, c'est-à-dire que celle du Soudan se trouve entre les mains de l'Angleterre. Nous rencontrons dans cette convention les clauses courantes en pareille matière; toutefois, nous n'y trouvons pas celle qui consacre le droit de refuge pour les inculpés ou condamnés politiques, ni celle qui veut qu'un État n'extrade pas ses propres nationaux. Si l on considère que la Grande-Bretagne est presque seule à ne pas admettre cette dernière exception, on verra dans cette clause une preuve de plus de la grande influence anglaise en tout ce qui concerne le Soudan.

Cet arrangement dans son article 10 (1) confirme la suppression du régime capitulaire au Soudan. Voici le texte de cet article : « Les demandes de remise d'inculpé ou de condamné évadé ne seront pas faites, en principe, à l'égard des personnes qui, *en Egypte*, ont droit au bénéfice des capitulations. Néanmoins, le gouvernement égyptien pourra demander ou accorder la remise d'une personne jouissant de ce bénéfice après avoir obtenu l'assentiment de l'autorité consulaire intéressée.

(1) R. G. D. I., 1903, *op. cit.*, p. 184.

Mais le gouvernement du Soudan ne pourra pas exiger du gouvernement égyptien qu'il demande cet assentiment. »

Ce texte, on le voit, établit une distinction complète au point de vue capitulaire entre le Soudan et l'Egypte où les Européens continuent à bénéficier des capitulations, tandis qu'il n'en est pas ainsi dans le premier de ces pays. Cet article qui prévoit les mesures à prendre pour la livraison exceptionnelle de personnes couvertes par l'immunité ne mentionne pas le gouvernement soudanais, tandis que, par opposition, il mentionne formellement le gouvernement égyptien ; donc celui-ci seul peut avoir maille à partir avec les autorités consulaires. Cette différence montre bien la ferme volonté de l'Angleterre d'être seule et unique maîtresse au Soudan et d'y faire elle-même valoir ses droits.

Les adversaires de notre théorie pourraient nous objecter la nature des rapports pécuniaires existant entre l'Egypte et le Soudan. Nous n'ignorons pas que le gouvernement khédivial fait en faveur de celui de Khartoum des sacrifices financiers définitifs qui sont inscrits au budget égyptien sous la rubrique : « Insuffisance des revenus du Soudan ». Il fournit aussi des avances provisoires de fonds et c'est, dans les deux cas, le fonds de réserve spécial qui assume le rôle de bailleur de fonds. Cette situation ne peut rien faire présumer en ce qui concerne l'indépendance réciproque des deux pays puisqu'un Etat est toujours libre de faire à un autre telles avances que bon lui semble. En cette occurrence, le gouvernement du Caire, lorsqu'il prête aux autorités de Khartoum, agit simplement comme un banquier. Nous ferons aussi remarquer que, grâce à la suprématie réelle exercée par l'Angleterre sur le gouvernement égyptien, elle a pu imposer à celui-ci des dépenses dont elle aurait dû plutôt se charger. En outre, en 1898, le fonds de réserve spécial a reçu d'elle un versement de 777,832 livres pour sa participation aux frais de la guerre. La manière dont est publié le budget du Soudan accentue encore la séparation des gouvernements du Caire et de Khartoum. S'il paraît dans le volume du budget égyptien, il y forme un compte absolument à part dans lequel sont exposées les principales recettes et dépenses du Haut-Nil, y compris l'annuité versée par le cabinet du Caire. Du reste, aucune des particularités du régime financier qui existe en Egypte, telles que la gestion de la Caisse de la Dette, le budget administratif approuvé par les puissances, la garantie donnée par l'Europe aux emprunts, ne s'applique au Soudan. En fait, nous avons devant nous deux budgets absolument indépendants et dont l'un n'est autre que le budget de toute colonie britannique, toutefois, avec cette nuance que les insuffisances de revenus sont payées non par la métropole, mais par l'Etat voisin. L'Angleterre, grâce à l'autorité presque absolue dont elle jouit au Caire, a su, malgré les commissaires de la Dette, obtenir du gouvernement khédivial une forte contribution pour l'administration d'un pays où il n'exerce aucune autorité. Le gouvernement britannique n'avait d'ailleurs pas dissimulé son intention de tirer de l'Egypte toutes les ressources possibles dans la crainte d'être forcée de l'abandonner.

Il est vrai qu'entre le Soudan et l'Egypte des stipulations douanières ont été établies par la convention de 1899 et le traité de commerce conclu avec la France, le

26 novembre 1902. Le point principal de la convention
de 1899 établit que les marchandises d'origine égyptienne entrent en franchise au Soudan et, si la réciprocité de cette clause n'est pas expressément stipulée, il
faut admettre cependant que les produits du Haut-Nil
pénétreront librement sur le territoire de l'Egypte.
Quant à l'exportation des produits du Soudan, le traité
de 1899, autorise l'établissement des taxes de sortie sans
faire exception pour les marchandises à destination de
l'Egypte d'où il faut conclure que celle-ci est, à cet
égard, assimilée aux autres nations.

Mais, si le traité établit une situation de faveur pour
les échanges soudano-égyptiens, l'examen des rapports
commerciaux prouve que le Soudan, dans ces rapports
avec les autres puissances, n'est nullement assimilé à
l'Egypte.

Au cas même où existerait entre les deux pays
une union douanière, il serait impossible d'en conclure
que l'un des deux eût abdiqué son indépendance vis-à-
vis de l'autre ; car la portée politique de l'union douanière n'est pas très considérable. Mais il ne s'agit pas
même d'une union douanière au véritable sens du mot.
Pour qu'elle existât, il faudrait que les Etats contractants eussent introduit le libre échange dans leurs relations commerciales réciproques, et aussi qu'ils eussent
adopté, à peu d'exceptions près, les mêmes tarifs douaniers vis-à-vis aussi des puissances étrangères. Les
nations membres de l'union ne formant plus ainsi qu'un
seul Etat au point de vue du commerce extérieur et
n'ayant d'autres frontières douanières que celles du
territoire même de l'union, on est amené dans la pratique à remettre à une unique autorité le soin de

conclure les traités de commerce au nom de l'ensemble des pays unis. C'est ainsi qu'aux termes du traité passé à Berlin, le 8 juillet 1867, entre la Confédération des Etats de l'Allemagne du Nord et, d'autre part les Etats de l'Allemagne du Sud, le roi de Prusse, chef de l'Union, reçut le droit de conclure, au nom de tous les Etats, les conventions douanières qui devaient être ensuite ratifiées par le Conseil fédéral et le Zollparlament. Tel n'est pas le cas dans la question qui nous occupe.

Ici, on a admis que les produits débarquant au Soudan en provenance des Etats étrangers jouiraient, *pour le moment*, des droits équivalents aux droits perçus à l'entrée en Egypte. Pour le moment, c'est-à-dire que nous sommes bien en présence d'une situation provisoire, d'où il ressort que dans l'avenir ces taxes pourront être différentes des taxes égyptiennes.

De plus, aux termes mêmes de la convention, les droits d'exportation « pourront être modifiés par proclamation ». Or, le gouverneur général était seul autorisé à promulguer par proclamation des lois au Soudan, c'est donc à ce fonctionnaire anglais qu'il appartient de régir les tarifs douaniers d'exportation comme toute l'administration soudanaise. Là encore, nous retrouvons l'esprit qui règne dans toute la convention anglo-égyptienne et qui tend à séparer complètement l'administration du Soudan de celle de l'Egypte.

C'est aussi par proclamation que le gouverneur général peut abroger ou modifier des lois, décrets et règlements déjà promulgués. Ainsi le Soudan, au point de vue administratif, n'a rien de commun avec l'Egypte ; il ne dépend que de son gouverneur général qui est nommé par l'Angleterre et qui, naturellement, ne s'inspire que des ordres de sa nation. Nous avons déjà mentionné le code pénal du Soudan ; lui aussi s'appuie sur ce principe que le gouverneur général anglais est seul maître de la compétence *ratione loci* du code. Il a son organe officiel, *la Gazette du Soudan*, qui désigne les territoires où ce code s'appliquera. Il a même le droit, droit ordinairement régalien, de commuer les peines prononcées par les tribunaux.

L'étendue des pouvoirs dont dispose le gouverneur anglais suffirait à justifier notre assertion qu'il s'agit bien d'un condominium inégal ou d'une cession déguisée de territoire à l'Angleterre. Le khédive Abbas-Hilmi, nous objectera-t-on, n'avait pas le droit de faire de pareilles concessions puisque son firman d'investiture de 1879 ne lui permet de signer que des traités douaniers ou commerciaux. Le firman lui fait même défense de céder à qui que ce soit « les privilèges accordés à l'Egypte et qui sont une émanation des prérogatives inhérentes au pouvoir souverain, ni aucune partie du territoire ». Au point de vue du droit pur, cette objection n'est pas sans valeur, mais précisément les conditions toutes nouvelles dans lesquelles s'opèrent aujourd'hui ces cessions que nous avons appelées cessions déguisées, autrefois inconnues, ont pour but de permettre d'éviter la rigueur excessive du droit international, ainsi que le cas s'est déjà présenté à propos de la Bosnie et de l'Herzégovine, de Chypre et de la Crète. Par le traité de Paris, les puissances s'étaient engagées à maintenir l'intégrité de l'empire ottoman ; elles ne désavouent pas formellement leur engagement, mais *en fait*, après les évènements survenus depuis plus de vingt ans, l'histoire contemporaine démontre que cette intégrité n'est plus une fiction. C'est donc en son nom personnel, comme nous l'avons établi, qu'Abbas-Hilmi a signé la convention de 1899. Il n'a pas agi comme mandataire de la Sublime Porte, il a estimé que ses droits sur le Soudan nilotique venaient non de son firman d'investiture, mais du fait de la conquête. Dans ce système, il possédait des pouvoirs illimités qui lui donnaient la faculté de disposer aussi bien que celle d'administrer.

Nous comprenons que cette situation déconcerte les jurisconsultes; elle n'étonne ni les diplomates, ni tous ceux qui ont suivi la conduite de l'Angleterre en Egypte depuis le bombardement d'Alexandrie et l'évolution de l'opinion britannique, depuis l'occupation. L'Angleterre a agi avec une grande hardiesse sans se soucier des droits du sultan, ni de ceux de l'Europe, assurée qu'elle était, soit de la complicité passive, soit de l'impuissance des grands Etats paralysés par leurs divisions et leurs convoitises.

Mais cette hardiesse n'a pas empêché le cabinet de Saint-James de savoir dissimuler à l'occasion ; il comprenait que malgré la pusilanimité de l'Europe et la faiblesse de la Turquie, il aurait été vraiment par trop risqué d'incorporer à l'empire britannique la Terre des Pharaons, contrairement aux conventions qui fixent la condition de l'Egypte et que l'Angleterre a signées elle-même ainsi que les promesses d'évacuation prochaine, prodiguées à diverses reprises.

Elle a trouvé un moyen indirect sachant bien que le maître du Soudan est le maître du Nil et que suivant la parole d'un auteur (1) « l'Angleterre au Soudan, c'est

(1) Despagnet, *op. cit.*, R. G. D. I., t. VI (1899), p. 173.

la Parque antique tenant le fil de l'existence de quiconque vit en Egypte : un coup de ciseaux, c'est-à-dire une
déviation dans le cours du Nil, et c'en pourrait être fait
du peuple égyptien comme de quiconque viendrait sur
son sol. »

La vérité, c'est donc que la souveraineté de la Grande-
Bretagne est affirmée complètement sur les régions
fixées par le traité ; une petite place est faite à l'Egypte,
il est vrai, à titre de co-souveraine nominale, mais
c'est une pure concession de forme dont le résultat
bizarre, au point de vue juridique, a été ainsi naïvement
exprimé par le *Daily Chronicle* (1) : « A l'avenir, la
vallée du Nil sera britannique, quoique cela ne l'empêche pas d'être aussi un peu égyptienne en même
temps. »

(1) *Ibid.*, p. 187.

DEUXIÈME PARTIE

Les Cessions à bail de territoires.

En parlant, au point de vue du droit des gens, de la
situation faite aujourd'hui à la Bosnie-Herzégovine, à
Chypre, à la Crète et au Soudan égyptien, nous avons
été amené à constater des similitudes qui nous ont permis de grouper nos différents chapitres sous un titre
commun : pays dont l'administration est cédée à une
autre puissance que la puissance souveraine. Le sujet
que nous abordons maintenant diffère du précédent
plutôt par le nom que dans la réalité. Par l'examen
des privilèges conférés par la cession à bail aux États
cessionnaires, par la constatation des prérogatives qui
sont dévolues à ces derniers, on reconnaîtra bien vite
que nous nous trouvons en présence d'un transfert de
la souveraineté analogue à celui que nous avons étudié
dans notre première partie. C'est l'étude des faits eux-
mêmes qui nous amènera à conclure et à démontrer que
la cession à bail telle qu'elle est pratiquée est bien *une
cession d'administration à temps limité.*

Ces modes d'acquisitions de territoires, accrédités par
les usages les plus récents du droit international et dont
plusieurs fois la diplomatie, par voie de concessions ou
de détours a fait reconnaître la légitimité, ne sont pas

des faits exceptionnels et isolés dans l'histoire des relations des puissances européennes avec l'Afrique et l'Asie. Elles datent d'une soixantaine d'années; c'est en effet à bail que fut primitivement cédée aux Anglais l'île de Hong-Kong.

Plus tard, nous trouverons le traité du 24 mai 1887 par lequel Sayd Burgash, sultan de Zanzibar, conférait à l'Angleterre pour une jouissance de cinquante années une étendue de dix milles de côtes.

En 1894, intervenait entre la Grande-Bretagne et l'Etat indépendant du Congo un traité qui cédait à bail à la première une bande de terrain entre l'Etat du Congo et l'Afrique orientale allemande. et à la seconde, différents territoires à prendre dans la région du Bahr-el-Ghazal.

En janvier 1898, le Tzong-li-Yamen concédait à bail à l'Allemagne la baie de Kiao-Tchéou ; plus tard d'autres puissances européennes obtenaient des concessions analogues.

On ne s'est pas arrêté dans cette voie, les États-Unis, après avoir obtenu du Nicaragua une bande de terrain à bail, essayent d'en obtenir autant aujourd'hui de la Colombie. Une compagnie américaine a acquis au même titre le territoire d'Acre dans le Brésil ; à l'heure actuelle se poursuivent des négociations au sujet de concessions analogues en Mandchourie et en Corée.

La cession à bail peut être ainsi définie : une convention bilatérale d'apparence parfaitement libre et normale, par laquelle le propriétaire d'un sol, loue l'habitation de ce sol à un pays qui devient son locataire. Sous cette apparence inoffensive, se cache en réalité, un merveilleux instrument d'agrandissement

territorial. La souveraineté nominale restant à l'Etat
propriétaire, on pourrait ne pas se rendre, au premier
coup d'œil, un compte exact de toutes les conséquences
que cette cession rend inévitables. Elles sont nombreuses pourtant : si l'on songe que dans tous les cas,
l'Etat locataire est plus puissant que l'Etat propriétaire ; qu'il acquiert par la cession le droit de se comporter à sa guise sur le territoire cédé, d'y administrer,
d'y construire, d'y installer des casernes, des remparts,
des forts, d'y multiplier autant qu'il lui plaît le chiffre
de ses garnisons, on comprendra vite que le prétendu
droit de souveraineté laissé au propriétaire n'est qu'une
de ces fictions diplomatiques, grâce auxquelles il est possible d'effectuer sous une forme pacifique des transfor-
mations dont l'accomplissement à main armée présenterait des inconvénients sérieux. Ajoutons que l'acte
consenti généralement pour une longue durée, un siècle
environ, ne fait aucune mention des conditions dans
lesquelles le sol loué pourra revenir au propriétaire, ni
de la façon dont on évaluera les dépenses faites sur le
sol loué, la plus-value en résultant, et l'indemnité que
le locataire pourra réclamer.

Pourquoi ce silence ? C'est qu'en louant, l'une des
deux parties comprend bien qu'elle consent un abandon destiné à devenir définitif, tandis que l'autre
compte bien acquérir une propriété qu'elle entend ne
jamais quitter. La différence des forces rend inévitable
un résultat également prévu par les deux contractants ;
l'un satisfait au fond d'un procédé qui a sauvegardé sa
dignité et son amour-propre, et l'autre non moins heureux d'une acquisition obtenue sans l'effusion du sang.

Si la forme donnée à ces sortes de concessions est

nouvelle, il ne s'ensuit pas qu'elle doive être considérée comme illégitime. Dans les chapitres antérieurs, nous avons déjà signalé les modifications que la force des choses a introduites dans le droit des gens, et le droit international colonial a naturellement une élasticité que l'on ne trouve pas dans les rapports entre nations européennes. Telle opération qui, en Europe, serait condamnée comme contraire aux traditions et attentatoire à la dignité des peuples, ne peut pas en Afrique être jugée avec une égale sévérité. Le domaine qu'un Etat exerce sur des terres lointaines, annexées dans le but d'un avantage matériel, demeure bien plus proche de la propriété individuelle et civile que ne l'est cette espèce de droit que l'on appelle, faute d'une expression meilleure, la propriété de l'Etat sur son territoire. Le bail qui est difficilement admissible en Europe est moins choquant dans les pays ouverts à l'expansion coloniale. Si l'on considère que ce bail ne comporte ni rente due par le preneur, ni souvent même limitation de durée, on est entraîné à conclure que l'on se trouve en présence non d'une location, mais d'une aliénation qui rentre bien dans l'ensemble que nous avons essayé d'établir, quant aux cessions déguisées de territoires. Ainsi, les concessions de ce genre évoqueraient par leur dénomination une idée qui ne répond pas à la réalité, elles sont la plupart du temps pour le concessionnaire un acheminement à d'autres entreprises moins limitées, annexion ou protectorat, pour l'exécution desquelles les gouvernements se bornent à lancer en avant de hardis officiers ou d'habiles diplomates, soutenus ou désavoués ultérieurement suivant le succès ou l'échec de leurs manœuvres.

LA CONVENTION ANGLO-CONGOLAISE

DU 12 MAI 1894

I. — La convention du 12 mai 1894. Ses effets. — II. La convention et la neutralité de l'Etat indépendant. Le droit de préemption de la France. — III. Les protestations de l'Allemagne. Le traité franco-congolais du 14 août 1894. Ses conséquences. — IV. Les cessions à bail considérées comme des aliénations déguisées de territoires et contraires à la souveraineté.

I

Ainsi que nous venons de l'indiquer dans notre exposé général, une convention en date du 12 mai 1894, conclue entre l'Angleterre et l'Etat indépendant du Congo, effectuait entre ces deux Etats des cessions à bail de territoires d'une grande importance. La Grande-Bretagne obtenait entre le Tanganyka et le lac Albert-Edouard, les terrains nécessaires pour la construction de son chemin de fer du Cap au Caire ; l'Etat indépendant recevait d'un autre côté, à titre de bail, une grande étendue de territoires dans la région du Haut-Nil.

Des deux objets que poursuit ce traité, l'un, relatif à une rectification de frontières, n'entre pas dans le cadre de cette étude.

Il n'en est pas de même du second, de beaucoup le plus important, à savoir les concessions réciproques que se font l'Angleterre et l'Etat du Congo à titre de bail au gré de leurs commodités respectives. Cette conven-

tion provoque encore aujourd'hui des polémiques inté-
ressantes dans la presse qui se préoccupe des questions
extérieures (1). Aussi pensons-nous devoir citer intégralement le texte des articles qui ne sont pas suffisamment connus (2) :

Le roi des Belges, souverain de l'Etat indépendant du Congo,
ayant reconnu la sphère d'influence britannique, telle qu'elle est
déterminée dans l'arrangement anglo-allemand du 1ᵉʳ juillet 1890,
la Grande-Bretagne s'engage à donner à bail à Sa Majesté,
certains territoires situés dans le bassin Ouest du Nil aux conditions spécifiées dans les articles suivants :

Art. 1ᵉʳ. — a) Il est convenu que la sphère d'influence de l'Etat
indépendant du Congo sera limitée au Nord de la sphère d'influence allemande dans l'Est africain par une frontière suivant le 30° méridien Est de Greenwich, jusqu'à son intersection avec la crête de partage des eaux du Nil et du Congo, et
cette crête de partage dans la direction du Nord et du Nord-
Ouest.

b) La frontière entre l'Etat indépendant du Congo et la sphère
britannique du Nord du Zambèze suivra une ligne allant directement de l'extrémité du cap Akalunga sur le lac Tanganyka,
situé au point le plus septentrional de la baie de Cameron, par
environ 8°15 de latitude sud, à la rive droite de la rivière
Luapula, au point où cette rivière sort du lac Moero. La ligne
sera ensuite prolongée directement jusqu'à l'embouchure de
cette rivière dans le lac ; toutefois vers le sud du lac, elle déviera
de façon à laisser l'île de Kiliva à la Grande-Bretagne. Puis elle
suivra le thalweg de la Luapula jusqu'au point où cette rivière
sort du lac Bangwelo. Elle suivra ensuite, dans la direction du
Sud, le méridien de longitude passant par ce point jusqu'à la

(1) V. *Le Temps*, éditorial du mardi 19 août 1903.
(2) E. Marbeau. *L'accord congolais et les responsabilités*, *Revue
française de l'étranger et des colonies*, juin 1894, p. 329 et suiv.
Etat indépendant du Congo et Grande-Bretagne, R. G. D. I.
1894, p. 375.

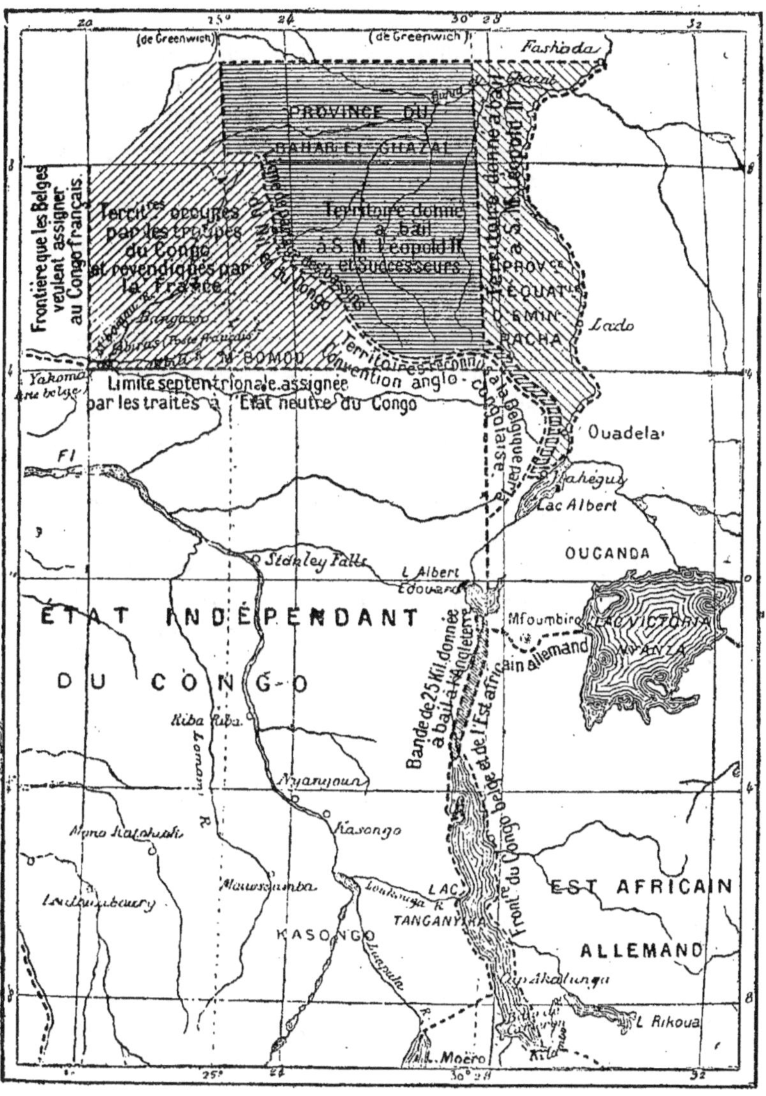

La Convention anglo-congolaise du 12 mai 1894.

ligne de partage du Congo et du Zambèze, puis cette crête de partage jusqu'à la frontière portugaise.

Art. 2. — La Grande-Bretagne donne à bail à S. M. le roi Léopold II, souverain de l'Etat indépendant du Congo, les territoires ci-après déterminés pour être occupés et administrés par lui aux conditions et pour la période de temps ci-après stipulées. Ces territoires seront limités par une ligne partant d'un point situé à la rive occidentale du lac Albert, immédiatement au sud de Mahagi, et allant jusqu'au point le plus rapproché de la frontière définie au paragraphe *a* de l'article précédent. Cette ligne suivra ensuite la crête de partage des eaux du Congo et du Nil jusqu'au 15° méridien Est de Greenwich, et ce méridien jusqu'à son intersection avec le 10° parallèle Nord ; puis elle longera ce parallèle directement vers un point à déterminer au nord de Fashoda. Elle suivra ensuite le thalweg du Nil, dans la direction du Sud, jusqu'au lac Albert, et la rive occidentale de ce lac jusqu'au point indiqué ci-dessus au sud de Mahagi. Ce bail restera en vigueur pendant la durée du règne de S. M. Léopold II, souverain de l'Etat indépendant du Congo. *Toutefois, à l'expiration du règne de Sa Majesté, il restera en vigueur de plein droit en ce qui concerne toute la partie des territoires mentionnés plus haut, situés à l'ouest du 30° méridien Est de Greenwich, ainsi qu'à une bande de 25 kilomètres d'étendue en largeur, à déterminer de commun accord, se prolongeant de la crête de partage des eaux du Nil et du Congo jusqu'à la zone occidentale du lac Albert, et comprenant le port de Mahagi.* Ce bail prolongé restera en vigueur aussi longtemps que les territoires du Congo resteront, comme Etat indépendant ou comme colonie belge, sous la souveraineté de Sa Majesté et des successeurs de Sa Majesté. Pendant toute la durée du présent bail, il sera fait usage d'un pavillon spécial dans les territoires à bail.

Art. 3. — L'Etat indépendant du Congo donne à bail à la Grande-Bretagne pour être administrée lorsqu'elle l'occupera, sous les conditions et pour la période ci-après déterminée, une bande de terre de 25 kilomètres de largeur, se prolongeant du port le plus septentrional sur le lac Tanganyka, lequel port est compris dans la bande, jusqu'au point le plus méridional du lac Albert-Edouard. Ce bail aura la même durée que celui qui s'applique aux territoires situés à l'Ouest du 30° méridien Est de Greenwich.

Art. 4. — S. M. le roi Léopold II, souverain de l'Etat indépendant du Congo, reconnaît qu'il n'a et ne cherche à acquérir d'autres droits politiques dans les territoires qui lui sont cédés à bail dans le bassin du Nil, qu'en conformité du présent arrangement. De même, la Grande-Bretage reconnaît qu'elle n'a et ne cherche à acquérir d'autres droits politiques dans la bande de territoire qui lui est concédée à bail entre le lac Tanganyka et le lac Albert-Edouard qu'en conformité du présent arrangement.

Art. 5. — L'Etat indépendant du Congo autorise la construction à travers ses territoires par la Grande-Bretagne ou par une compagnie dûment autorisée par le gouvernement anglais, d'une ligne télégraphique reliant les territoires anglais de l'Afrique du Sud à la sphère d'influence anglaise du Nil. Le gouvernement de l'Etat du Congo aura toutes facilités pour relier cette ligne à son propre système télégraphique. Cette autorisation ne confère, ni à la Grande-Bretagne, ni à aucune autre compagnie, personne ou personnes déléguées aux fins de construire la ligne télégraphique, aucun droit de police et d'administration sur le territoire du Congo.

Art. 6. — Dans les territoires donnés à bail par le présent arrangement, les nationaux de chacune des parties contractantes jouiront réciproquement des droits et immunités des nationaux de l'autre partie et ne seront soumis à aucun traitement différentiel.

La lecture de ces articles montre que l'Angleterre n'a pas été avare de concessions envers le jeune Etat. Cette générosité s'explique si l'on songe à toute l'importance qu'attache la Grande-Bretagne à l'établissement de relations directes entre l'Afrique australe et l'Egypte. La fameuse devise de Cécile Rhodes : « *From Cape to Nile* » a été reprise par le cabinet de Saint-James. Voilà pourquoi celui-ci s'est contenté, à titre de bail, de la jouissance d'une bande de 25 kilomètres de largeur, qu'aujourd'hui même il ne désespère pas encore d'obtenir. Les négociations s'étaient poursuivies dans un secret rigoureux ; mais la révélation de cette clause produisit une impression qui n'en fut que plus profonde.

En France, la surprise fut d'autant plus grande que peu de temps, moins d'un mois, avant la conclusion de cet accord, le 16 avril, des plénipotentiaires congolais et français (parmi ces derniers, M. Hanotaux) s'étaient abouchés à Bruxelles, à l'effet d'arriver à une entente sur la délimitation des possessions des deux pays. Cette entente ayant échoué, et son insuccès en ayant été publié le 25 avril, il semblait logique, pour les deux Etats, de recourir à la médiation d'une puissance amie, conformément à l'article 12 de l'acte général de Berlin et de proposer l'usage du « recours facultatif à l'arbitrage » dont parle cet article. Or, trois semaines à peine s'écoulent et l'Etat du Congo signe un traité (1) par lequel il fait trancher, par l'Angleterre, les questions qu'il venait d'agiter avec la France. Comment s'étonner que cette désinvolture ait choqué notre ministre des Affaires Etrangères, et que, du haut de la tribune, dans un discours que nous avons cité en parlant de la question du Soudan, il ait déclaré que la France considérait cette convention comme contraire au droit et, jusqu'à plus ample informé, comme nulle et de nulle portée à ses yeux.

On peut remarquer que dans aucun des traités signés par le Congo, il n'est fait mention de la Belgique ; il en

(1) V. Desplaces, *L'Egypte et le traité anglo-congolais (Nouvelle Revue*, n° du 15 juillet 1894).

sera probablement encore ainsi pendant un certain temps, mais on peut prévoir le jour où la nécessité et la volonté des intéressés établiront entre elle et le Congo une communauté d'intérêts qui, se développant sans cesse, finira par rendre impossible la continuation de la simple union personnelle du début. Dès à présent, les administrations civiles et militaires tendent à perdre chaque jour davantage le caractère cosmopolite des premiers temps pour prendre de plus en plus un cachet belge. Les officiers qui commandent au Congo ne cessent pas pour cela d'appartenir à l'armée belge dans laquelle ils peuvent rentrer, au bout d'une certaine période, avec le grade qu'ils avaient en la quittant (1).

Si la révélation du traité anglo-congolais avait produit en France l'impression dont M. Hanotaux se fit l'écho à la tribune du Parlement, l'Allemagne ne s'en était pas moins émue pour son compte. C'est surtout grâce à elle que l'article relatif à la cession de la bande de 25 kilomètres fut supprimé de la convention. Elle n'avait pas comme nous à se plaindre de l'étrangeté du procédé que nous avons signalé plus haut, mais elle possédait dans l'Est africain des intérêts directement menacés par ce traité. Son territoire est limitrophe de l'Etat du Congo, depuis le nord du lac Tanganyka jusqu'au mont M'Foumbiro (2). L'abandon par le Congo, au profit de l'Angleterre, d'une bande de territoires allant du lac Albert-Edouard au Tanganyka faisait cesser le contact entre les possessions allemandes et l'Etat libre, substituait aux Congolais belges les Anglais,

(1) V. E. de Mandat-Grancey, *Au Congo*, impressions d'un touriste.
(2) V. Schrader, *Les conventions anglo-congolaises* (Nouvelles géographiques, n°ˢ du 27 juin et 7 juillet 1894).

et rendait ceux-ci voisins des Allemands dans la région
comprise entre le mont M'Foumbiro et le Tanganyka,
c'est-à-dire à l'ouest de la colonie de l'Afrique orientale allemande. Or, celle-ci, étant déjà enveloppée au
Nord et à l'Est par les possessions anglaises, allait se
trouver complètement isolée de l'intérieur du continent
et devenir, pour ainsi dire, prisonnière des établissements anglais.

II

En dehors des arguments présentés par la France et
l'Allemagne contre la convention anglo-congolaise, et
qui avaient plutôt rapport aux intérêts immédiats de ces
deux états, on peut soulever une critique d'un ordre
plus général. Les gouvernements ont reconnu la neutralité de l'Etat indépendant, ce qui lui assure d'importants avantages et une grande sécurité ; mais, en
échange de ces bénéfices, il est tenu à certaines charges
correspondantes, et on admettra difficilement qu'un
Etat neutre puisse modifier les frontières qu'il s'était
d'abord données. Les frontières du Congo étaient réellement modifiées par la cession à bail contenue dans la
dernière clause au profit de l'Angleterre qui ne chercha
pas à le nier lorsqu'elle fut saisie des réclamations de
la France et de l'Allemagne. En réalité, la modification
des frontières aurait été une atteinte à cette neutralité
conforme à l'esprit de l'association internationale, qui a
voulu constituer un territoire dans des conditions qui
permettraient de faire plus facilement œuvre sociale
européenne en écartant les obstacles que n'auraient pas
manqué d'engendrer les compétitions et les convoitises.
Telle fut aussi l'idée première de Léopold II qui pré-

senta aux puissances l'Etat du Congo, non comme un concurrent, mais comme un instrument désintéressé de la civilisation (1). Cette belle mission a-t-elle toujours été fidèlement remplie ? Bien des récits permettent d'en douter et de croire que l'appât de la fortune a plus d'une fois entraîné les occupants aux mêmes exactions que l'on signale d'ordinaire dans des colonies fondées dans un esprit moins généreux et plus pratique (2). Toujours est-il que si le Congo avait ainsi vraiment manqué aux intentions de ses fondateurs, il n'en resterait pas moins tenu, à l'égard des puissances européennes, à la règle générale de la neutralité, c'est-à-dire à l'obligation de se maintenir dans des limites fixées une fois pour toutes.

On voit aisément la situation étrange qu'entraînerait l'extension des domaines du Congo. L'Europe, en effet, ne considérerait pas comme neutres les nouveaux territoires acquis et ceux-ci ne seraient pas même neutralisables dans leur entier puisqu'ils portent pour partie au-delà du 5° degré de latitude Nord, limite extrême assignée par l'acte de Berlin à l'autorité de ses prescriptions (art. 1 et 10).

Et encore ne reviendrons-nous pas sur une difficulté que nous avons déjà signalée, à savoir la question de droit fort aléatoire, selon nous, que pouvait avoir l'Angleterre de disposer des territoires qu'elle a si libéralement cédés au Congo ; l'empire ottoman, par exemple, aussi bien que la France et l'Allemagne, a protesté contre les dispositions de ce traité comme portant

(1) V. **· *Les frontières de l'Etat du Congo*, R. G. D. I., 1894, p. 409 et suiv.

(2) V. *Le Temps*, n° du 18 août 1903.

atteinte à ses droits de souveraineté dans les provinces équatoriales de l'Egypte. La réponse de la Grande-Bretagne a rappelé la réponse du plus fort puisqu'elle ne contestait pas ces droits de souveraineté, mais qu'elle entendait coloniser ces régions afin de les faire bénéficier de la marche du progrès et de la civilisation du Soudan (1).

L'émotion soulevée en France (2) par la révélation du traité anglo-congolais provoqua, semble-t-il, quelque étonnement en Angleterre où l'on faisait remarquer qu'à ce moment les possessions les plus proches étaient encore fort lointaines des territoires cédés. Mais, outre que la France a un grand intérêt général dans les questions africaines, elle était touchée par l'arrangement anglo-congolais sur une question de limite et sur la fameuse question du droit de préemption.

Les difficultés entre la France et le Congo, comme le fait observer M. le docteur Rouvre (3), sont antérieures à la fondation de l'Etat indépendant. Les désaccords de Stanley et de de Brazza sur les bords du Stanley-Pool sont restés légendaires. Pour mettre fin à ces désaccords, une convention en date du 5 février 1885 essaya de tracer une frontière entre le Congo français et le Congo belge. Comme à cette époque, la géographie du pays n'était pas très bien connue, on admit comme frontière au nord-ouest du Congo belge une rivière du

____

(1) *Le Mémorial diplomatique* du 14 juillet 1894.

(2) V. les discours prononcés à ce sujet à la Chambre par MM. Etienne, François Deloncle et Hanotaux, le 7 juin 1894 (*Journal officiel* du 8 juin 1894, p. 930 et suiv.).

(3) *La France et l'Etat du Congo, Revue bleue* du 2 juin 1894, p. 683.

nom de Licona-N'Koundja (1). Vérification faite, cette rivière n'existait pas et l'on fit une nouvelle convention le 27 avril 1887. Cette convention stipulait que « le thalweg de l'Oubanghi, depuis son confluent avec le Congo, devait former la frontière jusqu'à son intersection avec le 4° parallèle Nord ». Mais à l'époque de cet arrangement, on n'était pas encore fixé sur le cours supérieur de cet affluent du Congo. D'après les explorations faites par les Belges, l'Oubanghi était formé de deux grands affluents, l'Ouellé et le M'Bomou. Comme il leur était plus avantageux de considérer comme la continuation de l'Oubanghi, le M'Bomou qui venait du Nord plutôt que l'Ouellé qui venait de l'Est, ils se hâtèrent d'occuper la vallée du M'Bomou et de couvrir de postes les deux rives. Leur ardeur coloniale les entraîna à s'élancer à la conquête du Haut-Nil et l'on prétend que l'expédition Van Kerckoven planta même le drapeau congolais à Lado, sur la rive gauche du Nil.

Les découvertes géographiques postérieures démontrèrent au gouvernement français que la branche maîtresse était non pas le M'Bomou, mais l'Ouellé. On comprend maintenant l'émotion produite en France par un traité qui, en admettant au profit du Congo le principe de l'expansion extérieure, consacrait virtuellement les établissements fondés par les Belges dans la région du M'Bomou.

L'impression pénible causée par la convention devait être d'autant plus grande en France que celle-ci, par un traité conclu avec l'Allemagne, le 4 février 1894,

(1) Dr Rouire, *op. cit.*, *Revue de géographie* du mois d'octobre 1894, p. 284.

avait été délivrée de toute compétition allemande au-
delà du Chari.

Enfin, et c'est ici le point capital, le traité anglo-
congolais venait contrarier le droit de préférence concédé
à la France par l'Association internationale dès avant sa
transformation en Etat du Congo. Ce droit est formel,
comme on peut le constater en lisant la lettre adressée,
le 23 avril 1884, à M. Jules Ferry, ministre des affaires
étrangères, par M. Strauch, président de l'Association
internationale à Bruxelles (1) :

« L'Association, y est-il dit, déclare formellement
qu'elle ne les cédera (2) à aucune puissance, sous
réserve des conventions particulières qui pourraient
intervenir entre la France et l'Association pour fixer
les limites et les conditions de leur action respective.
Toutefois, l'Association, désirant donner une nouvelle
preuve de ses sentiments amicaux pour la France, s'engage à lui donner le droit de préférence si, par des
circonstances imprévues, l'Association était amené un
jour *à réaliser* ses possessions. »

M. Jules Ferry donnait, dès le lendemain, acte à
M. Strauch, de là promesse, en ces termes :

« Monsieur, j'ai l'honneur de vous accuser réception
de la lettre, en date du 23 courant, par laquelle, en
votre qualité de président de l'Association internationale du Congo, vous me transmettez des assurances et
des garanties destinées à consolider nos rapports de
cordialité et de bon voisinage dans la région du Congo.
Je prends acte avec grande satisfaction de ces engage-

____

(1) R. G. D. I., 1894, *op. cit.*, p. 387.
(2) « Les stations et territoires libres qu'elle a fondées au Congo
et dans la vallée du Niadi-Quillou. »

ments, et, *en retour*, j'ai l'honneur de vous faire savoir que le gouvernement français prend l'engagement de respecter, etc... »

Peu de temps après, M. Jules Ferry en donnait communication (25 avril) à M. de Brazza, commissaire du gouvernement français dans l'Ouest africain, et le 31 mai, il en informait par une lettre-circulaire les ministres de France à l'étranger. La *Gazette de l'Allemagne du Nord* (1) a, croyons-nous, nettement indiqué en ces lignes le motif dont s'inspirait l'Association :

« En accordant à la France ce droit de priorité, l'Association a voulu informer ses adversaires que les efforts faits pour nuire à l'œuvre internationale pourraient, en cas de réussite, se tourner contre leurs auteurs. »

Ce droit de préemption souleva dans la presse anglaise des critiques qui montèrent jusqu'au diapason le plus élevé.

En dépit de ces clameurs, il est incontestable, d'après les textes que nous venons de citer et aussi en raison du consentement tacite des autres puissances que le droit de préemption de la France ne saurait faire l'objet d'aucun doute. Or, comment concilier ce droit de préemption et le testament par lequel Léopold II a légué à la Belgique l'ensemble de ses droits personnels sur le Congo (2 août 1889) ? Comment le concilier aussi avec le traité du 12 mai 1894 ? A notre sens, il rendrait impossible l'exercice de ce droit. Il est vrai que certains auteurs anglais, sans nier complètement que la conven-

(1) E. Génin, professeur au lycée de Nancy. *Les explorations de Brazza et de Crampel vers le lac Tchad*, p. 128.

tion puisse exercer une certaine influence sur notre privilège de préemption, ajoutent que cette influence n'est pas très facile à percevoir. Mais nous ne pouvons partager cette doctrine, car il est évident que notre droit de préemption rencontrerait des difficultés inextricables. D'abord ce droit s'appliquerait-il aux territoires nouvellement acquis ?

Cela est difficile à penser, car il n'en est pas fait mention dans la lettre du 23 avril 1884. Du reste, dans une pareille hypothèse, le bail convenu cesserait et la France se trouverait en présence de l'Angleterre. Le contrat devra-t-il, dès lors, être scindé pour faire place aux droits de la France ? D'un autre côté, si jamais la France avait voulu exercer son droit de préemption sur le même ruban de terrain cédé à bail par le Congo à l'Angleterre, il est certain que cette dernière puissance aurait répondu par un refus catégorique ; car on connaît l'importance qu'elle attribuait à cette acquisition, qu'elle n'avait pas hésité à payer au prix de l'aliénation de territoires immenses. On sait qu'à la suite des négociations engagées par la France et l'Allemagne, l'Angleterre a dû renoncer à cette précieuse lisière, mais on connaît trop la tenacité politique de la Grande-Bretagne pour attribuer à cet abandon un autre caractère qu'un caractère provisoire.

Par conséquent, un conflit entre notre droit de préemption et le droit résultant pour la Grande-Bretagne du traité anglo-congolais, quoique écarté pour longtemps, ne saurait être classé dans le domaine des impossibilités.

III

Comme nous l'avons vu, l'application de la convention anglo-congolaise aurait eu pour conséquence de placer dans la situation la plus difficile la colonie de l'Afrique orientale allemande en l'englobant de tous côtés dans des possessions britanniques, mais l'Allemagne avait encore d'autres griefs. Le traité congolais-allemand de 1884 avait tacitement admis que l'Etat du Congo ne céderait sans le consentement de l'Allemagne aucune partie de son territoire à une puissance tierce. De plus, l'engagement pris par le Congo entraînait une violation de la neutralité que l'Allemagne ne voulait pas accepter. Toutefois, dans ses réclamations, elle s'est bornée à alléguer le préjudice que lui causait la cession à bail de la bande de terrain comprise entre le lac Tanganyka et le lac Albert-Edouard. Cette protestation était d'autant plus fondée que déjà, en 1890, l'Angleterre avait insisté énergiquement pour obtenir sur le territoire allemand une zone longue et étroite exactement semblable à celle que lui concédait le traité du 12 mai 1894. Elle s'était heurtée à un refus absolu (1).

Ce fut en vain que les Belges avancèrent que le territoire reconnu par eux à l'Angleterre était non pas cédé, mais loué à bail, et que ce bail essentiellement temporaire cesserait de plein droit, le jour où l'on serait amené à liquider le Congo ou à le donner à une autre puissance que la Belgique. La diplomatie alle-

(1) Dr Rouire, *L'accord franco-congolais, Revue de géographie,* octobre 1894, p. 283.

mande insensible à cette subtilité d'argumentation comprenait fort bien que cette prétendue donation à bail n'était autre chose qu'une cession déguisée. Aussi, son ambassadeur à Londres, le comte de Hatzfeld, déclarat-il hautement que cette cession était contraire au traité du 9 novembre 1884, qui avait fixé d'une manière définitive les frontières entre les possessions allemandes de la côte orientale et l'Etat du Congo. La valeur d'un pareil argument était incontestable : l'Allemagne obtint satisfaction et sir E. Grey déclara, le 15 juin 1894, à la Chambre des communes, que *cédant à la requête du roi des Belges* (!) le gouvernement de Sa Majesté la Reine avait signé un protocole annulant l'article 3, sans introduire dans le traité de dispositions nouvelles.

La convention du 12 mai, reçut le coup suprême du traité signé, le 14 août 1894, entre la France et l'Etat indépendant. Voici le texte qui intéresse plus particulièrement notre propre pays (1) :

1. La frontière entre l'Etat indépendant du Congo et la colonie du Congo français, après avoir suivi le thalweg de l'Oubanghi jusqu'au confluent du M'Bomou et de l'Ouellé, sera constituée ainsi qu'il suit :

a) Le thalweg du M'Bomou jusqu'à sa source ; *b)* une ligne droite rejoignant la crête de partage des eaux entre le bassin du Congo et celui du Nil.

A partir de ce point, la frontière de l'Etat indépendant du Congo est constituée par ladite crête de partage jusqu'à son intersection avec le 30° de longitude Est de Greenwich (27°40 de Paris).

(1) *Archives diplomatiques*, 1894, t. III, p. 327.

2. Il est entendu que la France exercera, dans les conditions qui seront déterminées par un arrangement spécial, le droit de police sur le bord du M'Bomou avec le droit de suite sur la rive gauche

Ce droit de police ne pourra s'exercer sur la rive gauche qu'exclusivement le long de la rivière, en cas de flagrant délit, autant que les poursuites par les agents français soient indispensables pour amener l'arrestation des auteurs d'infractions commises sur le territoire français ou sur la rivière.

Elle aura au moins un droit de passage sur la rive gauche pour assurer les communications le long de la rivière.

3. Les postes établis par l'Etat indépendant au nord de la frontière stipulée par le présent arrangement, seront remis aux agents accrédités par l'autorité française au fur et à mesure que ceux-ci se présenteront sur les lieux.

Des instructions, à cet effet, seront concertées immédiatement entre les deux gouvernements et seront adressées à leurs agents respectifs.

4. L'Etat indépendant s'engage à renoncer à toute occupation et à n'exercer à l'avenir aucune action politique d'aucune sorte à l'ouest et au nord de la ligne ainsi déterminée et le trentième degré de longitude Est de Greenwich, à partir de son intersection avec la crête de partage des eaux des bassins du Congo et du Nil jusqu'au point où ce méridien rencontre le parallèle de 5°30' et jusqu'au Nil.

5. Le présent arrangement sera ratifié et les ratifications en seront échangées à Paris dans le délai de trois mois, si faire se peut.

Comme on le voit, la grande question du M'Bomou et
de l'Ouellé reçût une solution définitive par ce traité.
Celui-ci poursuivait deux objets : la fixation des frontières de l'Etat indépendant au nord, à son point de
contact avec l'hinterland des possessions françaises du
Congo, et l'abandon des droits acquis par l'Etat indépendant dans le bassin supérieur du Nil. Désormais,
d'après l'article 1er, la frontière du Congo indépendant
et du Congo français est formée par le thalweg de
l'Oubanghi jusqu'au confluent du M'Bomou et de
l'Ouellé ; puis, par le thalweg [du M'Bomou jusqu'à sa
source, et de là, par une ligne droite rejoignant la
crête de partage des eaux entre les bassins du Nil et du
Congo, et, par cette crête, jusqu'au 30' méridien de
longitude Est de Greenwich, qui forme la frontière
orientale de l'Etat indépendant. Ainsi, le Congo obtient
une partie de ce qu'il désirait et s'étend au-delà du
quatrième parallèle nord, c'est-à-dire au-delà environ
d'un degré de la frontière septentrionale indiquée par
le traité de Berlin. Cette modification ne peut être qua-
ifiée ni de cession, ni même de transaction, l'accord du
14 août ne constituant qu'une modification de frontières
et pas autre chose.

Point capital au point de vue de la situation particulière à la France, que nous venons d'indiquer un peu
plus haut : car il est bien entendu que désormais, si
jamais nous avons l'occasion d'exercer notre droit de
préemption, nous pourrons l'étendre aussi bien aux
territoires acquis par le Congo en vertu de la convention du 14 août qu'à ceux qui délimitèrent à sa naissance l'Etat indépendant. Sur ce point, aucune difficulté
à redouter.

IV

Qu'on relise le texte de la convention du 14 août et
l'on constatera que l'article 4 contient l'annulation à peu
près entière des concessions à bail obtenues de l'Angleterre par le Congo sur la rive gauche du Nil dans
le Bahr-el-Ghazal (1). Le Congo rétrocède les frontières
qui lui avaient été concédées le 12 mai, sauf une parcelle située dans la vallée du Nil du 5° 30' de latitude
et contenant le poste de Lado. On le force donc à abandonner une étendue de territoire de 4° et demi que lui
reconnaissait la convention anglo-congolaise. On peut
dire qu'après la convention du 14 août, celle du 12 mai
devient sans grande importance ; il ne reste d'elle
qu'une rectification de frontières qui n'avait guère été
contestée et la concession d'un droit de passage pour
les lignes télégraphiques anglaises (art. 5 du traité du
12 mai). Au point de vue de la civilisation, aucune nation européenne ne regrettera cette dernière concession dont, en temps de paix, toutes les nations peuvent
être appelées à bénéficier et qui semble bien insigni-
fiante si on la compare à l'exigence du terrain de 25 kilomètres de largeur dont l'Angleterre ne semblait pas
vouloir se départir.

Il ressort du traité du 14 août 1894, que la France
voulant jusqu'au bout se montrer conciliante, n'a pas
entendu user de son droit strict ; elle pouvait, appuyée
sur la lettre de l'arrangement de 1887, faire reculer les

(1) *La déchéance de la convention congolaise* (*Saturday Review*, n°
du 16 août 1894).

Ibid., *Archives diplomatiques*, 1894, t. III, p. 340 et suiv. (*Questions à la chambre des communes sur le traité franco-congolais*).

Belges jusqu'au 5° parallèle, frontière conventionnelle reconnue à l'Etat indépendant par la Conférence de Berlin. Elle a pensé qu'il aurait été peu généreux de profiter des efforts des Belges, sans leur donner aucune compensation, alors qu'ils avaient pris la peine d'organiser le pays et d'y asseoir l'influence européenne.

Pour conclure, l'opinion générale est que la cession à bail des territoires dont nous venons de parler doit être considérée comme une cession déguisée. S'il en avait été autrement, si la cession à bail faite dans ces conditions n'avait pas été une aliénation de la souveraineté, ni la France, ni l'Allemagne n'auraient eu le droit de soulever la moindre protestation. L'Etat libre du Congo aurait agi dans sa pleine indépendance. Il n'aurait violé ni ses droits de puissance neutre, ni ses engagements envers la France, si le retour des territoires cédés à bail avait pu être considéré comme possible.

S'il était nécessaire de corroborer par un point de détail une conclusion qui nous semble évidente dans son ensemble, il nous suffirait de faire remarquer le texte de l'article 6, d'après lequel les habitants de la partie cédée passeront sous la domination du gouvernement cessionnaire et jouiront à l'étranger de la condition juridique de ses nationaux.

Ce n'est pas que l'on ne puisse citer tels exemples de puissance neutre, dont les frontières auraient été modifiées. La Suisse, par exemple, a eu ses frontières agrandies à la suite des désastres du Premier-Empire et son nouveau territoire n'en a pas moins été reconnu et garanti par les traités de 1815.

Plus tard, la convention du 8 décembre 1862 cédait

à la France la vallée des Dappes en échange d'une portion du territoire français. Mais dans le premier cas, les grandes puissances s'étaient trouvées d'accord et dans le second, les deux Etats contractants avaient accepté le droit des puissances signataires du traité de Vienne à intervenir dans les questions relatives aux principes de l'intégrité du territoire helvétique.

Aucun doute, croyons-nous, ne peut s'élever sur l'illégalité des stipulations territoriales du traité du 12 mai ; elles pouvaient entraîner des conséquences néfastes. L'Etat du Congo, en cas de difficultés, aurait pu, malgré sa neutralité, être amené à défendre des territoires que certaines nations étaient en droit de se croire, depuis la cession à bail, autorisées à considérer comme des possessions britanniques. D'autre part, comme nous l'avons déjà écrit, les territoires en question se trouvant situés en dehors de la zone délimitée par l'acte de Berlin sur la neutralité du bassin du Congo, n'étaient même plus neutralisables au point de vue européen. Donc, on ne pouvait écarter, *a priori*, entre le Congo et d'autres puissances, l'éventualité de conflits au sujet de ces territoires

Ce qui démontre encore qu'il s'agit bien, en ce cas, d'une cession déguisée, c'est que dans l'éventualité d'une guerre entre l'Angleterre et la France, celle-ci n'aurait pu s'attaquer aux grands territoires acquis au Congo sans être certaine à l'avance de se trouver en face des troupes congolaises appelées à défendre et à garantir, en dépit de la neutralité officielle, une possession prétendue britannique !

LES CESSIONS A BAIL EN CHINE

I. Les interventions européennes en Chine. Traité de Shimonoseki.
— II. Les cessions à bail : Kiao-Tcheou, Port-Arthur, Kouang-
Tcheou-Ouan, Weï-Haï-Weï. — III. L'organisation allemande à
Kiao-Tcheou. Convention franco-chinoise relative à Kouang-
Tcheou-Ouan. Ses conséquences. — IV. Sphères d'influence et
sphères d'intérêt. L'hinterland économique. Promesses d'inaliénabilité. Affaire de Shang-Haï. — V. Concessions de mines et de
chemins de fer. Le Transsibérien. L'occupation russe en Mandchourie. Cession à bail dans la vallée du Ya-Lon. Le nouveau gouvernement général russe d'Extrême-Orient.

I

Quels que soient les motifs dont les puissances européennes ont couvert leurs prétentions sur la Chine, le
plus sérieux, c'est incontestablement l'importance des
ressources qu'elles s'attendaient à y trouver (1). Espérance qui n'a rien de chimérique ; car sol et sous-sol
offrent d'égales richesses. Les grands bassins fluviaux
du Hoang-ho, du Yang-tzé, du Si-kiang ont d'autant
plus favorisé le développement de la population et de
la production que la variété du climat facilitait encore
cette prospérité. Aujourd'hui où le développement
des transports à la vapeur a rendu si importante la
question du charbon, il est remarquable que la seule
province du Chan-si puisse d'après les calculs du célèbre
géologue allemand Richthofen alimenter la consomma-
tion du globe pendant vingt siècles.

(1) V. A. G. De Lapradelle, *La question d'Orient*, R. D. I., 1902,
t. I., p 512 et suiv.

On voit que Marco-Polo n'avait rien exagéré au XIIIe siècle en qualifiant la Chine de pays des richesses et des millions (1). A une époque où les questions économiques priment tout le reste, il n'est pas surprenant que les Etats européens aient senti leurs convoitises les entraîner vers la Chine. Au début, on ne s'attaquait pas volontiers à cet empire immense et peu connu ; on avait cru arriver à un grand résultat en obtenant par traité, l'ouverture des cinq ports de Canton, Emoni, Fou-Chou, Ning-po et Chang-haï. Les traités de Nanking (1842), Wanghya (1844) et surtout celui de Whampoa (1844), permirent à l'Angleterre, aux Etats-Unis et à la France d'organiser un contact commercial et religieux que d'autres traités consolidèrent et étendirent en 1858, 1860, et principalement en 1876 (traité de Tche-Fou). Ces relations n'étaient pas les premières qui rapprochaient la Chine de l'Europe, car dès le IXe siècle de l'ère chrétienne, 120,000 étrangers avaient au cours d'un soulèvement péri dans la capitale du Tche-kiang (2). En 1537, les Portugais avaient créé sur la rivière de Canton leur grand établissement de Macao qui, malgré la prépondérance de Hong-kong garde encore une certaine influence dans l'Extrême-Orient. A cette époque reculée, les Chinois, commerçants habiles, vendaient déjà leurs soieries en Egypte et négociaient avec l'Arabie elle-même (3). Au XVIIe siècle, le contact par terre avait été établi entre la Chine

----

(1) V. Arthur Desjardins, *La Chine et le droit des gens* (*Revue des deux mondes*, 1900, p. 522 et suiv. et p. 816 et suiv.).

(2) Desjardins, *op. cit.*, p. 523.

(3) E. H. Parker, *China, her history, diplomacy, and commerce*, London, 1901.

Ibid., E. Bard, *Les Chinois chez eux*, p. 202.

et la Russie. Mais la situation se précisa lorsque les puissances maritimes enveloppèrent la Chine dans un long mouvement d'approche. Sans doute les Russes qui, en 1689, avaient déjà obtenu, pour leurs commerçants, le droit d'opérer librement en Chine, ne perdirent pas toute leur avance car ils pénétrèrent dans le territoire de l'Amour (1858), puis dans celui de l'Ili (affaire de Kouldja, 1879).

Mais en revanche, l'Angleterre ne restait pas non plus inactive. Dès 1844, à la suite de la fameuse guerre de l'Opium, par un arrangement conclu avec la Chine, elle avait obtenu sur Hong-Kong des droits dont le caractère provisoire était constaté par circulaire du plénipotentiaire anglais en Chine, datée de Macao, le 20 janvier de la même année (1). Ces droits, primitivement concédés à l'Angleterre pour un temps limité et bornés simplement à l'administration (2), ne devaient pas tarder à prendre un caractère définitif et plus général. C'est ce qui ressort de l'article 3 du traité, conclu à Nanking, le 29 août 1842 (3). On voit avec quelle rapidité la cession à bail du début s'est transformée en une cession complète ; il n'est point douteux que l'avenir ne réserve la même évolution aux cessions analogues et les exemples que nous aurons à citer prouveront

(1) Martens, *Recueil de traités*, année 1844, t. XXX, p. 1.

(2) *Ibid.*, p. 6. et suiv.

(3) Voici l'article 3 du traité de Nanking : « Comme il est évidemment indispensable que les sujets britanniques aient un port où ils puissent, au besoin, caréner et réparer leurs bâtiments, et aussi pour y déposer leurs provisions, S. M. l'Empereur de Chine, cède à S. M. la reine de Grande-Bretagne, etc... l'île de Hong-Kong, pour être possédée *à perpétuité* par S. M. britannique, par ses héritiers et successeurs et pour être gouvernée par telles lois et règlements qu'il conviendra à S. M. la reine de Grande-Bretagne à admettre. »

clairement comment le moule de la cession déguisée sous forme de bail, s'est promptement développé.

L'Angleterre pénétrait plus tard dans la Birmanie (1886-1895) ; la France au Tonkin (1885) ; enfin le Japon à Formose (1895).

C'est le 17 avril de cette année 1895, que le traité de Shimonoseki donna à la politique de l'Extrême-Orient une allure toute nouvelle. Les victoires faciles des Japonais avaient justifié le mot de Jules Ferry, déclarant que la puissance militaire de la Chine était une quantité négligeable. L'Europe cessait donc de redouter les contingents militaires chinois. Ce que l'on avait redouté aussi, c'était la concurrence industrielle d'une population prolifique et accoutumée à se contenter de peu. Or, les différentes missions industrielles qui furent envoyées, en particulier la mission Brenier, organisée par la Chambre de commerce de Lyon (1) (1895-1897), démontrèrent que de ce côté encore, on s'était fait de pessimistes illusions (2).

Aussi, les Occidentaux encouragés par cette double découverte s'appliquèrent plus qu'auparavant à obtenir, non pas une annexion dont le négoce se souciait peu, mais une exploitation, une prise de possession commerciale plus avide des résultats pratiques que des glorioles de la conquête.

Ce traité de Shimonoseki eut un autre résultat ; il fit comprendre à l'Europe les dangers que présentait l'ambition du Japon auquel on n'avait pas jusque-là prêté l'attention due à une race jaune qui n'hésitait pas,

(1) Brenier, *La mission lyonnaise*, 1898.

(2) Cpr., Brenier, *L'illusion jaune, Annales des sciences politiques*, 1898, p. 249.

comme les Chinois, à s'assimiler les moyens d'action industriels ou militaires de l'Occident.

Jusqu'en 1895, le dogme de l'intégrité territoriale avait été appliqué à la Chine. Par le traité de Shimonoseki, le Japon obtenait la presqu'île de Liao-Toung, à l'extrémité de la Mandchourie, se glissant ainsi entre la Chine et la Corée. Ce dernier pays allait assurément tomber sous l'influence nipponne quand l'Europe intervint, fit changer avant ratification les termes du traité et maintint ainsi l'indépendance coréenne. Si le Japon conservait des conquêtes, c'est-à-dire Formose et les Pescadores, ce n'étaient du moins que des conquêtes insulaires et le Liao-Toung demeurait chinois. Cette presqu'île dans laquelle se trouve Port-Arthur est aujourd'hui passée sous l'influence moscovite et il n'en faut pas être surpris outre mesure, car si les Etats européens ont appliqué rigoureusement au Japon la théorie de l'intégrité territoriale de la Chine, ils se sont montrés beaucoup moins sévères lorsqu'il s'est agi d'eux-mêmes.

II

C'est ici que nous voyons apparaître, de nouveau, le procédé des cessions à bail ; après le *veto* imposé aux Japonais, toute concession directe eût été inadmissible. Elle aurait été, au point de vue européen, absolument illogique et elle n'aurait pas été acceptée par les Chinois toujours désireux, suivant leur expression, de « sauver la face », c'est-à-dire de substituer la forme au fond et les convenances à la loyauté. Ce n'est pas à un pays qui depuis des milliers d'années a conservé une complète immobilité, que la remuante Europe pourrait avoir l'intention d'inculquer du jour au lendemain ses procédés brusquement variables.

On n'obtient rien de la Chine si l'on ne ménage ses préjugés, et c'est ce que fit l'Allemagne lorsqu'elle se fit concéder à bail, en décembre 1897, pour 99 ans, comme réparation du meurtre de deux de ses missionnaires, la baie de Kiao-Tchéou-Ouan, au seuil de la populeuse province du Chan-Toung. La voie était ouverte ; le 18 décembre 1897, la Russie se fait concéder Port-Arthur ; le 5 avril 1898, la France obtient la cession à bail du territoire et de la baie de Kouang-Tchéou-Ouan, avec droit d'y élever des fortifications et d'y caserner des troupes ; cinq jours après, le 10 avril, l'Angleterre s'empare de Wei-hai-Wei que les Japonais venaient d'abandonner, l'Angleterre ayant fait opérer par la banque de Hong-Kong un emprunt de 400 millions destiné au solde du terme jusqu'alors impayé de l'indemnité de guerre. Enfin, en 1899, l'Italie, sur les incitations de la Grande-Bretagne demandait la baie de San-Moon au seuil du Tche-Kiang et le Japon dont le mécontentement s'explique, réclamait une concession analogue. On put croire un instant que c'était le partage du grand empire qui commençait, il n'en était rien, les puissances déjà nanties aidèrent la Chine à se défendre, et l'Italie et le Japon en furent pour leurs réclamations.

III

Les inconvénients de la cession à bail poussée à un degré excessif ne pouvaient manquer de frapper les yeux de ceux-là mêmes qui en avaient les premiers bénéficié. Si l'on doutait qu'elle fût autre chose qu'une cession déguisée, il suffirait de prendre connaissance de la loi du 27 avril 1898 (1), d'après laquelle l'empire allemand déclare le territoire de Kiao-Tchéou, pays de protectorat, appelé à se comporter dans ses rapports de droit public avec l'empire *comme les protectorats africains*. Par conséquent, les rapports juridiques de l'empire avec Kiao-Tchéou sont conformes aux dispositions générales de la loi en vigueur sur les protectorats ; la loi sur la juridiction consulaire du 10 juillet 1879, la loi sur le mariage et la preuve de l'état des personnes à l'étranger du 4 mai 1870, sont applicables à Kiao-Tchéou.

Il n'en faut pas plus pour démontrer que nous nous trouvons en présence d'une annexion pure et simple, et les puissances l'ont si bien compris qu'elles ont cherché les précautions nécessaires pour empêcher le développement de la cession à bail qui, par une voie indirecte, risquait de conduire au partage que l'on voulait éviter de l'empire chinois (2).

Si l'on examine le traité conclu entre la France et la Chine pour la cession à bail du territoire de Kouang-Tchéou-Ouan (3), on verra que dans ce cas aussi, les droits de souveraineté passent, en réalité, à l'Etat locataire. Voici du reste, les parties de ce traité qui se rapportent directement à la question abordée dans cette étude. Nous le citons presque intégralement en raison de l'extrême similitude que présentent entre eux les

(1) *Reichsgesetzblatt*, p. 771.

(2) V. *L'Allemagne à Kiao-Tchéou.* (*Saturday-Review*, n° du 4 décembre 1897.)

(3) Colonel Vallière, *A Kouang-Tchéou-Ouan, Nouvelle Revue*, n° du 1ᵉʳ décembre 1899, p. 589 et suiv.

traités semblables passés entre les nations civilisées et la Chine. C'est toujours le même texte destiné à produire les mêmes conséquences.

Art. 1. — Le gouvernement chinois, en raison de son amitié pour la France, a donné à bail, pour 99 ans, Kouang-Tchéou-Ouan au gouvernement français pour y établir une station navale avec dépôt de charbon, mais il reste entendu que cette location n'affectera pas les droits de souveraineté de la Chine sur les territoires cédés.

Art. 2..... — (Cet article s'occupe de la délimitation du territoire cédé).

Art. 3. – Le territoire *sera gouverné et administré pendant les 99 ans de bail par la France seule,* cela afin d'éviter tout froissement possible entre les deux pays.

Les habitants conserveront la jouissance de leurs propriétés, ils pourront continuer à habiter le territoire loué et vaquer à leurs travaux et occupations, *sous la protection de la France,* aussi longtemps qu'ils se montreront respectueux de ses lois et réglements. La France payera un prix équitable aux indigènes pour les terrains qu'elle désirera acquérir.

Art. 4. — La France pourra élever des fortifications, faire tenir garnison à des troupes ou prendre toute autre mesure défensive dans le terrain livré.

Elle pourra construire des phares, placer des bouées et signaux utiles à la navigation sur le territoire loué, le long des îles et des côtes, et, d'une manière générale, prendre toutes les mesures et adopter toutes les dispositions propres à assurer la liberté et la sécurité de la navigation.

Art. 5. — Les navires à vapeur de la Chine, ainsi que les navires des puissances en relations diplomatiques et commerciales avec elle, seront traités sur le territoire loué, tout comme dans les ports ouverts de la Chine.

La France pourra promulguer tous les réglements qu'elle

-----

(1) *Archives diplomatiques, Négociations pour délimitation avec la Chine,* 1899, t. I, p. 213.

voudra dans l'administration du territoire et du port, et notamment percevoir les droits de phare et de tonnage destinés à couvrir les frais de construction et d'entretien des feux, balises et signaux, mais les dits réglements et droits seront appliqués impartialement aux navires de toutes nationalités.

Art. 6 — Si des cas d'extradition se présentent, *ils seront traités d'après les stipulations des conventions existantes de la France et de la Chine*, notamment celles qui règlent les rapports de voisinage entre la Chine et le Tonkin.

Les articles 7 et 8 s'occupent de la construction possible d'un chemin de fer de Kouang-Tchéou-Ouan à Pou-On-Pou.

Nous n'insisterons que sur la restriction contenue dans l'article 2, et d'après laquelle il serait entendu que la location n'affectera pas les droits de souveraineté de la Chine sur les territoires cédés. On a déjà pu voir des précautions oratoires et diplomatiques analogues dans les conventions relatives à la Bosnie-Herzégovine, à Chypre, à la Crète et au Soudan. Là, on avait à ménager les susceptibilités du pays évincé, la Turquie, et aussi celles de certains Etats européens. Ici, le cas est le même avec cette différence que l'Etat évincé, c'est à-dire la Chine, est particulièrement susceptible sur les questions de forme et tient avant tout, comme nous l'avons dit plus haut, à *sauver la face*.

Mais, qu'on relise l'article 3, et l'on verra si les droits de la France ne sont pas formellement affichés. C'est elle seule qui va gouverner et administrer ; c'est à elle que le droit d'expropriation est explicitement reconnu ; l'article 4 est plus décisif encore puisqu'il lui accorde tous les droits militaires, en d'autres termes, tous les moyens d'assurer d'une façon effective, le respect de ses volontés. Enfin, en vertu de l'article 6, les cas d'extra-dition seront réglés d'après les conventions francochinoises, notamment celles qui règlent les rapports de voisinage entre la Chine et le Tonkin. Or, ces conventions sont celles que la Chine a acceptées, ou plutôt subies, après les succès de nos armes, et, par conséquent, ici encore, toute l'administration est celle que nous avons exigée nous-mêmes.

Inutile d'insister ; si nous sommes bien chez nous à Kouang-Tcheou (1), comme les Allemands à Kiao-Tchéou ; les Anglais auront à Weï-Haï-Weï, de même que les Russes à Port-Arthur et à Talien-Wan, les mêmes droits, pourront aussi élever des fortifications, entretenir des troupes, faire stationner des navires de guerre, créer des dépôts de charbon, jouir, en un mot, de tous les droits de souveraineté. Ce qui est à prévoir, c'est qu'à l'expiration d'un bail d'aussi longue durée, ces locataires seront plutôt disposés à congédier leur propriétaire qu'à évacuer eux-mêmes le territoire. Ils disposent de ces forces militaires par lesquelles s'affirme, au début, la civilisation occidentale ; ils auront dans un siècle, pour eux, un long fait accompli sans avoir subi les inconvénients d'une prise de possession effective paraissant trop clairement aux yeux des Asiatiques.

IV

Ces cessions à bail pouvant être considérées comme des annexions déguisées, — nous l'avons déjà fait remarquer, — les Etats européens qui en ont profité ont eu, les premiers, à cœur d'en empêcher le retour ou le développement, sentant bien qu'ils risquaient de se

(1) Claudius Marolle, *Questions chinoises, Questions diplomatiques et coloniales,* n° du 1ᵉʳ mai 1898, p. 6 et suiv.

trouver quelque jour en présence d'un partage dissimulé. C'est de là que vient l'établissement du régime de la *sphère d'influence* et de la sphère d'intérêt (1). On a dit, non sans raison, que ces termes vagues cachent mal les appétits des peuples occidentaux disposés à faire une main-mise sur les richesses du grand empire oriental. En fait, les Etats européens ont créé là une forme adoucie du protectorat ; mais, si cette forme est adoucie au point de vue politique, en revanche, la mine et le rail donnent à l'acquéreur l'avantage de la conquête sans qu'il en résulte aucun de ses inconvénients.

Ce système est très habile, surtout devant un peuple qui tient à sauver la face et qui est très ombrageux vis-à-vis d'un principe comme le maintien, au moins apparent de l'intégrité territoriale. On peut deviner qu'une situation aussi nouvelle exige de la diplomatie moderne des tâtonnements jadis ignorés, et que les difficultés ne sont pas moins grandes pour les jurisconsultes, d'autant plus que ces derniers voient pour la première fois apparaître, dans le droit international, ces deux expressions de « sphère d'intérêt » et de « sphère d'influence ». Ces deux termes, quoique employés parfois l'un pour l'autre, indiquent cependant des nuances faibles, mais perceptibles. La sphère d'intérêt qualifie la situation économique. Lorsque l'on parle de sphère d'influence, l'esprit songe plutôt à une situation nuancée par une arrière-pensée politique. Ainsi, la concession des mines ou des chemins de fer d'une zone de la Chine la convertira en sphère d'intérêt. Si l'on

(1) J. Franconie, *Les récentes conventions avec la Chine, Questions diplomatiques et coloniales*, nº du 15 mai 1898, p. 85.

ajoute à ce monopole la promesse de non-aliénation, c'est alors « sphère d'influence » qu'il faut dire.

Toutefois, les Anglais prétendent qu'il y a sphère d'intérêt même dans des régions où les mines et les chemins de fer sont hors de cause, mais où la prépondérance des intérêts commerciaux d'une seule nation est bien évidente ; c'est, en quelque sorte, une « sphère des intérêts ». D'autre part, ils appliquent le nom de sphère d'influence à des régions qui sont l'objet d'une déclaration d'inaliénabilité sans autre condition. Ils tendent ainsi à créer une nouvelle catégorie de ces deux sphères. Il suffit alors, d'une déclaration d'inaliénabilité pour créer droit de priorité sur les concessions. Il suffit aussi de simples intérêts commerciaux et, *a fortiori*, d'un réseau de concessions pour écarter l'inaliénabilité stipulée, sur la même région, par une autre puissance.

Le premier de ces principes a été mis en application par l'Angleterre lorsqu'elle a repoussé, dans l'affaire du Kao-Loung, la stipulation d'inaliénabilité du Kouang-Toung. Elle a appliqué le second en déduisant, de sa propre stipulation d'inaliénabilité du bassin du Yang-Tsé-Kiang, un droit de préférence pour les concessions de mines dans la vallée du Yang-Tsé. Le droit des gens s'accommode mal d'une politique qui détourne de leur vrai but les stipulations d'inaliénabilité qui devraient tendre, avant tout, à garantir l'intégrité politique de la Chine. Il est bien certain que, juridiquement, une déclaration dont le caractère est purement négatif comme celle d'inaliénabilité ne saurait entraîner la création d'un droit positif tel que celui de concessions de mines et de chemins de fer. Au surplus, les déclarations d'inaliénabilité ont été traitées exclusivement avec la

Chine ; aussi, pour obvier à cet inconvénient, les puissances ont-elles conclues entre elles des conventions par
lesquelles elles se réservent des zones déterminées, sorte
d'*hinterland économique* (1).

C'est ainsi que l'Angleterre a renoncé, en septembre 1898, à toute concession dans la Mandchourie,
tandis que la Russie s'interdisait d'en réclamer dans le
Yang-Tsé. De même les Anglais renoncent à tout droit
dans le Chan-Toung contre renonciation équivalente
des Allemands dans le Yang-Tsé. Comme l'hinterland,
la sphère d'intérêt suppose une série de traités avec les
tierces puissances ; mais, à la différence de l'hinterland
qui s'applique à un territoire sans maître, il suppose
aussi l'adhésion de l'Etat dans lequel la sphère se crée.
Il y a de plus une différence d'objets : l'hinterland a
pour objet l'occupation, c'est-à-dire l'annexion politique ; la sphère d'intérêt a pour objet l'exploitation,
c'est-à-dire l'annexion économique.

Pour éviter le démembrement, ainsi que nous l'avons
vu, les puissances qui trouvaient trop brutale la cession à bail prirent contre elle leurs précautions par un
moyen nouveau, la promesse de non-aliénation. Le 10
mars 1898, la Chine s'engageait par traité, vis-à-vis
du gouvernement de Saint-James à ne rien louer, hy-
pothéquer, ni vendre à aucune puissance, de la vallée
de Yang-Tsé-Kiang. Moins d'un mois après, le 5 avril,
un traité analogue était conclu avec la France : la
Chine s'engageait à n'aliéner à aucune autre puissance
sous quelque forme que ce fût, aucune position de la
grande île de Haï-Nan, ni des provinces limitrophes du
Tonkin : le Kouang-Toung, le Kouang-Si et le Yunnan.

(1) De Lapradelle, *op. cit.*

Le Japon qui avait été nanti de Formose en 1895, était exclu des cessions à bail, mais il ne l'était pas des promesses d'inaliénabilité. Il obtint l'engagement que la province de Fou-Kien qui forme la rive occidentale du canal de Formose, province riche, ne serait jamais aliénée.

Si les Etats européens avaient laissé au Japon le droit d'obtenir des promesses d'inaliénabilité, c'est parce que celles-ci n'entraînent pas immédiatement l'immixtion intérieure, à plus forte raison l'annexion ; elles n'attaquent pas l'intégrité du territoire chinois, elles la respectent complètement. Par la cession à bail, au contraire, les puissances rusent avec cette intégrité, cette cession mettant en présence deux souverainetés dont l'une tend naturellement à éliminer l'autre, puisque par définition, il ne peut y avoir qu'un seul souverain sur un même territoire. Telle est la grande différence avec la promesse d'inaliénabilité qui, n'entraînant pas une deuxième souveraineté dans la même zone qu'une première, ne renferme qu'un germe d'annexion. Donc un danger presque immédiat avec le premier système est beaucoup moins proche avec le second.

On peut, jusqu'à un certain point, établir une comparaison entre la situation de la Chine et celle qui a été faite à l'empire ottoman par le traité du 30 mars 1856. Dans ce traité, les puissances ont formellement stipulé l'intégrité de l'Empire ottoman qui, nous l'avons plusieurs fois démontré au cours de cette étude, n'est qu'à demi-respectée. Par le système des promesses d'inaliénabilité, les puissances assurent l'intégrité de la Chine par fragments et comme par morceaux, chacune lui interdisant de céder à une autre le territoire qui la borde. Mais, dans la pratique, il peut advenir que ce système manque d'efficacité puisque les conventions n'ont de force qu'entre les parties contractantes. Elles ne peuvent être opposées qu'à la Chine qui n'est pas toujours disposée à les faire respecter et qui d'ailleurs n'en aurait pas la force.

Ainsi nous avons mentionné, quelques lignes plus haut, la promesse faite, le 5 avril 1898, de ne pas aliéner le Kouang-Toung. Eh bien ! deux mois après, le 9 juin, la Chine devait céder à l'Angleterre, dans la presqu'île de Kao-Loung, 500 kilomètres carrés pour le prolongement de l'établissement britannique de Hong-Kong. La France, désireuse de manifester son esprit de conciliation ne protesta pas, bien que l'Angleterre ne lui eût même pas demandé son assentiment. Cette condescendance ne devait pas empêcher l'Angleterre de nous répondre, dans la vallée de Yang-Tsé-Kiang, par un procédé plutôt agressif. Depuis les traités de 1842 et 1844, trois concessions française, anglaise et américaine, avaient été tracées à Shang-Haï perpendiculairement au fleuve Ouam-Pau.

Dans cet espace, les Européens peuvent habiter sans pourtant que les Chinois en soient exclus, mais la seule juridiction est celle des consuls. En 1863, les concessions anglaise et américaine se réunirent sous une administration internationale tandis que la concession française voulut garder son autonomie. Il arriva qu'en 1898, la France eût besoin de prolonger sa concession et lord Salisbury s'y opposa en prétendant que l'arrangement anglo-chinois relatif à l'inaliénabilité du bassin du Yang-Tsé ne nous permettait pas d'étendre la concession française de Shang-Haï. La France objecta naturellement l'attitude qu'elle avait observée dans l'affaire de Kao-Loung ; elle ajouta que les conventions d'inaliénabilité n'étaient pas opposables aux puissances tierces. L'Angleterre le reconnut et l'extension de la concession française fut accordée.

Les Etats européens ayant constaté les inconvénients de la cession à bail y renoncèrent d'autant plus aisément pour l'avenir que, d'une part, ils avaient déjà obtenu ce qu'ils désiraient et que d'un autre côté, ils se laissaient surtout séduire par les avantages économiques à retirer de la région. Ils résolurent pour se créer de nouveaux débouchés en Chine, d'y créer les voies de communication qui manquent, de se les réserver par le monopole de la construction et de l'exploitation des chemins de fer; de profiter des trésors métallurgiques du pays en poursuivant simultanément les concessions de mines et celles des chemins de fer. Lancées dans cette voie, les nations cherchent à se devancer l'une l'autre, toutes obtiennent des concessions successives ; la Russie, elle-même, par suite de circonstances particulières va trouver dans l'extension de ses chemins de fer, un moyen énorme d'influence sur la Chine septentrionale. Au cours de leurs études sur le transsibérien, les ingénieurs avaient reconnu que le passage par la Mandchourie abrégerait le trajet de 550 kilomètres. Aussi la guerre sino-japonaise ayant éclaté, la diplomatie russe demanda-t-elle pour prix de son intervention contre le Japon, le droit de faire passer le transsibérien par la Mandchourie. Elle l'obtint par traité secret d'octobre 1895 ; cette convention ne tendait pas seulement à raccourcir le trajet d'Irkoutsk à Vladivostock ; elle devait permettre aussi aux Russes de diriger vers le Sud, des rameaux détachés du transsibérien, d'en faire descendre le point terminus, de Vladivostock, abordable aux navires pendant huit mois seulement, jusqu'à Niou-Tchouang et Port-Arthur qui sont libres de glaces pendant toute l'année.

Cette situation nouvelle donnait à la Russie une influence assez prépondérante pour qu'il lui fût possible de songer à centraliser le commerce de la Chine par l'établissement d'une immense voie ferrée franco-russe de Pékin à Canton et de Canton au Tonkin. Déjà, grâce à son influence, un syndicat franco-belge avait obtenu, le 26 juin 1898, le premier tronçon Pékin-Han-Kéou.

Dans l'intervalle, les Russes s'étaient fait céder à bail Port-Arthur, où ils sont en train de faire établir des casernes pour 20,000 soldats (1). Preuve évidente de leur résolution de conserver ce port à tout jamais et de ne point abandonner à l'expiration du bail les territoires qui leur ont été cédés. Il est évident qu'ils se considéreront aussi comme définitivement maîtres de la Mandchourie qu'ils ont occupée pendant la guerre, en 1900, malgré les protestations des gouvernements de Yokohama et de Washington (2).

Dans une conférence tenue par des délégués russes, le 14 juillet 1903 (3), à Port-Arthur, les volontés de la Russie ont été exposées d'une façon précise. Elle s'oppose à la présence des consuls étrangers accrédités auprès du gouvernement chinois dans les villes sou-

(1) V. *Le Matin*, n° du 16 juillet 1903.
(2) V. *Le Temps* des 10 et 20 mai et du 27 juin 1903.
Ibid., Le Matin du 11 août 1903.
(3) *Le Temps*, n° du 16 juillet 1903.

mises, en réalité, au contrôle moscovite ; si elle ne s'oppose pas à la présence d'étrangers, si au contraire, elle a l'intention d'inviter un jour le commerce extérieur à s'établir dans les villes mandchouriennes, en revanche, elle n'admet pas que les étrangers bénéficient des droits d'exterritorialité, ces droits ayant soulevé à Niou-Tchouang des difficultés dont elle entend absolument empêcher le retour. On dit même que cette dernière ville aurait été cédée à bail à la Russie dans le courant du mois d'août 1903 (1).

Dans tous les cas, le 4 août (2), pour la célébration de l'anniversaire de la prise de cette ville, c'est M. Grousse, l'administrateur russe, arrivé depuis le mois de janvier, qui a lancé les invitations officielles. Ce fait semble indiquer que les représentants des autres puissances ne sauraient prétendre à être traités sur un pied d'égalité avec la Russie et corrobore les bruits relatifs à la cession à bail. Il est à noter qu'à son arrivée, M. Grousse avait annoncé qu'après le 8 avril, date fixée pour l'évacuation, il quitterait ses fonctions d'administrateur pour prendre celles de consul. Même l'hôtel de l'administration civile russe, qui fut inauguré en cette circonstance, était considéré primitivement comme destiné à servir de consulat.

On parle beaucoup d'une nouvelle convention signée entre le prince Tching et M. Lessar, ministre de Russie à Pékin, un des hommes qui ont le plus contribué à l'extension de l'influence russe. Les conditions de cette convention seraient les suivantes (3) :

(1) V. *Le Temps*, n° du 13 août 1903.
(2) V. *Le Matin* du 10 août 1903.
(3) V. *Le Temps*, n° du 25 avril 1903.

1° Aucun nouveau port ne doit être ouvert en Mandchourie au commerce extérieur ; aucun nouveau consulat ne doit être établi en Mandchourie ;

2° Tous les revenus des douanes de Niou-Tchouang doivent être remis à la Banque russo-chinoise au lieu d'être remis, comme avant l'occupation russe, à la Banque des douanes chinoises ;

3° Aucune partie de la Mandchourie ne doit être aliénée à quelque autre puissance que ce soit ;

4° Seuls, les Russes doivent être employés dans les fonctions administratives, civiles ou militaires, en Mandchourie ;

5° Une clause quelque peu obscure, qui demande que l'administration chinoise ne change rien au régime actuel ;

6° Les Russes doivent avoir le droit de fixer leurs propres fils télégraphiques sur les poteaux des télégraphes chinois, partout où il existera en Mandchourie des télégraphes chinois ;

7° La Russie doit changer les règlements sanitaires du port ouvert de Niou-Tchouang.

Nul ne sera surpris que cette nouvelle ait provoqué une vive émotion en Angleterre, au Japon et aux États-Unis. Les protestations de ces puissances contraignirent la Russie à leur donner une satisfaction relative, sans toutefois renoncer au bénéfice de l'ensemble du traité ; elle consentit à ouvrir au commerce extérieur les ports de Moukdhen et de Ta-Toung-Kan (1).

C'est au Japon que l'impression a été particulièrement désagréable lorsqu'on y a appris l'établissement des Russes sur la rive nord du Ya-Lou, en Corée. Le gouvernement coréen *a loué pour 20 ans* (2) à la compagnie russe de l'exploitation du bois, trois cent cinquante acres à Yengampho. Cette compagnie s'est formée sous les apparences d'une société commerciale ;

____

(1) V. *Le Temps*, n° du 18 juillet 1903 (Chronique de l'étranger).
(2) V. *Le Matin,* n° du 12 août 1903.

mais elle est en réalité entre les mains de l'armée et de
la marine russes et elle est maîtresse des ports du district de Ya-Lou. C'est par le fait une nouvelle annexion
déguisée à la Russie, puisque cette compagnie, qui a
tous les pouvoirs, n'est, en somme, que l'émanation du
pouvoir impérial lui-même.

Un ukase du tsar a été promulgué, le 13 août, créant
un nouveau gouvernement général avec le district de
l'Amour et le territoire de Liao-Toung (1).

Le gouverneur général aura pleins pouvoirs sur l'administration civile, dont la direction ne relèvera plus
des ministères centraux.

Le gouverneur sera chargé de diriger les négociations
diplomatiques avec les Etats voisins pour les affaires
des territoires relevant de sa juridiction. Il sera également chargé du commandement de la flotte russe de
l'Océan Pacifique et de toutes les troupes stationnées
dans le nouveau gouvernement général. Une commission
spéciale, présidée par le tsar, veillera à ce que les dispositions prises par le gouverneur général soient en
harmonie avec la politique générale des ministères

Le vice-amiral Alexïeff, aide de camp général du
tsar, a été nommé vice-roi du gouvernement général
d'Extrême-Orient.

Cette nomination a fait un grand bruit. Comme le
constate la *Vossische Zeitung*, les pouvoirs conférés au
nouveau vice-roi — par le fait c'en est un — comportent l'annexion de la Mandchourie et de la péninsule de
-Liao-Toung à l'empire russe.

Si nous avons insisté sur tous ces événements, qui
marquent l'aube du vingtième siècle, c'est dans le but

(3) V. *Le Matin*, n° du 12 août 1903.

de-mettre en lumière l'extension que prennent à notre époque, sous différentes formes, les annexions déguisées de territoires. Certes, elles sont contraires aux règles traditionnelles du droit international et, avec elles, c'est *le fait* qui tient la place prépondérante. Elles ont une tendance à se multiplier, puisque, malgré l'inconvénient reconnu des cessions à bail, celles-ci n'ont pas été interrompues. C'est grâce à elles que la Russie va obtenir une situation prépondérante en Corée, sur la rive droite du Ya-Lou, comme celle dont elle dispose en Mandchourie, grâce à Niou-Tchouang et à Port-Arthur.

Ces formes bizarres et nouvelles de l'annexion tendent à se propager et elles ouvrent aux Russes, en Mandchourie, une domination aussi effective que celle des Autrichiens en Bosnie et en Herzégovine. Le temps, du reste, est un complice puissant des nouveaux occupants et ils peuvent compter sur lui dans leur œuvre d'assimilation. Lord Salisbury, récemment décédé, appliquait ironiquement aux Allemands, les véritables créateurs de ce nouveau régime international en Extrême-Orient, une phrase dont les autres puissances européennes pourraient à bon droit prendre leur part (1) :

« Ils ont admirablement compris les bienfaits qu'on pouvait attendre des missions évangéliques. »

(1) *Le Matin* du 25 août 1903.

LE CANAL INTEROCÉANIQUE

I. Le canal isthmique et les différents projets. Internationalisation du canal. Traité Clayton-Bulwer. — II. Négociations avec la Compagnie française du canal de Panama. Traité Hay-Herran. — III. L'opposition en Colombie. Ses raisons. Abandon du traité Clayton-Bulwer. Conclusion du traité Hay-Pancefote.

L'utilité d'un canal interocéanique pour les Américains n'est pas contestable ; elle s'est affirmée encore bien plus pendant la guerre cubaine, lorsque *l'Oregon* dut effectuer au milieu de craintes justifiées par son isolement, un long voyage du Pacifique à l'Atlantique. L'annexion des îles Hawaï, d'abord, celle des îles Philippines ensuite, l'ont rendu encore plus nécessaire. Il n'y a là-dessus qu'une voix aux Etats-Unis.

Avant même d'avoir été commencé (1), le canal avait déjà été une cause de conflits entre l'Europe et l'Amérique qui en convoitaient également la possession future. A la fin du XVII⁰ siècle, un des fondateurs de la banque d'Angleterre, W. Paterson, proposait d'occuper et de percer l'isthme de Panama, pour assurer à la Grande-Bretagne la prépondérance maritime et commerciale. En 1771, Antonio Bucarelli, vice-roi du Mexique, reçut de son gouvernement l'ordre de faire explorer, en vue d'un canal, l'isthme de Tehuantepec. En 1830, le roi de Hollande obtint de la confédération de l'Amérique

(1) De Lapradelle, *La question du canal interocéanique.* (R. D. P., 1900, t. I, p. 102 et suiv.)

centrale, le droit de passage par eau sur le territoire de la confédération ; mais la révolution belge le détourna vers d'autres questions. Aussitôt après son évasion de la prison du Ham, Louis-Napoléon Bonaparte étudia le percement de l'isthme par le Nicaragua. En 1848, les Anglais pour mieux tenir le canal, installaient leur protectorat sur les Mosquitos, s'assuraient de San-Juan de Nicaragua (Greytown) sur l'Atlantique, et cherchaient à prendre le point correspondant du Pacifique en occupant l'île de Tigre dans la baie de Fonseca. Trois voies permettent l'établissement d'un canal : 1° Isthme de Tehuantepec ; 2° rio San-Juan et le lac de Nicaragua ; 3° Isthme de Panama.

Les Etats Unis, de leur côté, avaient plusieurs fois tenté de s'assurer un canal exclusivement américain. En 1826, H. Clay songeait à la voie du Nicaragua. Le 10 juin 1848, l'idée s'étant précisée, prenait corps pour l'isthme de Panama, dans un traité avec la Nouvelle-Grenade, l'état territorial.

Les Etats-Unis, songeant plutôt à se réserver des monopoles qu'à les utiliser, ne construisirent pas le canal de Panama, mais adressèrent un envoyé spécial, M. Elijah-Hise, au Nicaragua, pour tenter de négocier avec ce pays la cession d'un passage. Plus tard, quand l'Angleterre se porta vers l'île de Tigre dans la baie de Fonseca, les Etats-Unis traitèrent avec le Honduras, dont ces pays relevaient pour avoir une station navale à Tigre et pour fortifier la baie de Fonseca. Ainsi, aux deux extrémités du tracé projeté par le Nicaragua, l'Angleterre et les Etats-Unis se trouvent face à face, en sorte qu'un conflit est imminent et que pour l'éviter une seule solution se présente : c'est de se reconnaître mutuellement des droits égaux sur le canal dûment neutralisé. Telle est l'origine du traité Clayton-Bulwer (19 avril 1850), dont voici les dispositions principales :

1° Ni la Grande-Bretagne, ni les Etats-Unis ne doivent obtenir ou maintenir un contrôle exclusif sur le canal ou construire des fortifications ;

2° Ces deux Etats ne doivent pas prendre possession d'une partie de l'Amérique centrale ni en fortifier une partie, et n'y établir des colonies ;

3° Ils se promettent mutuellement l'usage et la neutralité du canal et invitent les autres nations à prendre le même engagement ;

4° Ils déclarent ces stipulations applicables à toute autre voie de communication par canal ou railway à travers l'isthme et spécialement à celles de Tehuantepec, et de Panama.

Les Etats-Unis avaient donc par le traité, abandonné toute prétention territoriale sur le Nicaragua ; mais l'Angleterre au lieu de les imiter, reprit les îles de la Baie, rentra dans Greytown et mit les Etats-Unis, en 1854, dans la nécessité de bombarder la ville. On avait réveillé l'impérialisme qui sommeillait, et il montra bientôt les dents. Les Anglais durent évacuer les îles de la Baie et Greytown.

Avertis par cette expérience, les Etats-Unis, devenus défiants, songèrent au monopole et, en 1869, ils traitèrent avec la Colombie pour un passage exclusif à Panama. Leurs inquiétudes redoublèrent quand, en 1879, M. de Lesseps, le front encore auréolé de sa gloire de Suez, se décida pour le tracé de Panama. Il fonda la fameuse compagnie à laquelle sa réputation amena aussitôt de nombreux actionnaires et qui fit naître tant d'espérances destinées, hélas ! à être déçues.

Aussitôt, les Etats-Unis reprirent le tracé du Nicaragua et une société concurrente se fonda sous le patronage de l'ex-président Grant, dont les compatriotes répétèrent volontiers la parole : « Il faut à l'Amérique un canal américain, sur le sol américain, par le peuple américain. », En septembre 1884, la société provisoire américaine donna naissance à la M. C. C. N. (*Maritime canal compagnie of Nicaragua*). Mais, le 14 décembre 1888, la Compagnie française de Panama ayant suspendu les paiements, on vit en même temps s'atténuer l'ardeur des Etats-Unis, plutôt hostiles aux projets étrangers que favorables au canal. La compagnie américaine restait stationnaire, faute de capitaux, quand la renaissance de l'impérialisme vint lui donner un puissant appui. Par une loi votée au Sénat, le 20 janvier 1899, était prévue l'émission d'un million d'actions de cent dollars chacune, dont 925,000 souscrites par le gouvernement ; le canal devait être achevé en un an sous la surveillance des ingénieurs des Etats-Unis ; les frais fournis par le trésor fédéral à raison de 20 millions de dollars par an, ne devaient pas dépasser 115 millions de dollars. D'après le bill, le canal est, au point de vue international, placé sous le contrôle exclusif des Etats-Unis avec l'assentiment du Nicaragua.

Ce bill Morgan trouva un adversaire dans le projet Hepburn, qui tendait à l'achat direct par les Etats-Unis, au Nicaragua, de territoires sur lesquels le canal serait construit par le département de la guerre. Le projet, approuvé par la Chambre, échoua au Sénat. Mais le moment était proche où le canal américain pré-

conisé par le président Grant, devait s'exécuter, le
président Mac-Kinley, mit la question à l'ordre du jour
dans son message du 6 décembre 1899. En novembre
1901 était signé un traité qui cédait à bail, pour 100
ans, aux Etats-Unis une bande de terrain allant de
l'Atlantique au Pacifique et large de six milles. Nul
doute que ce traité ne soit ratifié par le Nicaragua qui
a, du reste, fait des offres à ce sujet.

De cette façon, la souveraineté sur le canal était
assurée aux Etats-Unis seuls et d'ailleurs, l'Angleterre
venait de renoncer au traité Clayton-Bulwer.

II

En même temps se produisent des faits nouveaux ; la
M. C. C. N. propose de céder sa concession aux Etats-
Unis. Un groupe de financiers américains et français
tente alors de racheter les actions de la Compagnie
française et de faire reprendre par les Etats-Unis l'ancien tracé de Panama. Avec un pareil projet, la doctrine
de Monroë est scrupuleusement respectée et bien des
dissensions intérieures doivent tomber d'elles-mêmes.

La grande république le comprend à merveille et, le
19 juin 1902 (1), le Sénat de Washington vote le bill
Spooner autorisant le président Roosevelt à acheter, au
prix de 40 millions de dollars, la concession de la compagnie du canal de Panama, et aussi à ouvrir des négociations avec la Colombie pour régler les conditions
dans lesquelles les Etats-Unis pourraient utiliser le titre
de propriété. Une semaine après, c'est-à-dire le 26, la
Chambre des représentants de Washington adopte à son

(1) V. *Le Matin*, n° du 20 août 1903.

tour le bill Spooner et il ne reste plus qu'à s'entendre avec le gouvernement de Bogota.

En janvier 1903, l'accord ayant été fait auparavant, en principe, les termes en furent consignés dans un traité en bonne et due forme signé par M. Hay, secrétaire au département d'État de Washington, et M. Herran, représentant de la Colombie. *La convention cédait à bail aux États-Unis pour 100 ans, période indéfiniment renouvelable au gré des deux parties,* une bande de territoires

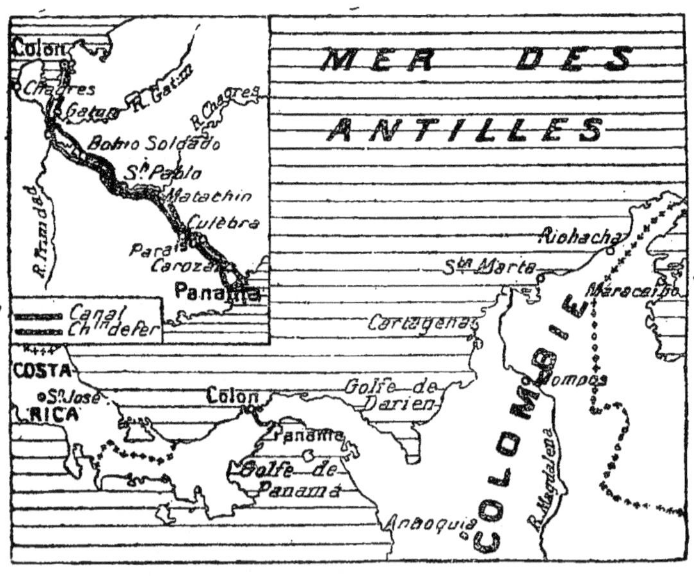

Tracé projeté du canal interocéanique.

de 10 kilomètres de large en bordure de deux rives du canal. Les États-Unis se réservaient la protection du canal construit et exploité par eux, c'est-à-dire qu'ils s'en assuraient le contrôle souverain. Par contre, la Colombie devait recevoir une somme de 10 millions de dollars une fois donnée, et une annuité perpétuelle de 250,000 dollars.

Que fallait-il donc pour que ce contrat synallagmatique devint valable et que l'on pût aussitôt commencer les travaux ? la sanction du Parlement colombien.

Or, trois mois après, le 12 août, le Sénat colombien, à l'unanimité de 25 voix, rejeta le traité Hay-Herran. Détail singulier, la transmission de cette nouvelle fut arrêtée et Washington, où on l'attendait avec impatience, la connut seulement le 17, et à cette date seulement, put en informer le monde entier.

Où chercher le motif de ce refus? le traité Hay-Herran devait évidemment procurer à la Colombie des avantages considérables. La Colombie considère la cession à bail, *comme une aliénation déguisée* d'une partie du territoire national. Or, la constitution colombienne interdit au pouvoir exécutif et au pouvoir parlementaire toute transaction de ce genre.

III

Cette opposition du Parlement colombien avait été sans doute prévue à Washington, car dans une conférence des sénateurs démocrates, le parti progressiste avait décidé d'appuyer deux amendements de M. Morgan (1), sénateur républicain, dont l'un, le principal, tend à la suppression de la déclaration d'après laquelle :

« Les États-Unis répudient toute intention d'accroître leur territoire aux dépens des républiques sœurs de l'Amérique centrale et de l'Amérique du sud, mais désirent, au contraire, consolider la souveraineté de ces

(1) V. *Le Temps*, n° du 13 mars 1903.

républiques, développer et maintenir leur prospérité et leur indépendance ».

Cet amendement, indiquant bien la nature aliénatrice du traité, explique l'opposition soulevée par M. Teran, un des députés élus par le département de Panama et favorable, en principe, à l'ouverture du canal par les Américains du nord (1). M. Teran a tenu à motiver ses objections contre le traité Hay-Herran.

« La convention, a-t-il dit, quoiqu'elle reconnaisse expressément la souveraineté de la Colombie sur la zone du canal, *assure cependant virtuellement la domination et la propriété des Etats-Unis sur le territoire colombien...*

« Je suis aussi d'avis que les terrains que possède le chemin de fer, particulièrement ceux sur lesquels est construite la ville de Colon, devraient faire retour à la Colombie et non appartenir aux Etats-Unis ; autrement en vertu de l'article 3 du traité, Colon deviendrait une ville américaine. »

Les Etats-Unis avaient espéré que la situation de la Colombie permettrait à M. Marroquin, président de cet Etat et partisan du traité de trouver dans la Constitution un moyen d'agir par lui-même. Cette dernière autorise, en effet, le président à promulguer, en temps d'état de siège, des décrets ayant force de loi s'ils sont contresignés par tous les ministres. Cet espoir a été déçu, car la proclamation officielle du rétablissement de la paix en Colombie, après plus de trois ans de révolution, a entraîné la fin de l'état de siège et des pouvoirs dictatoriaux dont était investi le président Marroquin (2).

(1) *Le Temps*, n° du 27 avril 1903.
(2) *Le Temps*, n° du 2 mai 1903.

Il faut, si l'on nous permet cette expression un peu vulgaire, se raccrocher à une autre branche. Si la constitution actuelle de la Colombie s'oppose à toute aliénation de territoire, même déguisée, cette constitution peut être révisée et comme le parlement colombien n'est pas irréductible dans son hostilité, qui sait s'il ne consentirait pas à octroyer au président des pouvoirs nouveaux pour une révision de la constitution.

Les Etats-Unis n'ont pas manqué de rappeler, sous une forme quelque peu comminatoire, que, si l'ancienne république fédérative des Etats-Unis de Colombie a pris les apparences d'un état centraliste depuis la Constitution du 5 août 1886, les anciens états, dénommés aujourd'hui départements, gardent néanmoins une autonomie relative. On fait entendre que le département de Panama, convoiteux des avantages qu'il pourrait retirer de l'ouverture du canal, serait peu satisfait d'une solution absolument contraire à ses intérêts. On dit même, qu'à l'occasion, la population n'hésiterait pas à recourir aux moyens violents, quand même devrait en résulter une séparation qui n'est pas sans exemple dans l'histoire de la Colombie. Nous sommes convaincu que les choses n'iront pas aussi loin, mais il ne serait pas surprenant de voir les Etats-Unis favoriser au moins subrepticement les mécontentements du département de Panama (1).

(1) Ces lignes étaient écrites, lorsque par une dépêche, en date de New-York, 5 novembre 1903, l'Europe a appris que la révolution venait d'éclater à Panama et que les troupes colombiennes faites prisonnières avaient accepté de quitter l'isthme. Le gouvernement provisoire, installé à Panama, fut du reste reconnu immédiatement par celui des Etats-Unis (6 novembre 1903).

Nul doute désormais que l'exécution du canal ne s'effectue sous la

Nous avons, dans ce chapitre comme dans les précédents, exposé les cas multiples d'annexion déguisée qui se succèdent depuis un quart de siècle. Dans la question relative au canal interocéanique, nous en trouvons deux, la première au Nicaragua, la seconde à Panama. Et sur ce point, aucune contestation d'aucun des Etats intéressés. Les Etats-Unis, comme la Colombie n'ont pas pris la peine de dissimuler. Le silence même des Etats européens prouve suffisamment qu'ils ne peuvent s'y être trompés, puisqu'au Sénat américain comme au Sénat colombien, les déclarations avaient été absolument catégoriques (1). Dès à présent, il est certain que le nouveau canal sera placé sous la souveraineté exclusive des Etats-Unis, qui en permettront l'accès en temps de paix et en disposeront à leur gré dans le cas de guerre. Le traité Clayton-Bulwer de 1850 aurait

direction américaine : cela ressort de l'encouragement presqu'officiel accordé par les Etats-Unis aux révolutionnaires, et aussi du choix fait par la nouvelle République, en la personne de M. Bunau Varilla, envoyé comme plénipotentiaire à Washington

Cette nomination est caractéristique, M. Bunau Varilla, qui est de nationalité française, est connu depuis longtemps comme partisan de la construction du canal auquel il a jadis collaboré comme ingénieur et consacré un rapport qui fit grand bruit.

Dans l'intérêt de la civilisation, on ne saurait blâmer une révolution qui met un terme à l'obstruction inconsidérée faite à la réalisation du plus grand des progrès que l'homme puisse rêver dans l'aménagement de sa planète. En se mettant en travers du progrès, la Colombie avait outrepassé ses droits de propriété ; elle avait agi comme le propriétaire qui, au nom de ses droits, prétendrait empêcher à un chemin de fer ou à une route de traverser son domaine. Les droits de propriété des personnes, comme ceux des nations, ont pour limite le droit supérieur des nécessités de circulation de la collectivité humaine.

(1) V. *Le Temps*, nᵒˢ des 10 et 13 mars, 16 avril, 2, 5, 14, 17, 22 et 26 mai 1903.

Ibid., *Le Matin*, nᵒˢ des 17 juin, 19 et 20 août, 6 septembre 1903.

pu opposer à un pareil résultat un formidable obstacle, mais le secrétaire d'Etat américain, M. John Hay, est parvenu à écarter cette difficulté terrible en négociant avec feu lord Pancefote le traité qui porte leurs deux noms réunis (1). Ce sont les Etats-Unis qui l'ont dénoncé dans une de ces crises d'impérialisme dont ils sont coutumiers depuis peu d'années, et ils auraient risqué de compromettre l'avenir même du canal, si leurs violences n'avaient eu pour contrepoids la courtoisie et l'habileté des deux diplomates chargés des négociations. Ce traité, qui détruisait solennellement celui de 1850, fut signé le 5 février 1900.

Pour bien montrer tout l'intérêt que les Etats-Unis portaient à cette affaire, nous ne saurions mieux faire, en terminant, que de citer un passage du discours, à la fois pratique et martial du président Roosevelt à San-Francisco (2).

« L'ouverture du canal interocéanique établira la jonction entre le littoral américain de l'Atlantique et celui du Pacifique.

« La situation géographique qu'occupent les Etats-Unis dans le Pacifique est de nature à assurer dans l'avenir notre domination pacifique dans ses eaux, si nous saisissons seulement, avec une fermeté suffisante, les avantages que comporte cette situation. La marche des événements qui nous donnèrent les Philippines avait un caractère providentiel ».

(1) V. *Le Temps*, n° éditorial du 20 mars 1903.
(2) V. *Le Temps*, n° du 16 juillet 1903.

UNE CESSION A BAIL

AU BELOUTCHISTAN

Nous avons fait remarquer avec quelle rapidité se développe le système de l'annexion déguisée en général, celui de la cession à bail en particulier. Nous n'entrerons plus dans aucun détail, car il s'agit de faits tellement modernes qu'à peine avons-nous le temps d'en être informé, soit par les agences, soit par les télégrammes des journaux les mieux renseignés sur les affaires extérieures. C'est ainsi que le *Matin* (1) recevait, le 4 août, de son correspondant particulier de Londres les détails suivants relatifs au Beloutchistan :

« On annonce que le khan de Kalat, le premier des chefs des tribus du Beloutchistan, dont les territoires occupent une superficie de quatre mille cinq cent onze milles carrés, a cédé, à bail au gouvernement des Indes, une bande de terre peu peuplée située le long de la frontière de l'Upper Sind, et d'une superficie d'environ cinq cents milles carrés. Son Altesse a renoncé, *à perpétuité*, à ses droits de souverain sur ce territoire, contre une rente annuelle d'environ 191,667 fr. Contre une seconde rente annuelle de 2,500 roupies, il a conclu un arrangement analogue au sujet des terres Manzuti, qui occupent une superficie de 250 milles carrés au nord de Naisarabad. »

(1) *Le Matin*, n° du 5 août 1903.

CONCLUSION

Nous pourrions presque nous dispenser de tirer de l'ensemble de cette étude une conclusion générale ; dans ce chapitre, en effet nous avons successivement examiné la situation des diverses contrées qui ont été soumises à l'administration d'un Etat autre que celui dont elles dépendaient précédemment. Nous avons ensuite analysé les cas de cession à bail qui tendent à se multiplier de plus en plus aujourd'hui.

Or, quel que soit celui de ces deux systèmes qui ait été employé, l'examen nous a toujours, et avec une force irrésistible, amené à la même conclusion. Toujours, nous avons abouti à une solution identique : *annexion déguisée.*

Rien de pareil n'existait jadis dans le droit des gens ; nous nous trouvons donc en présence d'un mode nouveau de la perte et de l'acquisition de la souveraineté. Mode nouveau qui, dès à présent, est appelé à prendre une grande extension en raison des besoins mêmes pour lesquels il a été créé, besoins qui ne feront qu'augmenter au fur et à mesure de la marche progressive de l'Humanité.

La nécessité d'obtenir certains résultats sans recourir à l'effusion du sang a été la cause originelle de cette modalité nouvelle. L'ancien droit des gens ne fournissait pas les moyens de ruser avec certaines fictions. Il n'aurait pas permis d'assurer une situation nouvelle à des populations autrefois soumises à la Sublime-Porte, à moins de heurter de front la vieille fiction de l'intégrité territoriale de l'empire ottoman. Les puissances européennes n'auraient pu établir leur influence dans le Céleste-Empire autrement que par la force des armes.

Ce même besoin pacifique, faisant trouver trop brutale et peut-être trop franche la cession à bail, forme pourtant atténuée de l'annexion, a établi à côté d'elle la promesse d'inaliénabilité et celle de non annexion, qui, tantôt complètent et tantôt remplacent la première et permettent d'arriver d'une façon plus douce à des conséquences similaires.

Que s'est-il passé, par exemple, aux Nouvelles-Hébrides, où la France et l'Angleterre sont en rivalité depuis plus d'un quart de siècle (1)? Le gouvernement français, qui avait besoin d'assurer à la Nouvelle-Calédonie une protection indispensable à cette colonie isolée, n'osa pourtant pas, par crainte de froisser le gouvernement britannique et malgré la pétition des habitants, annexer les Nouvelles-Hébrides. Il se contenta donc, le 15 janvier 1878, de déclarer que, « n'ayant pas lui-même le projet de porter atteinte à l'indépendance des Nouvelles-Hébrides, il serait heureux de savoir que, de son côté, le gouvernement anglais était également disposé à la respecter (2) ». Cette assurance, il la reçut, en effet, quelques semaines après, le 26 février.

(1) Paul Deschanel, *Les Intérêts français dans le Pacifique*, Paris, 1888. Politis, *La Condition internationale des Nouvelles-Hébrides*, Paris, 1901.

(2) *Documents diplomatiques. Affaires des Nouvelles-Hébrides et des Iles-sous-le-Vent, de Tahiti*, 1887, n° 2.

Cette double promesse ne donnait cependant pas une administration suffisante à l'île où des actes de brigandage se commettaient et où la protection des colons n'était pas assurée. Ce fut le gouvernement anglais qui, le premier, étendit, par une ordonnance de 1893, la compétence du gouverneur des îles Fidji non seulement sur les sujets anglais, mais encore sur les indigènes et étrangers qui pourraient être tenus d'un devoir de fidélité vis-à-vis de Sa Majesté britannique à raison de leur présence actuelle ou de leur séjour passé à bord d'un navire anglais ou *autrement*. Ce terme élastique donnait à l'Angleterre presque des droits de souveraineté et la France, ayant compris sa faute, tenta de la réparer par une loi du 30 juillet 1900 (1), autorisant le Président de la République *à assurer par décret la protection des citoyens français établis dans certaines îles et terres de l'Océan Pacifique, ne faisant pas partie du domaine colonial de la France et n'appartenant à aucune autre puissance civilisée.* Deux décrets, pris en 1900, rattachèrent en conséquence les Nouvelles-Hébrides, au point de vue administratif, au gouvernement de la Nouvelle-Calédonie. Ainsi, les promesses de non annexion du début se sont, par une évolution naturelle, transformées en un condominium *déguisé*, établi en fait au bénéfice de la France et de l'Angleterre sur cette *res nullius* qu'est l'archipel des Nouvelles-Hébrides. Poursuivant son évolution, ce condominium déguisé se transformera, sans doute, en une annexion, déguisée elle-même, et qui s'opérera au profit de celle des deux nations qui aura su le plus habilement tirer parti des circonstances.

(1) Politis, *op. cit.,* p. 54.

Une évolution identique s'est produite aux îles Samoa où les nécessités commerciales avaient successivement attiré les Allemands, les Américains et les Anglais Ils obtinrent du gouvernement du pays des concessions identiques, qui leur assuraient une situation à peu près égale. Ce premier essai de condominium tripartite fut renforcé par la convention du 2 septembre 1879 (1). Mais la jalousie des trois puissances, dont chacune rêvait d'établir sa propre prépondérance sur ses rivales, ne permit pas d'arriver à créer un ordre de choses stable. Aussi fut-il nécessaire de recourir à un nouveau traité, qui fut signé à Berlin le 14 juin 1889.

Ce traité assurait des droits égaux aux nationaux des trois pays ; il assurait, en outre, l'indépendance du gouvernement du pays sous le contrôle des trois Etats co-signataires. Il édictait enfin la neutralité de ce lointain archipel australien, rendant ainsi insusceptibles d'occupation et d'annexion les territoires ainsi neutralisés.

C'était là, au fond, une promesse de non annexion destinée à prévenir les conflits et les empiètements. Le développement logique de cette évolution a donné naissance au traité du 8 novembre 1899, qui opérait le partage des îles au profit des Etats-Unis et surtout de l'Allemagne (2).

Les deux cas que nous venons de citer n'offrent pas exactement tous les caractères de cette modalité nouvelle de l'acquisition de la souveraineté tels que nous avons essayé de les mettre en lumière au courant de

(1) M. Moye, *La Question des îles Samoa*, R. G. D. I., 1899, p. 125 et s.

(2) Renault, *Partage de l'archipel de Samoa*, R. G. D. I., 1900, p. 287 et s.

cette étude. C'est pourquoi nous n'avons pas cru devoir consacrer à la question des deux archipels des chapitres spéciaux ; elle méritait pourtant de n'être pas passée entièrement sous silence.

Pour en revenir à celles de ces cessions qui comportent tous les caractères auxquels nous avons fait allusion, nous dirons d'abord que les mots d'annexion déguisée, s'ils précisent bien les moyens employés, pourraient presque être remplacés par ceux d'annexion pure et simple si l'on considère d'abord les résultats obtenus.

Car on a vu que partout les effets ont été identiques à ceux qu'aurait produit une annexion avouée. La modification profonde survenue dans le statut personnel des indigènes, soit qu'ils restent dans leur pays natal, soit qu'ils voyagent ou s'établissent à l'étranger, constituerait, à elle seule, un phénomène assez suggestif pour qu'il ne pût échapper à l'attention.

Ce système d'annexion présente sur l'autre un avantage au point de vue humanitaire. Sans doute, on peut citer des cas où l'annexion ordinaire n'a pas été l'effet d'une conquête à main armée, mais s'est produite à la suite d'une cession onéreuse ou gratuite de territoires. En revanche, combien d'autres ont été précédées d'une effusion de sang ! On pourrait nous objecter, il est vrai, que les inconvénients de ce droit nouveau sont plus nombreux que les avantages. Ainsi, on prétendra que ces sortes de cession ne précisent pas suffisamment, au point de vue du droit des gens, la situation juridique des habitants des territoires cédés, les droits et les devoirs respectifs de l'Etat cédant et de l'Etat cessionnaire, n'indiquent pas à qui incombe désormais la souveraineté externe, etc...

On dira aussi que les habitants de ces territoires tombent en quelque sorte sous le coup d'un régime hybride, qu'ils possèdent, pour ainsi dire, deux nationalités différentes : l'une effective, l'autre presque réduite à l'état de fiction, mais qui n'en continue pas moins à exister. Tel cas pourrait surgir où ces habitants se trouveraient dans l'obligation de prendre les armes contre leur première patrie dont, en *droit*, ils n'auraient pourtant pas cessé de dépendre.

C'est précisément parce que ces inconvénients nous avaient frappé l'esprit, que nous avons tenu à tirer au clair un état de choses assez embrouillé, à considérer ces cessions comme une espèce nouvelle et à étudier les effets qu'elles entraînent. Des recherches nombreuses auxquelles nous nous sommes livré au sujet de chacune des contrées intéressées, n'a cessé de découler toujours la même conclusion, celle d'une cession déguisée de territoires avec tous les effets de la cession ordinaire.

Nous n'avons pas voulu dissimuler la gravité des objections présentées contre cette forme nouvelle du droit des gens ; mais, à notre avis, la cession déguisée présente, au contraire, dans certains cas, de grands avantages et son introduction dans le droit des gens, a déjà fait éviter bien des conflits internationaux.

D'autre part, le moule de ce genre de cessions s'est assez rapidement formé pour qu'il ait, dès à présent, des caractères propres et nettement définis. Chaque fois, par conséquent, que nous nous trouverons en présence de ces caractères, nous pourrons conclure à une cession déguisée entraînant tous les effets de la cession ordinaire. Sans doute, dans les contrées qui ont été l'objet de cessions ou d'annexions de ce genre, il subsiste bien deux souverainetés.

L'une d'entre elles, celle qui appartient au souverain de l'Etat cédant, n'a plus qu'un caractère fictif, platonique, ne s'exerce que d'une façon nominale ; il n'est plus, en réalité, qu'un *nudeus jus*, suivant l'expression de Bluntschli. Ce lien presque imperceptible ne peut être, comme nous l'avons établi, comparé à celui qui subsiste en l'Etat protégé et l'Etat protecteur, ou à celui, pourtant déjà bien relâché, qui unit l'Etat vassal à l'Etat suzerain. Il y a mieux ; il n'entraîne même pas d'obligations morales puisque l'Etat cessionnaire peut entrer en guerre avec l'Etat cédant ; rien ne l'empêcherait même de mener cette guerre au moyen de soldats recrutés précisément sur les territoires cédés.

La seconde de ces souverainetés, celle qui s'exerce *en fait*, offre, au contraire, tous les caractères de la véritable souveraineté. Exercée par l'Etat qui bénéficie de la cession déguisée, elle règle toute l'administration intérieure des pays en question aussi bien que leurs relations extérieures.

Pour les cessions à bail, ainsi que nous l'avons constaté, les difficultés juridiques sont insignifiantes, puisque nous nous trouvons en présence de traités formels, tous formés sur le même moule, plaçant les pays cédés et leurs habitants sous la souveraineté de l'Etat locataire. La question intéressante et la plus difficile à résoudre est d'ordre matériel ; il s'agit de savoir si quelque jour les territoires loués feront retour à leurs premiers maîtres. A notre sens, la réponse ne peut être que négative, puisque, en aucun cas, nous ne rencontrons, dans ces sortes de traités, aucune clause prévoyant la restitution et la remise en état des territoires loués. Il est même de ces baux — si l'on peut vraiment employer ce terme — dont la durée est perpétuelle !

Du moins, au moyen de ce nouveau procédé, est-on arrivé à sauvegarder l'amour-propre des contractants, le plus faible ayant l'air, non de céder, mais de consentir à un arrangement à l'amiable, et le plus fort évitant l'odieux qui s'attacherait à un abus de sa puissance. Il suffit de constater le grand développement de forces militaires, la construction incessante de casernes et de fortifications grâce auxquelles les Européens consolident chaque jour leur prépondérance dans ces territoires, pour être assuré qu'ils y sont définitivement implantés et qu'à l'expiration du bail, ils se montreraient plutôt disposés à mettre dehors les propriétaires qu'à s'en aller eux-mêmes.

Les difficultés juridiques étaient plus grandes pour les contrées dont l'administration passait d'un Etat à un autre et surtout pour la Bosnie-Herzégovine, dont la vaste étendue, la population nombreuse, la situation en Europe, justifiaient pleinement les préoccupations dont elle a été l'objet avant et après le Congrès de Berlin.

Ces difficultés, nous en avons successivement abordé l'examen à propos de chacun des pays qu'elles concernaient ; chaque fois, nous avons été amené à conclure qu'elles ne pouvaient être écartées ou résolues que si l'on admet avec nous le système de la cession déguisée finissant par entraîner les mêmes conséquences que la cession pure et simple. Hors de là, ce serait le gâchis !

En résumé, la cession d'administration et la cession à bail, sont l'une et l'autre le résultat d'une évolution progressive et l'on conçoit que, suivant la différence des régions et les circonstances, cette évolution soit aujourd'hui plus ou moins avancée. Dans certaines contrées, on est encore à la simple promesse de non inaliénation ou de non annexion, tandis qu'ailleurs on rencontre déjà la cession préparée. Ailleurs, enfin, nous aboutissons à la cession déguisée sous ses deux formes, avec les mêmes effets que la cession pure et simple. C'est un droit nouveau qui est en voie de formation et dont il est permis d'escompter pour l'avenir d'heureuses conséquences.

Cette évolution correspond bien à celle du droit des gens qui, pas plus qu'aucune autre branche du droit, ne saurait demeurer rigide et immobile au milieu des changements si rapides aujourd'hui de l'Humanité. Il a montré sa souplesse en se pliant aux nécessités complexes du présent. Il n'est pas resté enfermé dans un moule rigide et inflexible et son assouplissement a permis d'éviter de sérieuses complications. On ne constate pas ces modifications seulement dans les matières que nous avons étudiées, mais bien autre part encore. Faut-il citer le blocus pacifique, le délai d'indult, la demi-immunité des paquebots postaux, la substitution du protectorat à la vassalité, la neutralité facultative imaginée par l'acte de Berlin dans les territoires africains, la création des grandes unions internationales administratives, union postale et télégraphique, protection de la propriété industrielle et littéraire, cables sous-marins, phylloxera, publications des tarifs douaniers, union sanitaire, etc. ?

Certes, il n'est pas à espérer, malgré de généreux efforts tentés depuis plusieurs années, qu'une ère de paix définitive s'ouvre de sitôt pour le monde entier ; mais c'est bien quelque chose que de trouver les moyens d'arrêter un nombre plus ou moins élevé de conflits.

Si des traités d'arbitrage, si la création d'un tribunal international spécial ont déjà donné des résultats moins grands encore que les espérances qu'ils font naître, l'évolution que nous venons de signaler dans le droit des gens n'est pas moins consolante à constater.

Le caractère progressif qu'elle revêt permet d'espérer des perfectionnements, lents peut-être, mais continuels et dont il faut d'autant plus se louer que les développements du progrès matériel appelleront de jour en jour les nations les plus éloignées à des rapports plus suivis, plus fréquents et naturellement plus complexes.

TABLE DES MATIÈRES

Pages.